Abhandlung Uber Die Empfindungen

Etienne Bonnot De Condillac

Des Herrn Abbts Condillac
Abhandlung
uber
Empfindungen.

Aus dem Französischen übersetzt
von
J. M. Weissegger.

Wien 1791.
bei Johann David Hörling.

Vorrede des Uiberſetzers.

Der Mann von Ehre ſoll Wort halten.
Ich that es nicht. Ich verſprach dieſe
Uiberſetzung ſchon vor ein paar Jahren, und
ſie erſcheint erſt itzt; ich verſprach ſechs Bän-
de philoſophiſcher Abhandlungen zu überſe-
tzen, und ſchlieſſe mit dieſem zweiten. Alles
dieß iſt nicht meine Schuld; iſt Schuld des
Looſes, ſo mir während dieſer Zeit zu Theil
wurde. In eine neue Lage verſetzt, von
neuen Verhältniſſen umgeben, mit Berufs-
arbeiten ſo ſehr beſchäftiget, daß ich ihnen
meine ganze Muße widmen mußte, konnte
ich nicht leiſten, wofür ich mein Wort gab,
ſo ſehnlichſt ich es auch wünſchte. Dieſe
Gründe werden mich, wie ich mir ſchmeichle,
bei einem ſchätzbaren Leſepublikum hinlänglich rechtfertigen.

Nun noch ein paar Worte an meine
Herren Recenſenten über meine Uiberſetzung
d'Alemberts; und dann auch über dieſe gegenwärtige. Sie haben meine Mühe bei
der erſten nicht verkannt, und dafür danke
ich Ihnen herzlich. Sie werden ſie auch
bei dieſer nicht verkennen, dieß hoffe ich
von Ihrer ſtrengen Gerechtigkeitsliebe. Ich
ſelbſt muß es geſtehen, daß ſie mir hier und
dort noch franzöſiſchdeutſch ſcheint; ich hät-

te

te dieß ändern können: allein ich hätte Condillacs Gedanken umschmelzen, und die meinigen an deren Stelle setzen müssen, dieß wollte ich nicht, weil dann nicht Condilac, sondern ich gesprochen haben würde. Ich dachte, es sey besser ihm ein deutschfranzösisches Gewand, als ein Flickwerk anzulegen. Ich wollte sein Original, und nicht eine verschönerte Kopie liefern. Wäre mir Muße genug übrig gewesen, würde ich meine Bemerkungen ebenfalls beigefügt haben; denn manchmal mißfielen mir seine Begriffe, weil sie nach gewöhnlich französischer Sitte nicht genug bestimmt sind. Ich habe mich aber dabei bemüht jeder Zweideutigkeit vorzubeugen, und, in dieser Absicht auch die Wörter so übersetzt, daß keine entstehen kann. So gab ich immer Gefühl, für sentiment, Empfindung, für sensation; Gewahrnehmung, perception, Begriff, für notion, Geruch ist odorat, Duft, odeur, das Fühlen, le tact u. s. w.

Und so glaube ich geleistet zu haben, was ich schuldig war. Wem Herrn Bonnets Analyse der Seelenkräfte behagt, wird auch Condillacs Abhandlung nicht mißfallen. Beide gingen auf gleichen Wegen zum Ziele; wieferne es jeder erreicht habe, mögen die Sachverständigen beurtheilen.

Für Druckfehler kann ich nicht bürgen, da ich die Korrektur nicht selbst besorgen konnte.

Freiburg den 1. Juny 1791.

Der Uibersetzer.

Ab

Abhandlung.

von den

Empfindungen.

Absicht dieses Werkes.

An die Frau von Vasse.

Wir können uns der Unwissenheit nicht erinnern, in welcher wir geboren worden: dieß
ist ein Zustand, wovon keine Spur zurück-
bleibt. Wir erinnern uns bloß das nicht ge-
gewußt zu haben, wovon wir uns erinnern
es erst gelernt zu haben; und um zu bemerken, was wir lernen, muß man schon etwas
wissen. Man muß sich mit einigen Ideen empfunden haben um zu beobachten, daß man
sich mit Ideen empfindet, die man nicht gehabt hat. Dieses reflectirte Gedächtniß,
das uns nun den Uibergang von Kenntniß zu
Kenntniß so fühlbar macht, kann demnach
nicht bis auf die ersten Kenntnisse zurückgehen:
vielmehr setzt sie selbe voraus, und dieß ist
der Ursprung jenes Hanges, welchen wir haben zu glauben, daß sie uns angeboren sind.
Sagen, daß wir sehen, hören, schmecken,
fühlen, berühren gelernt haben, ist das frem-
deste Paradoxon. Es scheint, die Natur ha-

be

ke uns den Gebrauch unſrer Sinne in dem
nämlichen Augenbut ertheilt, als ſie dieſe
gebildet hat; und wir haben uns derſelben
ohne Studium jederzeit bedient, weil wir itzt
nicht mehr gehalten ſind ſie zu ſtudiren.

In dieſem Wahne ſtand ich, als mein
Verſuch über den Urſprung menſchlicher Kenntniſſe im Druck erſchien. Es konnten mich
Lockens Raiſonnements über einen Blindgebornen, dem man den Sinn des Geſichtes
verſchafte, davon nicht abbringen; und ich
behauptete wider dieſen Weltweiſen, daß
das Aug natürlicherweiſe Figuren, Größen,
Lagen, und Entfernungen beurtheile.

Sie wiſſen, Madame, wem ich das Licht
ſchuldig bin, welches endlich meinen Wahn
zerſtreute: Sie wiſſen, welchen Antheil an
dieſem Werke eine Perſon hat, die Ihnen
ſo theuer, und Ihrer Hochachtung, und
Freundſchaft ſo würdig war. Ihrem Andenken
widme ich es, und wende mich an Sie, um
zugleich das Vergnügen von ihr zu reden,
und den Gram ſie zu vermiſſen, genießen
zu können. Möchte dieß Denkmal das Andenken ihrer gegenſeitigen Freundſchaft, und
der Ehre verewigen, die ich gehabt haben
würde,

würde, an ihrer beiderseitigen Hochachtung
Theil zu nehmen.

Allein konnte ich mir diesen Erfolg nicht
versprechen, wenn ich denke, wie sehr diese
Abhandlung ihr Werk ist? Die wichtigsten
und scharfsinnigsten Blicke, die es enthält, sind
das Werk ihres richtigen Geistes, und ihrer
lebhaften Einbildung; Eigenschaften, die sie
in so einem Grade verband, wo sie beinahe
mit einander nicht verträglich scheinen. Sie
fühlte die Nothwendigkeit unsre Sinne abgesondert zu betrachten, mit Genauigkeit die
Ideen zu unterscheiden, die wir einem jeden
derselben schuldig sind, und zu bemerken, mit
welchem Fortgange sie unterrichten und sich
gegenseitig zu Hilfe kommen.

Diesen Gegenstand zu erreichen dachten
wir uns eine Statue, die innerlich ganz wie
wir organisirt, und mit einem Ideenlosen
Geiste belebt ist. Wir nahmen ferner an,
daß sie als ganz Marmor von aussen, keinen
Gebrauch von irgend einem ihrer Sinne machen könne, und behielten uns die Freiheit
vor sie nach unserm Belieben verschiedenen
Eindrücken zu öffnen, für die sie empfänglich
sind.

Wir

Wir glaubten mit dem Geruche anfangen zu müssen, weil dieser aus allen Sinnen derjenige ist, welcher am wenigsten zu den menschlichen Kenntniffen beizutragen scheint. Darauf waren die übrigen der Gegenstand unserer Untersuchungen, und nachdem wir sie abgesondert, und mitsammen betrachtet haben, sahen wir die Statue ein Thier werden, das für seine Erhaltung zu wachen fähig ist.

Das Prinzipium, welches die Entwickelung ihrer Fähigkeiten bestimmt, ist einfach: die Empfindungen selbst enthalten es: denn da alle nothwendigerweise angenehm, oder unangenehm sind, so ist die Statue interessirt die einen zu genießen, und sich den andern zu entziehen. Man wird sich aber überzeugen, daß dieses Interesse hinreicht allen Verstandes- und Willensoperationen Platz zu verschaffen. Das Urtheil, die Uiberlegung, die Begierden, die Leidenschaften sind nichts anders als die Empfindung selbst, die sich auf verschiedene Weise umbildet. a) Darum schien es uns

a) Man wird aber sagen, die Thiere haben Empfindungen, und doch ist ihre Seele nicht eben der nämlichen Fähigkeiten fähig als die des Menschen sind. Dieß ist wahr, und die Lesung dieses Werkes wird davon den faßlichen Grund angeben. Das Organ des Fühlens ist bei ihnen unvollkommner; und folglich kann es für sie nicht die veranlassende Ursache aller der Operatio-

uns unnütz anzunehmen; daß die Seele unmittelbar von der Natur alle die Fähigkeiten erhalte, womit sie begabt ist. Die Natur giebt uns Organe, um uns durch das Vergnügen zu mahnen, was wir zu suchen, und durch den Schmerz zu warnen, was wir zu vermeiden haben. Allein hier steht sie still; und überläßt der Erfahrung die Sorge uns Gewohnheiten zu verschaffen, und das Werk zu vollenden, so sie angefangen hat.

Dieser Gegenstand ist neu, und zeigt ganz die einfachen Wege des Urhebers der Natur. Soll man sich nicht verwundern, daß es nur nöthig hatte den Menschen für Vergnügen und Schmerz empfindsam zu machen, um in ihm Ideen, Begierden, Gewohn-

rationen seyn, die sich bei uns auszeichnen. Ich sage die veranlassende Ursache, weil die Empfindungen die eigentlichen Modifikationen der Seele sind, und die Organe können davon nur die Veranlassung seyn. Daraus soll der Philosoph der Glaubenslehre gemäß folgern, daß die Seele der Thiere von einem wesentlich von dem des Menschen unterschiedenen Range sey. Denn würde es Weisheit Gottes seyn, wenn ein Geist, der fähig ist, sich zu Kenntnissen jeder Art zu erheben, seine Pflichten zu entdecken, u. s. w. einem Körper unterworfen wäre, der in ihm nur die zur Erhaltung des Thieres nothwendigen Fähigkeiten veranlaßte?

wohnheiten, und Talente aller Art zu erregen? — — —

Nun bringt der Verfasser ein Lob auf eine gewisse Mademoiselle Ferrand an, welche ihn über die Grundsätze aufgeklärt, ihm den Plan, und die kleinsten Detaile desselben angegeben hat. Er schreibt ihr gröstentheils das Verdienst seines Werkes zu. Sie starb noch vor dessen Ausgabe. Da dieses Lob weder zur Aufklärung des Werkes etwas beiträgt: noch Leser, welche diese Ferrand nicht kannten, interessiren kann, so dachte ich, es würde nicht umschicklich seyn, das ganze zu übergehen, um zu dem Zwecke zu kommen.

Ab=

Abhandlung von den Empfindungen.

Erster Theil.

Von Sinnen, welche, an sich selbst, von äusseren Gegenständen nicht urtheilen.

Erstes Hauptstück.

Von den ersten Kenntnissen eines Menschen, der auf den Sinn des Geruches allein eingeschränkt ist.

§. 1.

Die Kenntnisse unsrer bloß auf den Sinn des Geruches eingeschränkten Statue können sich nur auf Düfte erstrecken. Sie kann eben so wenig die Ideen von Ausdehnung Figur, auch irgend einem andern Dinge haben, so auffer ihr, oder ihren Sinnen liegt, als sie die Ideen von der Farbe, dem Tone, dem Geschmacke haben kann.

Die auf den bloßen Geruch eingeschränkte Statue kann nur Düfte kennen.

§. 2.

§. 2. Wenn wir ihr eine Rose darreichen, so wird sie in Rücksicht auf uns eine Statue seyn, die eine Rose riecht; im Verhältniß zu sich selbst aber wird sie nur der Duft dieser Blume selbst seyn.

In Rücksicht auf sich ist sie nur der Duft, welchen sie riecht.

Sie wird demnach Rosen, Nelken, Jasmin, Veilchenduft seyn zufolge der Gegenstände, die auf ihr Organ wirken werden. Kurz die Düfte sind in Anbetracht ihrer nur ihre eignen Modificationen, oder Seynsarten (manieres d'etre) und sie kann sich für kein anderes Ding halten, weil dieß die einzigen Empfindungen sind, für die sie empfänglich ist.

Sie hat keine Idee von der Materie.

§. 3. Möchten sich doch die Philosophen, bei denen es so ganz ausgemacht ist, daß alles materiel sey, einen Augenblick an ihre Stelle setzen, und überdenken, wie sie wähnen konnten, daß etwas existire, welches dem, so wir Materie heissen, ähnlich sieht!

Man kann in seinen Kenntnissen nicht beschränkter seyn.

§. 4. Man kann sich daher schon überzeugen, daß man nur die Zahl der Sinne vermehren oder vermindern darf um ganz andere Urtheile zu fällen, als die uns itzt so ganz natürlich sind; und unsre Statue, die wir bloß auf den Geruch eingeschränkt haben, kann uns einen Begriff von der Wesenklasse geben, welche in ihren Kenntnissen am eingeschränktesten ist.

Zwei-

Zweites Hauptſtück.

Von den Verſtandsoperationen eines bloß
auf den Geruchsſinn eingeſchränkten
Menſchen, und wie die verſchiedenen
Stufen von Vergnügen und Schmerz
das Prinzipium dieſer Operationen
ſind.

§. 1.

Beim erſten Duft iſt das Empfindungsvermögen unſerer Statue ganz auf den Eindruck
gerichtet, der auf ihr Organ wirkt. Dieß
iſt, was ich Aufmerkſamkeit nenne.

Die Statue wird der Aufmerkſamkeit fähig,

§. 2. Von dieſem Augenblicke an beginnt
ſie Vergnügen, oder Schmerz zu empfinden:
Denn iſt das Empfindungsvermögen gänzlich
auf einen angenehmen Duft geheftet, ſo hat
ſie Vergnügen; iſt es auf einen unangenehmen,
Schmerz.

des Vergnügens, und Schmerzens,

§. 3. Allein noch hat unſere Statue keinen
Begrif von den verſchiedenen Veränderungen,
die ſie erfahren kann. Sie befindet ſich daher entweder wohl, ohne zu wünſchen, beſſer zu ſeyn; oder übel ohne zu wünſchen wohl
zu ſeyn. Der Schmerz kann ſie nicht mehr
nach einem Gute lüſtern machen, das ſie
nicht kennt, als das Vergnügen ſie ein Uibel

aber ohne Begierden bilden zu können.

befürchten macht, das ihr ebenfalls unbekannt
ist. Folglich mag die erste Empfindung noch
so unangenehm seyn, wäre sie es auch so sehr,
daß sie das Organ verletzte, und ein heftiger Schmerz würde, so könnte sie doch der
Begierde nicht Statt geben.

Wenn das Leiden bei uns jederzeit das
Verlangen nicht zu leiden mit sich bringt,
so kann dieß nicht eben so bei dieser Statue seyn.
Der Schmerz ist vor dem Verlangen ein verschiedener Zustand, und veranlaßt in uns
dieß Verlangen nur, weil wir diesen Zustand
schon kennen. Die Gewohnheit die wir angenommen haben, ihn als ein Ding zu betrachten, ohne welches wir gewesen sind, und
noch fernerhin seyn können, macht, daß wir
nicht mehr leiden können, ohne daß wir nicht
auch sogleich verlangen, nicht zu leiden, und
dieß Verlangen ist von einem schmerzhaften
Zustande unzertrennlich.

Allein die Statue, die sich im ersten
Augenblicke nur durch den Schmerz selbst fühlt,
den sie leidet, weiß nicht, ob sie aufhören
kann es zu seyn, um etwas anders zu werden, oder aber gar nicht zu seyn. Sie hat
noch keinen Begriff von Veränderung, Folge, oder Dauer. Sie existirt also ohne Begierden bilden zu können.

§. 4.

§. 4. Sobald sie wird bemerkt haben, daß sie aufhören kann zu seyn, was sie ist, um wieder zu werden, was sie war, werden wir auch ihre Begierden von einem schmerzhaften Zustand entspringen sehen, welchen sie mit dem Zustande von Vergnügen, dessen sie sich mittels des Gedächtnißes erinnert, verglichen wird. Durch diesen Kunstgriff geschieht es, daß Vergnügen und Schmerz das einzige Principium sind, welches, indem es alle ihre Seelenoperationen bestimmt, sie stufenweise zu allen den Kenntnissen erheben muß, derer sie fähig ist; und man wird nur die Vergnügen, die sie wird zu verlangen, und die Schmerzen, die sie wird zu befürchten haben, nebst dem Einflusse der einen und der andern nach Umständen bemerken dürfen, um die Fortschritte zu entwickeln, die sie wird machen können.

Vergnügen und Schmerz Prinzipien ihrer Operationen.

§. 5. Wenn ihr kein Andenken ihrer Modifikationen zurückblieb, würde sie eine jedesmalige Empfindung für die erste halten: ganze Jahre würden sich in jedem vorhandenen Augenblicke verlieren. Indem sie also ihre Aufmerksamkeit jederzeit auf eine einzige Seynsart einschränkte, würde sie niemals zwei davon vergleichen, niemals über ihre Verhältnisse urtheilen: sie würde sich vergnü-

Wie sehr sie eingeschränkt seyn würde, wenn sie kein Gedächtniß hätte.

B 2　　　　gen,

gen, oder leiden, ohne noch Begierde oder Furcht zu haben.

§. 6. Allein der Duft, den sie riecht, verschwindet nicht gänzlich, sobald als der riechende Körper auf ihr Organ zu wirken aufhört. Die Aufmerksamkeit, die sie auf ihn verwandte, hält ihn noch zurück; und es übriget davon ein stärkerer oder schwächerer Eindruck, je nachdem als die Aufmerksamkeit selbst mehr oder weniger lebhaft war. Hier haben wir das Gedächtniß.

§. 7. Da unsre Statue ein neuer Duft ist, hat sie also noch den vor sich, der sie im vorhergehenden Augenblick gewesen ist. Ihr Empfindungsvermögen theilt sich zwischen dem Geruche, und dem Gedächtniße; und die erste von diesen Fähigkeiten ist aufmerksam auf die gegenwärtige, so wie die zweyte auf die vergangene Empfindung.

§. 8. Sie hat also zwo Arten des Empfindens in sich, die nur darinn verschieden sind, daß sich die eine auf eine wirkliche und die andere auf eine nicht mehr vorhandene Empfindung bezieht, wovon aber der Eindruck noch fortwährt. Da sie nichts von Gegenständen weiß, die auf sie wirken, nicht einmal weiß, daß sie ein Organ hat, so unterscheidet sie gewöhnlicherweise das An-

(Marginalien:)
Ursprung des Gedächtnisses.

Theilung des Empfindungsvermögens zwischen dem Geruche und dem Gedächtniße.

Das Gedächtniß ist also nur eine Art des Empfindens.

beus

denken einer Empfindung von einer wirklichen Empfindung nur, wie schwach empfinden, was sie gewesen, und lebhaft empfinden, was sie ist.

§. 9. Ich sage gewöhnlicherweise, weil die Erinnerung nicht immer ein schwaches Gefühl, noch die Empfindung selbst ein lebhaftes Gefühl ist. Denn so oft das Gedächtniß ihr die Seynsarten mit vielem Nachdrucke vorstellen, und hingegen das Organ nur schwache Eindrücke erhalten wird, so oft wird das Gefühl (Sentiment) einer wirklichen Empfindung (Sensation) weniger lebhaft, als die Erinnerung einer nicht mehr vorhandenen Empfindung seyn.

Das Gefühl davon kann lebhafter als das der wirklichen Sensation seyn.

§. 10. Wenn demnach ein Duft im Geruche durch den Eindruck eines riechenden Körpers auf das Organ selbst vorhanden ist, so ist wieder ein anderer im Gedächtnisse zugegen, weil der Eindruck eines andern riechenden Körpers noch im Gehirne besteht, wohin das Organ ihn verpflanzt hat. Da die Statue auf diese Weise zwo Seynsarten durchgeht, fühlt sie, daß sie nicht mehr ist was sie gewesen: das Bewußtseyn dieser Veränderung macht, daß sie die erste einem Augenblicke zuschreibt, der von dem verschieden ist, worinn sie die zweite hat, und dieß verursacht,

Die Statue unterscheidet bei sich eine Aufeinanderfolge, (Succession.)

sacht,

fache, daß sie zwischen dem Eriſtiren auf eine Art, und der Erinnerung, auf eine andere Art exiſtirt zu haben, einen Unterſchied macht.

§. 11. Sie iſt wirkend in Betracht der
einen ihrer Empfindungsarten, und leidend
in Rückſicht der andern. Sie iſt wirkend,
wenn ſie ſich einer Empfindung erinnert, weil
ſie in ſich die Urſache enthält, welche ihr ſie
zurückführt, das iſt, das Gedächtniß. Sie
iſt leidend in dem Augenblicke, worinn ſie eine Empfindung empfängt, weil die ſie her-
vorbringende Urſache auſſer ihr, das iſt, in
den riechenden Körpern iſt, welche auf ihr
Organ wirken. a)

§. 12. Allein ob ſie gleich an der Einwirkung äuſſerer Gegenſtände auf ſie nicht zweifelt

a) Es giebt in uns ein Prinzipium unſrer Handlungen,
das wir fühlen, aber nicht beſtimmen können: man
nennt es Kraft. Wir ſind gleich wirkſam an Rückſicht alles deſſen, was dieſe Kraft in uns, oder auſſ
ſer uns hervorbringt. Wir ſind es z. B. wenn wir
überlegen, oder wenn wir einen Körper in Bewegung
ſetzen. Vermög der Analogie glauben wir, daß alle
Gegenſtände, welche eine Veränderung hervorbringen,
eine Kraft haben, die wir noch weniger kennen, und
wir leiden in Rückſicht der Eindrücke, welche ſie auf
uns machen. Sonach iſt ein Weſen wirkend oder leidend, nach dem die Urſache der hervorgebrachten Wirkung in ſelben, oder auſſer ſelben iſt.

feln kann, so weiß sie doch keinen Unterschied
zwischen einer Ursache, die in ihr ist, und
einer andern, die ausser ihr liegt, zu machen.
Alle diese Modifikationen sind in Anbetracht
ihrer, als ob sie sie nur sich allein zuzuschrei-
ben hätte; und sie mag nun eine Empfindung
wirklich haben, oder sich derselben erinnern,
so nimmt sie doch niemals etwas anders wahr,
als daß sie auf diese oder jene Art ist, oder
gewesen war. Folglich weiß sie keinen Unterschied zu machen zwischen dem Zustande, worinn sie wirksam ist, und demjenigen, worinn
sie sich leidend verhält.

§. 13. Indessen je mehr das Gedächtniß
Gelegenheit erhalten wird sich zu üben, mit
desto grösserer Leichtigkeit wird es wirken.
Dadurch wird die Statue sich eine Fertigkeit
erwerben, vermöge derer sie sich ohne Anstrengung der Veränderungen erinnern wird,
wodurch sie gegangen ist, und ihre Aufmerksamkeit wird sich zwischen dem, was sie ist,
und dem, was sie gewesen, theilen. Denn
eine Fertigkeit (Gewohnheit) ist nur die
Leichtigkeit das zu wiederhohlen, was man
gethan hat, und diese Leichtigkeit erhält man
durch wiederhohlte Handlungen. b)

§. 14.

b) Ich rede hier, und im ganzen Werke nur von Ge-
wohn-

§. 14. Wenn sie, nachdem sie zu wiederhohltenmalen eine Rose, und eine Nelke gerochen hat, noch einmal eine Rose riecht, so wird die leidende Aufmerksamkeit, welche durch den Geruch entstehet, ganz auf den vorhandenen Duft der Rose geheftet seyn, und die wirkende Aufmerksamkeit, welche vom Gedächtnisse kömmt, wird zwischen dem Andenken getheilt seyn, welches vom Rosen- und Nelkendufte übriget. Es können aber die Seynsarten das Empfindungsvermögen nicht unter sich theilen, ohne sich zu vergleichen: denn vergleichen ist nichts anders, als seine Aufmerksamkeit zur nämlichen Zeit auf zwo Ideen verwenden.

Sie urtheilt. §. 15. Sobald Vergleichung statt findet, giebt es auch ein Urtheil. Unsre Statue kann nicht, zur nämlichen Zeit aufmerksam seyn auf den Duft der Rose, und auf den der Nelke ohne wahrzunehmen, daß sie nicht eins sind; und sie kann nicht auf den Rosenduft, den sie riecht, und den einer Rose, die sie gerochen hat, aufmerksam seyn, ohne gewahr zu werden, daß sie die nämliche Modifikation sind. Es ist daher ein Urtheil nur

die

wohnheiten (Fertigkeiten, habitudes) die man natürlicherweise erhält; alles hat andere Gesetze in der übernatürlichen Ordnung.

die Gewahrnehmung (perception) des Ver-
hältnisses zwoer Ideen, die man vergleicht.

§. 16. Nach Maaß als die Vergleichungen, und Urtheile sich wiederhohlen, macht
sie unsere Statue mit mehr Leichtigkeit. Sie
erwirbt sich also die Gewohnheit zu vergleichen, und zu urtheilen. Dem zufolge wird
es genug seyn sie nur andere Düfte riechen zu
lassen, um daß sie neue Vergleichungen anstellt, neue Urtheile fällt, und neue Gewohnheiten erwirbt.

Diese Ope-
rationen wer-
den zu Ge-
wohnheiten
(Fertigkei-
ten)

§. 17. Sie ist über die erste Empfindung, die sie empfängt, gar nicht betroffen:
denn sie ist noch an keine Art vom Urtheil
gewöhnt.

Sie wird der
Verwunde-
rung (des
Erstaunens,
etonnement)
fähig.

Sie ist es auch nicht, wenn sie mehrere
Düfte nacheinander riecht, und jeden nur einen Augenblick wahrnimmt. Sie hält sich
dann an keines der Urtheile, die sie fällt;
und je mehr sie wechselt, je mehr muß sie natürlicherweise sich zum Wechsel geneigt fühlen.

Sie wird es ebenfalls nicht seyn, wenn
wie sie durch unmerkliche Abstufungen (Nuan-
cen) von der Gewohnheit sich für einen Duft
zu halten, zu dem Urtheile überführen, daß
sie ein anderer sey: denn sie wechselt ohne es
bemerken zu können.

Allein

Allein sie wird nicht ermangeln können
es zu seyn, wenn sie plötzlich von einem an
gewöhnten Zustande zu einem von diesem ganz
verschiedenen übergeht, wovon sie noch gar
keine Idee gehabt hatte.

Dieses Er
staunen giebt
den Seelen
operationen
mehr Wirk
samkeit.

§. 18. Dieses Erstaunen (etonnement)
läßt sie besser den Unterschied ihrer Sensar
ten fühlen. Je rascher der Uebergang von
einer zur andern ist, je grösser ist ihr Er
staunen, und je mehr wird sie auch vom
Kontraste der Vergnügen, und Schmerzen
betroffen, welche mitfolgen. Ihre Aufmerk
samkeit, die durch Vergnügen, und Schmer
zen, welche nun fühlbarer werden, bestimmt
wird, verwendet sich mit grösserer Lebhaftig
keit auf alle die Empfindungen, die darauf
folgen. Sie vergleicht sie also sorgfältiger:
sie urtheilt richtiger von ihren Verhältnissen.
Das Erstaunen vermehrt folglich die Wirk
samkeit ihrer Seelenoperationen. Allein in
dem es diese nur vermehrt, da es einen auf
fallendern Gegensatz (opposition) zwischen den
angenehmen, und unangenehmen Empfindun
gen bemerken macht; so sind es immer Ver
gnügen und Schmerz, welche das erste Trieb
rad ihrer Fähigkeiten sind.

Ideen, die
sich im Ge
dächtnisse er
halten.

§. 19. Wenn jeder Duft ihre Aufmerk
samkeit auf gleiche Weise an sich ziehe, so

wer

werden sie sich im Gedächtniße erhalten nach
der Ordnung, wie sie auf einander werden
gefolgt seyn, und werden sich mittels deffen
darinn verbinden.

Enthält die Aufeinanderfolgung eine gröse
sere Anzahl derselben, so wird der Eindruck
der letztern, als der neuesten der stärkste seyn;
der der erstern wird durch innerliche Stufen
abnehmen, plötzlich erlöschen, und sie wer=
den seyn als wären sie nie gewesen.

Allein giebt es einige, welche die Auf=
merksamkeit nur schwach auf sich gezogen, so
werden sie keinen Eindruck hinter sich laffen,
und sie werden eben so geschwind vergeffen
werden, als sie wahrgenommen worden.

Jene endlich, welche die auffallendesten
waren, werden sich mit mehr Lebhaftigkeit
erneuern, und sie so beschäftigen, daß sie
im Stande seyn werden sie auf die andern
vergeffen zu machen.

§. 20. Das Gedächtniß ist also eine *Verbindung dieser Ideen.*
Reihe von Ideen, welche eine Art von Kette
ausmachen. Diese Verbindung ist es, wel=
che die Mittel darbietet von einer Idee zur
andern überzugehen, und sich der entfernte=
sten zu erinnern. Man erinnert sich daher
einer vor einiger Zeit gehabten Idee nur,

weil

weil man mit mehrerer oder minderer Ge=
schwindigkeit sich die Mittelideen darstellt.

§. 21. Bei der zweiten Empfindung hat
unsre Statue keine Wahl anzustellen : sie
kann sich nur der ersten erinnern. Sie wird
nur mit mehr Nachdrucke handeln, je nach=
dem sie dazu durch die Lebhaftigkeit des Ver=
gnügens oder Schmerzens wird bestimmt
worden seyn.

Allein indem es eine Reihe von Modifi=
cationen gab, und die Statue das Andenken
einer Menge behält, so wird sie vorzüglich
geneigt seyn jene zu erneuern, die mehr zu
ihrem Wohlseyn beitragen können; über die
andern wird sie entweder schnell weggehen,
oder aber nur mit Unwillen dabei verweilen.

Diese Wahrheit in ihr völliges Licht zu
setzen, muß man alle die verschiedenen Stu=
fen des Vergnügens und Schmerzens, für
die man empfänglich seyn kann, nebst den
Vergleichungen kennen, die man damit an=
stellen kann.

§. 22. Die Vergnügen und Schmerzen
sind von zweifacher Art. Die einen gehören
eigentlich mehr dem Körper an; sie sind sinn=
lich: die andern sind im Gedächtnisse und in
allen Seelenfähigkeiten, sie sind intellectuel,

oder

oder geistig. Allein diesen Unterschied zu bemerken ist unsre Statue nicht im Stande.

Diese Unwissenheit wird sie vor einem Irrthume schützen, den wir nur schwer vermeiden: denn diese Empfindungen sind nicht so sehr verschieden, als wir uns einbilden. Eigentlich sind sie alle intellektuel, oder geistig, weil es nur die Seele ist, welche empfindet. Wenn man will, so sind sie auch in einem gewissen Verstand alle sinnlich, oder körperlich, weil der Körper die einzige gelegenheitliche Ursache derselben ist. Nur nach dem Verhältniße, das sie entweder zum Leib, oder der Seele haben, unterscheiden wir sie in zwo Arten.

§. 23. Das Vergnügen kann stufenweis zu- oder abnehmen; indem es abnimmt, strebt es zu erlöschen, und verschwindet mit der Empfindung. Hingegen kann es beim Zunehmen bis zum Schmerz steigen, weil der Eindruck für das Organ gar zu stark wird. So giebt es also zwo Gränzpunkte beim Vergnügen. Der schwächste ist, bei welchem die Empfindung mit der geringsten Kraft beginnt; dieß ist der erste Schritt vom Nichts zur Empfindung: der stärkste, wobei die Empfindung nicht zunehmen kann, ohne aufzuhören angenehm zu seyn; dieß ist der gewaltsamste Zustand des Schmerzens.

Verschiedene Stufen bei dem einem, und dem andern.

Der Eindruck, eines schwachen Vergnügens scheint sich in dem Organe zu konzentriren, das es zur Seele fortpflanzt. Wenn
es aber auf einen gewissen Grad von Lebhaftigkeit kömmt, so wird es von einer Bewegung (Regung, emotion) begleitet, die
sich durch den ganzen Körper verbreitet. Diese Bewegung ist eine Thatsache, worüber uns
die Erfahrung zu zweifeln nicht gestattet.

Der Schmerz kann gleichfalls zu- oder
abnehmen: durch das Zunehmen zweckt er
auf die gänzliche Zugrundrichtung des Thieres ab. Allein bei der Verminderung zielt
er nicht wie das Vergnügen auf die Beraubung aller Empfindung ab; der Augenblick,
der ihn beschränkt, ist im Gegentheil immer
angenehm.

§. 24. Bei diesen so verschiedenen Stufen ist es nicht möglich einen gleichgültigen
Zustand zu finden: bei der ersten Empfindung, sie mag noch so schwach seyn, befindet
sich die Statue gut oder übel. Allein wenn
sie allmählig die lebhaftesten Schmerzen, und
größten Vergnügen wird empfunden haben,
wird sie die schwächsten Empfindungen, welche sie mit den stärksten wird verglichen haben, entweder für gleichgültig halten, oder
aufhören sie als angenehm, oder unangenehm
anzusehen.   Wir

*Es giebt kei-
nen gleich-
gültigen Zu-
stand ausser
durch Ver-
gleichung.*

Wir können also annehmen, daß es für
sie angenehme und unangenehme Seynsarten
nach verschiedenen Graden, und Seynsarten
giebt, die sie für gleichgültig hält.

§. 25. So oft sie sich übel, oder min der gut befindet, erinnert sie sich der ver gangenen Empfindungen, sie vergleicht sie
mit dem, was sie ist, und fühlt die Wich tigkeit für sich, wieder zu werden, was sie
gewesen ist. Daraus entspringt das Bedürf niß, oder das Erkenntniß, daß sie ein Gut
hat, dessen Genuß sie für nothwendig hält.

Ursprung des Bedürf= nisses.

Sie weiß also nur von Bedürfnissen,
weil sie den Schmerz, den sie leidet, mit den
Vergnügungen vergleicht, die sie genossen
hat. Man nehme ihr das Andenken an diese
Vergnügen, sie wird sich übel befinden ohne
zu wähnen, daß sie ein Bedürfniß hat; denn
um das Bedürfniß etwas zu fühlen, muß
man einige Kenntniß davon haben. Bei der
Supposition aber, die wir gemacht haben,
kennt sie keinen andern Zustand, als denjeni gen, worin sie sich befindet. Allein wenn sie
sich eines glücklichern erinnert, so läßt ihre
gegenwärtige Lage sie das Bedürfniß davon
sogleich fühlen. So werden demnach das
Vergnügen und der Schmerz immer die Wirk samkeit (action) ihrer Fähigkeiten bestimmen.

§. 26.

§. 26. Ihr Bedürfniß kann veranlaßt
werden entweder durch einen wahren Schmerz,
durch eine unangenehme Empfindung, oder
aber durch eine minder angenehme Empfindung als einige von denen, die vorausgegangen sind; endlich durch einen schlaffen Zustand,
in welchem sie auf eine ihrer Seynsarten eingeschränkt ist, die sie für gleichgültig zu halten sich angewöhnt hat.

Wenn ihr Bedürfniß durch einen Geruch
entsteht, der ihr einen lebhaften Schmerz
macht, so zieht es fast das ganze Empfindungsvermögen an sich; und es läßt dem Gedächtniß nur Kraft um die Statue zu erinnern, daß sie nicht immer übel war. Sie
ist dann unfähig die verschiedenen Seynsarten, durch die sie gegangen ist, zu vergleichen, sie ist unfähig zu beurtheilen, welche
die angenehmste ist. Alles was sie interessirt,
ist einen Zustand zu verlassen, um eines andern zu geniessen, wie er auch seyn mag; und
würde sie ein Mittel kennen, welches sie ihrem Leiden entziehen könnte, so würde sie
alle ihre Fähigkeiten anwenden um es gebrau-
chen zu können. Aus diesem Grunde hören
wir in grossen Krankheiten auf die Vergnügen zu verlangen, die wir brünstig gesucht
haben, und denken nur, wie wir gesund
werden können.   Ist

Iſt es eine minder angenehme Empfindung, welche das Bedürfniß erzeugt, muß
man zween Fälle unterſcheiden: entweder waren die Vergnügen, mit welchen die Statue
ſie vergleicht, lebhaft, und mit den gröſten
Regungen (emotions) begleitet; oder ſie
waren nicht ſehr lebhaft, und haben ſie beinahe nicht bewegen.

Im erſten Falle erneuert ſich der vergangene glückliche Zuſtand (Wohlſeyn, bon-
heur) mit deſto mehr Kraft, als er von
der wirklichen Empfindung verſchieden iſt.
Die Regung, welche ihn begleitet hat, bringt
ſich zum Theil wieder hervor, und indem ſie
beinahe das ganze Empfindungsvermögen gegen ihn richtet, geſtattet ſie nicht die angenehmen Empfindungen zu bemerken, die auf
ihn gefolgt oder vorhergegangen ſind. Indem
nun alſo die Statue nicht zerſtreut iſt, vergleicht ſie dieſen glücklichen Zuſtand richtiger
mit dem, worin ſie iſt: urtheilt beſſer von
deſſen Unterſchied; und da ſie bemüht iſt ſich
ihn auf das lebhafteſte vorzumalen, verur-
ſacht ſeine Vermiſſung ein gröſſeres Bedürfniß, und ſein Beſitz wird ein nothwendiges
Gut.

Im zweiten Falle hingegen erneuert es
ſich mit weniger Lebhaftigkeit: andere Ver-

gnügen theilen die Aufmerksamkeit: der Vortheil, den er darbietet, wird weniger empfunden: er bringt entweder gar keine, oder eine kleine Regung hervor. Die Statue ist
also bei seiner Wiederkehr nicht so interessirt,
und wendet ihre Fähigkeiten nicht so sehr
daran.

Wenn endlich die Statue eine von den
Empfindungen zur Ursache hat, die sie für
gleichgültig zu halten gewohnt ist, so lebt sie
ohne weder Schmerz noch Vergnügen zu empfinden. Allein wenn sie diesen Zustand mit
jenen glücklichen Situationen vergleicht, worinn sie sich befunden hat, so wird er ihr
bald unangenehm, und der Schmerz, den
sie leidet, ist das, was wir Langeweile (enui)
nennen.

Indessen dauert die Langeweile fort,
nimmt zu, wird unerträglich, und richtet
alle Fähigkeiten nachdrücklichst gegen den glücklichen Zustand, dessen Verlust sie fühlt.

Diese Langeweile kann eben so wie der
Schmerz überlästig seyn: in welchem Falle
sie kein anderes Interesse hat, als sich daraus zu ziehen; und sie greift nach allen Seynsarten, die geschickt sind sie zu zerstreuen. Allein wenn wir die Last der Langenweile vermindern, wird ihr Zustand weniger elend seyn,

es wird ihr nicht so sehr daran liegen ihn
zu verlaffen, sie wird ihre Aufmerksamkeit auf
alle die angenehmen Empfindungen heften
können, wovon sie ein Andenken behalten hat;
und dieß ist das Vergnügen wovon sie sich
die lebhaftesten Ideen machen, und die alle
Fähigkeiten mit sich führen wird.

§. 27. Es giebt also zwei Prinzipien, **Wirksamkeit,
welche es dem
Gedächtniß
giebt.**
welche den Grad der Wirksamkeit ihrer Fähigkeiten bestimmen: einerseits ist es die Lebhaftigkeit eines nicht mehr vorhandenen Gutes;
andrerseits ist es das wenige Vergnügen der
wirklichen Empfindung, oder der Schmerz,
welche sie begleitet.

Wenn sich diese zwei Prinzipien vereinigen, strengt sie sich mehr an sich zu erinnern,
was sie zu seyn aufgehört hat, und fühlt weniger von dem, was sie ist. Denn da ihr
Empfindungsvermögen nothwendigerweise begrenzt ist, so kann das Gedächtniß davon
keinen Theil auf sich ziehen, das nicht weniger für den Geruch übrig blieb. Wenn sogar die Wirksamkeit (action) dieser Fähigkeit stark genug ist, sich des ganzen Empfindungsvermögens zu bemeistern, so wird die
Statue den Eindruck, der auf ihr Organ
geschieht, nicht mehr bemerken, und sich so

C 2   leb-

lebhaft, was sie gewesen, vorstellen, daß
es ihr scheinen wird, sie sey es noch. a)

*Diese Thä-
tigkeit,
Wirksam-
keit hört mit
dem Bedürf-
nisse auf.*

§. 28. Allein wenn ihr wirklicher Zustand der glücklichste ist, den sie kennt, so
dann interessirt sie das Vergnügen ihn vorzüglich zu genieſſen. Es giebt keine Ursache
mehr, welche die Statue bestimmen könnte
sich des Geruches so zu bemeistern, daß sogar die Empfindung davon erlösche. Das
Vergnügen, im Gegentheil, heftet wenigstens den größten Theil der Aufmerksamkeit,
oder des Empfindungsvermögen auf die wirkliche Empfindung; und wenn sich die Statue
noch ihres vorigen Zustands erinnert, so geschieht es nur, weil die Vergleichung welche
sie davon mit dem gegenwärtigen anstellt, ihr ihren glücklichen Zustand nun besser schmecken läßt.

*Unterschied
zwischen dem
Gedächtnisse,
und der Ein-
bildungs-
kraft.*

§. 29. Hier haben wir also zwo Wirkungen des Gedächtnisses: die eine ist eine Empfindung, die sich so lebhaft erneuert, als geschähe sie wirklich im Organe; die andere ist
eine

a) Unsere Erfahrung giebt den Beweis hievon. Es
giebt vielleicht Niemand, der sich nicht manchmal
der genossenen Vergnügen eben so lebhaft erinnerte,
als genieße er sie wirklich; oder der sich derselben nicht
wenigstens so lebhaft erinnerte, daß er auf den Zustand, worin er sich befindet, und der manchmal sehr
lästig ist, keine Aufmerksamkeit habe.

eine Empfindung, wenn nur eine schwache
Erinnerung übriget.

Es giebt demnach bei der Wirksamkeit
dieser Fähigkeit zween Grade, die wir als
festgesetzt annehmen können; der schwächste
ist derjenige, wo sie das Vergangene kaum
genießen läßt; der lebhafteste ist derjenige,
worinn sie den Genuß desselben verschaft,
als wäre es vorhanden, oder zugegen.

Sie behält aber den Namen Gedächtniß, wenn sie nun vergangene Dinge sich erinnert: und nimmt den Namen Einbildung an,
wenn sie diese so kräftig darstellt, als wäre sie zugegen. Die Einbildung hat also bei
unsrer Statue eben so gut Platz als das Gedächtniß; und diese zwo Fähigkeiten sind nur
zwischen mehr und weniger unterschieden.
Das Gedächtniß ist der Anfang der Einbildung, die nur noch schwach ist; die Einbildung ist das Gedächtniß selbst, das alle Lebhaftigkeit erhalten hat, für die es empfänglich ist.

Wie wir zwo Aufmerksamkeiten in der
Statue unterschieden haben, wovon eine durch
den Geruch, die andere durch das Gedächtniß entsteht, so können wir nun eine dritte
bemerken, die durch die Einbildung entsteht
und derer Charackter es ist die Eindrüke der
Sin-

Sinne zu hemmen, um dafür eine von der Einwirkung äusserer Gegenstände unabhängige b) Empfindung zu substituiren.

Die Statue bemerkt diesen Unterschied nicht. §. 30. Indessen, da die Statue sich eine Empfindung einbildet, die sie nicht mehr hat, und sich diese eben so lebhaft darstellet, als hätte sie sie noch, weiß sie nicht, daß es in ihr eine Ursache giebt, welche die nämliche Wirkung hervorbringt wie ein riechender Körper, der auf ihr Organ wirken würde. Sie weiß also zwischen einbilden, und eine Empfindung haben keinen Unterschied wie wir zu machen.

Ihre Einbildung ist thätiger als die wirkliche §. 31. Allein man kann annehmen, daß ihre Einbildung thätiger (wirksamer) als

die

b) Tausend Fackten beweisen die Macht der Einbildung auf die Sinne. Ein mit einem Gedanken beschäftigtiger Mensch sieht die Gegenstände nicht, die ihm vor Augen kommen; er hört das Getöse nicht, so seine Ohren erschüttert. Jederman weiß, was man vom Archimedes erzählt. Man hefte seine Einbildung noch stärker auf einen Gegenstand: man kann uns stechen, brennen, ohne daß wir den Schmerz wahrnehmen; und es wird das Ansehen haben, als sey die Seele gegen alle Eindrücke der Sinne gefühllos. Um die Möglichkeit dieser Phenomene zu begreifen, dürfe wir nur betrachten, daß unser Empfindungsvermögen eingeschrenkt ist, und daß wir so oft, als unsre Einbildung es gänzlich auf einen Gegenstand verwenden wird, für die Eindrücke der Sinne schlechterdings unempfindlich seyn werden.

die unsrige seyn wird. Ihr Empfindungsvermögen ist gänzlich auf eine einzige Art
von Empfindung gerichtet, die ganze Kraft
ihrer Fähigkeiten verwendet sich einzig auf
Düfte, nichts kann sie zerstreuen. Was uns
betrift, so sind wir zwischen einer Menge
von Empfindungen und Ideen getheilt, die
uns beständig vorkommen; und indem wir
nur einen Theil unsrer Kräfte für unsre Einbildung aufbehalten, so ist sie nur
schwach. Nebstbei sind unsre Sinne immer
wider die Einbildung auf der Hut, und erinnern uns beständig an die Abwesenheit der
Gegenstände, die wir uns einbilden wollen:
hingegen hat die Einbildung unsrer Statue
von allen freien Lauf. Sie erneuert sich also
ohne Mißtrauen einen Duft, den sie gehabt
hat, und genießt ihn eben so, als wäre
ihr Organ wirklich davon afficirt. Endlich
trägt auch die Leichtigkeit, mit welcher wir
die Gegenstände, die uns misfallen, entfernen, und diejenigen, welche uns angenehm
sind, aufsuchen, vieles bei, unsre Einbildung träg zu machen. Allein da unsre Statue sich einer unangenehmen Empfindung nicht
anders entziehen kann, als durch die lebhafte Einbildung einer Seynsarten, die ihr gefällt; so wird ihre Einbildung dadurch geüb-
                                              ter

ter, und muß Effecte hervorbringen deren wir ganz und gar unmächtig sind. c)

§. 32. Indessen giebt es einen Umstand, worinn ihre Wirksamkeit, und sogar die des Gedächtnisses schlechterdings gehemmt wird. Dieser ist der, wenn eine Empfindung lebhaft genug ist, das ganze Empfindungsvermögen auszufüllen. Die Statue ist dann bloß leidend. Das Vergnügen ist für sie eine Art Trunkenheit, worinn sie es kaum genießt; und der Schmerz eine Betäubung wobei sie fast nicht leidet.

§. 33. Allein die Statue verliere einige Grade von Lebhaftigkeit, sogleich werden die Fähigkeiten der Seele wieder wirksam werden, und das Bedürfniß wird wieder die Ursache, die sie bestimmt.

§. 34. Die Modificationen, welche der Statue vorzüglich gefallen sollen, sind nicht immer die letzten, welche sie erhalten hat, Sie können sich sowohl im Anfange als in

der

c) So erkennlich als auch diese Wirkungen der Einbildung sind, so darf man nur nachdenken, was im Schlaf mit uns vorgeht, um daran nicht zu zweifeln. Wir sehen dann, hören, berühren Körper, die auf unsre Sinne nicht wirken; und man kann daher glauben, daß die Einbildung nur so stark ist, weil wir durch die Menge von Ideen und Empfindungen nicht zerstreut werden, die uns beim Wachen beschäftigen.

Mitte, so wie am Ende die Reſte ihrer Kenntniſſe befinden. Die Einbildung wird daher öfters genöthiget die Mittelideen plötzlich zu überſpringen. Sie bringt die entfernteſten näher zuſammen, verändert die Ordnung, die ſie im Gedächtniſſe hatten, und macht eine ganz neue Kette daraus.

Die Ideenverbindung folgt demnach nicht der nämlichen Ordnung bei dieſen Fähigkeiten. Je bekannter ſie mit der, welche ſie von der Einbildung erhält, werden wird, deſto weniger wird ſie diejenige behalten, die ihr das Gedächtniß verſchaft hat. Dadurch verbinden ſich die Ideen auf tauſend verſchiedene Arten; und oft wird ſich die Stätue weniger der Ordnung erinnern, nach der ſie ihre Empfindungen erhalten hat, als derjenigen, nach welcher ſie ſich dieſe eingebildet.

§. 35. Allein alle dieſe Ketten werden nur durch die Vergleichungen gemacht, welche man von jedem Ringe ſowohl mit den Vorhergehenden, als Nachfolgenden angeſtellt, und durch die Urtheile, welche man über ihre Verhältniſſe gefällt hat. Dieſe Verkettung wird ſtärker nach Maasgabe, als die Uibung der Fähigkeiten die Gewohnheiten ſich zu erinnern und einzubilden ſtärket; und daraus zieht man den Vortheil ſchon gehabte Empfindungen wieder zu erkennen.

Die Ideen verbinden ſich nur darum verſchieden, weil neue Vergleichungen damit angeſtellt werden.

Vermög dieser Verkettung erkennt die Statue ihre gehabten Seynsarten.

§. 36. In der That, wenn wir unsre Statue einen Duft riechen machen, denn sie kennt, so haben wir eine Seynsart, die sie verglichen, worüber sie geurtheilt, und die sie mit einigen Theilen der Kette verbunden hat, die ihr Gedächtniß zu durchlaufen gewohnt ist. Daher urtheilt sie, daß der Zustand worinn sie sich befindet eben der sey, worinn sie sich schon befunden hat: allein bei einem Dufte, den sie noch nicht gerochen hat, ist nicht der nämliche Fall; er muß ihr also ganz neu vorkommen.

Sie weiß sich von diesen Phenomene keinen Grund anzugeben.

§. 37. Wir haben nicht nöthig anzumerken, daß sie, wenn sie eine Seynsart anerkennt, unfähig ist, sich davon einen Grund anzugeben. Die Ursache eines dergleichen Phenomens ist so hart zu entwikeln, daß sie Niemand weiß, der nicht im Stande ist, das, was in ihm selbst vorgeht, zu beobachten und zu zergliedern.

Wie sich die Ideen im Gedächtnisse erhalten und erneuern.

§. 38. Allein wenn die Statue lange Zeit auf eine Seynsart nicht denkt, was geschieht während dieses langen Zwischenraums mit der davon erworbenen Idee? Woher entspringt diese Idee, wenn sie in der Folge sich im Gedächtnisse erneuert? Hat sie sich in der Seele, oder im Körper erhalten? Weder in der einen, noch dem andern.

Nicht

Nicht in der Seele, weil es nur einer Unordnung im Gehirne bedarf um das Erinnerungsvermögen zunehmen. Nicht im Körper; es giebt nichts als die physische Ursache, die sich darinn erhalten könnte; und dabei müßte man annehmen, daß das Gehirn schlechterdings in den Zustand verbliebe, worinn es durch die Empfindung, die sich die Statue zurück ruft, versetzt worden ist. Allein wie kann man diese Supposition mit der beständigen Bewegung der Geister übereinstimmen? Wie sie übereinstimmen, hauptsächlich wenn man die Menge Ideen betrachtet, womit sich das Gedächtniß bereicherte? Man kann dieß Phenomene auf eine ganz einfache Art erklären.

Ich habe eine Empfindung, wenn in meinem Organe eine Bewegung vorgeht, die sich bis zum Gehirne fortpflanzt. Wenn diese nämliche Bewegung beim Gehirne anfängt, und sich bis zum Organ erstreckt, glaube ich eine Empfindung zu haben, die ich nicht habe: es ist eine Täuschung. Allein wenn diese Bewegung beim Gehirne anfängt, und endigt, erinnre ich mich der gehabten Empfindung.

Wenn sich also bei der Statue eine Idee erneuert, so ists nicht, daß sie sich im Körper, oder der Seele erhalten habe: sondern

weil

die Bewegung, die davon die physische und gelegenheitliche Ursache ist, sich im Gehirn reproducirt. Allein hier ist nicht der Ort dazu Muthmaffungen über den Mechanism des Gedächtnisses zu wagen. Wir erhalten das Andenken unsrer Empfindungen, wir erneuern sie, nachdem wir lange Zeit nicht daran gedacht haben.: es ist genug dazu, daß sie einen lebhaften Eindruck auf uns gemacht, oder daß wir sie zu verschiedenenmalen gehabt haben. Diese Fakten berechtigen mich anzunehmen, daß unsre Statue, indem sie wie wir organisirt ist, ebenfalls wie wir des Gedächtnisses fähig ist.

Aufzählung aller von der Statue. Statue angenommenen Gewohnheiten.

§. 39. Schließen wir mit dem, daß die Statue mehrere Gewohnheiten (habitudes) angenommen habe, eine Gewohnheit aufmerksam zu seyn, eine andre sich zu erinnern, eine dritte zu vergleichen, eine vierte zu urtheilen, eine fünfte einzubilden, und eine letzte wieder zu erkennen.

Wie diese Gewohnheiten sich unterhalten werden.

§. 40. Eben die Ursachen, welche die Gewohnheiten hervorgebracht haben, sind allein fähig, sie zu unterhalten. Ich will sagen, daß die Gewohnheiten sich verlieren werden, wenn sie nicht von Zeit zu Zeit durch wiederhohlte Akte erneuert werden. Unsre Statue wird sich weder der mit einer Seyns-

art

art angestellter Vergleichungen, noch der darüber gefällten Urtheile erinnern, und sie wird sie drei- und viermal erfahren, ohne im Stande zu seyn sie zu erkennen.

§. 41. Allein wir selbst können beitragen die Übung ihres Gedächtnisses, und alle ihrer Fähigkeiten zu unterhalten. Wir dürfen sie nur durch die verschiedenen Stufen von Vergnügen und Schmerz interessiren, damit sie ihre Seynsarten erhält, oder sich ihnen entzieht. Die Kunst, womit wir ihre Empfindungen anordnen werden, wird also Gelegenheit geben können ihre Gewohnheiten immer mehr zu verstärken, und zu erweitern. Man kann sogar muthmaßen, daß sie bei einer Aufeinanderfolge von Gerüchen Unterschiede entdecken wird, die uns entgehen. Sollte sie zu diesem Studium nicht mehr Unterscheidungskraft mitbringen als wir, nachdem sie genöthiget ist alle ihre Fähigkeiten auf eine einzige Seynsart zu verwenden?

§. 42. Indessen sind die Verhältnisse, die ihre Urtheile entdecken können, nur sehr wenige. Sie kennt blos, daß eine Seynsart entweder eben die sey, die sie schon gehabt hat, oder daß sie davon verschieden; daß die eine angenehm, die andre unangenehm, daß sie dieß mehr oder weniger sind.

Allein

Marginalia: Werden sich stärken.

Marginalia: Die Gränzen ihrer Unterscheidungskraft.

Allein, wird sie mehrere Düfte, die zugleich empfunden werden, auseinandersetzen? Dieß ist eine Unterscheidungskraft, die wir selbst nur durch eine große Uibung erlangen: noch dazu hat sie sehr enge Gränzen: denn Niemand kann am Geruche alles das erkennen, was in einem Potpourritopf vermischt ist. Es dünkt mich aber jede Vermischung von Düften sey für unsre Statue ein Potpourritopf.

Es ist die Kenntniß riechender Körper, wie wir sonst wo sehen werden, die uns zwei Düfte in einem dritten erkennen ließ. Nachdem wir nach einander eine Rose, und Narcisse gerochen, haben wir sie miteinander empfunden; und dadurch gelernt, daß die Empfindung, welche diese vereinigten Blumen in uns erwecken, aus zwo andern bestehe. Man vermehre die Düfte, wir werden nur diejenigen unterscheiden, die vorschlagen; und auch diesen Unterschied werden wir nicht machen, wenn die Vermischung künstlich genug gemacht ist, daß keiner vorschlägt. In dergleichen Falle scheinen sie sich beiläufig so wie zusammengeriebene Farben zu vermischen; sie vereinigen, und vermengen sich so gut, daß keiner von ihnen bleibt, was er war; und aus mehrern entsteht nur ein einziger.

Wenn

Wenn unsre Statue im ersten Augenblicke ihres Daseyns zween Düfte riecht, wird
sie also nicht urtheilen, daß sie zugleich auf
zwei Arten sey. Allein wir wollen annehmen,
daß sie sie abgesondert habe kennen gelernt,
sie rieche sie zugleich, wird sie sie wohl aner-
kennen? Dieß scheint mir nicht wahrscheinlich.
Denn da sie nicht weiß, daß sie ihr von zween
verschiedenen Körpern zukommen, so kann sie
auch nichts auf die Vermuthung bringen, daß
die Empfindung, die sie erfährt, von zwo andern gebildet werde. In der That, wenn keiner vorschlägt, so werden sie sich sogar in
Rücksicht auf uns vermischen; und wenn einer
aus ihnen schwächer ist, so wird er nur den
stärksten verändern, und sie werden zusammen
wie eine einfache Seynsart erscheinen. Uns
hievon zu überzeugen dürfen wir nur Gerüche
riechen, wovon wir uns keine Gewohnheit gemacht haben sie verschiedenen Körpern zuzu-
eignen: ich bin überzeugt, daß wir uns nicht
erdreusten werden zu versichern, ob sie nur ein
einziger oder aber mehrere sind. Dieß ist gerade der Fall Unsrer Statue.

Sie bekömmt also Unterscheidungskraft
nur durch die Aufmerksamkeit, die sie zugleich
auf eine Seynsart, die sie hat, und eine andere, die sie gehabt hat, verwendet. Ihre
Ur-

Urtheile üben sich demnach gar nicht an zween
auf einmal empfundenen Düften; ihr Gegenstand sind nur aufeinanderfolgende Empfindungen.

Drittes Hauptstück.

Von Begierden, Leidenschaften, von der
Liebe, dem Haße, der Hoffnung, der
Furcht, und dem Willen eines Menschen, der auf den Sinn des Geruches
eingeschränkt ist.

§. 1.

Die Begier-
de ist nur die
Wirksamkeit
der Fähigkei-
ten.

Wir haben gezeigt, worinn die verschiedenen Arten von Bedürfnissen bestehen, und
wie sie die Ursache von den Graden der Lebhaftigkeit sind, mit welchen sich die Fähigkeiten der Seele auf ein Gut verwenden, dessen Genuß zur Nothwendigkeit wird. Die
Begierde nun ist nichts anders, als die Wirksamkeit (action) dieser Fähigkeiten selbst.

Was die
Schwäche
oder Stärke
davon aus-
machen.

§. 2. Jede Begierde setzt also voraus,
daß die Statue die Idee von etwas besserem
habe, als was sie in dem Augenblicke ist, und
daß sie von dem Unterschiede zweier Zustände
urtheile, die auf einander folgen. Wenn sie
wenig unterschieden sind, leidet sie weniger

durch

durch die Entbehrung der Seynsart, die sie
verlangt; und ich nenne Mißbehagenheit
(malaise, Unbequemlichkeit) oder geringe
Unzufriedenheit (leger mecontentement)
die Empfindung, die sie hat: die Wirksamkeit ihrer Fähigkeiten, ihre Begierden sind
dann schwächer. Hingegen leidet sie mehr,
wenn der Unterschied beträchtlich ist; und
ich nenne Unruhe (inquietude) oder wohl
gar Qual (tourment) den Eindruck, den sie
fühlt: dann sind die Wirksamkeit ihrer Fähigkeiten, ihre Begierden lebhafter. Der
Maasstab der Begierde ist demnach der wahrgenommene Unterschied zwischen diesen beiden
Zuständen; und man darf sich nur erinnern,
wie die Wirksamkeit ihrer Fähigkeiten Lebhaftigkeit erhalten, oder verliehren kann, um
alle die Grade zu kennen, welche die Begierden haben können.

§. 3. Sie haben z. B. nie mehr Hef-
tigkeit, als wenn die Fähigkeiten der Statue
nach einem Gute strebten, dessen Vermissung eine um so viel grössere Unruhe hervorbringt, als ihre gegenwärtige Lage davon
verschieden ist. In dergleichen Fällen kann
sie nichts von diesem Gegenstande zerstreuen:
sie erinnert sich seiner; bildet sich ihn ein;
alle ihre Fähigkeiten sind damit einzig be-

Eine Leiden-
schaft ist ei-
ne herrschen-
de Begierde.

schäftiget. Je mehr sie ihn folglich verlangt,
je mehr gewöhnt sie sich ihn zu verlangen.
Kurz, sie hat für ihn, was man Leidenschaft
nennt; das heißt, eine Begierde, die keine
andre zuläßt, oder die wenigstens die herr-
schendste ist.

Wie eine Lei-
denschaft der
andern folgt.
§. 4. Diese Leidenschaft besteht, so lange als das Gut, so der Gegenstand derselben ist,
fortdauert das angenehmste zu scheinen, und
seine Vermissung mit den nämlichen Unruhen
begleitet ist. Allein eine andre tritt an ihre
Stelle, wenn die Statue Gelegenheit erhält,
sich an ein neues Gut zu gewöhnen, dem sie
den Vorzug geben muß.

Was Liebe
und Haß ist.
§. 5. Sobald es in ihr Genuß, Leid,
Bedürfniß, Begierde, Leidenschaft giebt, ist
auch Liebe und Haß vorhanden. Denn sie
liebt einen angenehmen Geruch, den sie besitzt, oder den sie verlangt. Sie haßt einen
unangenehmen Geruch, der sie leiden macht:
endlich liebt sie einen minder angenehmen Geruch weniger, den sie gegen einen andern zu
vertauschen wünschte. Um sich zu überzeugen darf man nur betrachten, daß lieben immer eine Synonyme von besitzen, genießen,
(jouir) oder verlangen, und daß hassen es
ebenfalls vom Leiden eines Mitbehagens, ei-

ner

ter Unzufriedenheit in Gegenwart eines Gegenstandes ist.

§. 6. Gleichwie es mehrere Grade der
Unruhe, die durch die Entehrung eines lie-
benswürdigen Gegenstandes verursacht wird,
und der Unzufriedenheit, die durch den Anblick eines verhaßten Gegenstandes entsteht,
geben kann, eben so einen Unterschied muß
man bei Liebe und Haß annehmen. Wir
haben zu diesem Gebrauche sogar Wörter:
dergleichen sind, Geschmack, Hang, Neigung,
Entfernung, Abneigung, Eckel. Ob man
gleich statt dieser Wörter nicht die von Liebe,
und Haß setzen kann, so sind doch die Empfindungen, die sie ausdrücken, nichts anders,
als der Anfang dieser Leidenschaften: sie sind
nur in einem schwächern Grade davon verschieden.

*Beide ver-
schiedener
Grade fähig.*

§. 7. Uebrigens ist die Liebe, deren unsre Statue fähig ist, nur ihre Selbstliebe,
oder was man Eigenliebe nennt. Denn eigentlich liebt sie nur sich, weil die Dinge,
die sie liebt, nur ihre eignen Seynsarten sind. —

*Die Statue
kann nur sich
selbst lieben.*

§. 8. Die Hofnung und Furcht haben
den nämlichen Grund zum Ursprung, wie die
Liebe und der Haß.

Die Gewohnheit, worinn unsre Statue
sich befindet, angenehme und unangenehme

*Grund der
Hofnung
und Furcht.*

D 2   Em-

Empfindungen zu haben, macht sie urtheilen,
daß sie deren noch ein und andre erfahren
könne. Wenn sich dieses Urtheil mit der Liebe einer Empfindung verbindet, die gefällt,
so bildet es die Furcht. Wirklich ist hofen
nichts anders, als sich mit dem Besitze eines Gutes schmeicheln; fürchten, sich mit
einem Uibel bedroht sehen. Wir können
bemerken, daß die Hofnung und Furcht zur
Vermehrung der Begierden beitragen. Aus
dem Kampfe dieser beiden Empfindung entspringen die lebhaftesten Leidenschaften.

Wie sich der
Wille bildet.
§. 9. Das Andenken einige ihrer Begierden befriediget zu haben, flößt unsrer Statue um so mehr Hofnung ein, auch andre
befriedigen zu können, als sie keine Hindernisse kennt, die sich darwidersetzen, und nicht
einsieht, warum das, was sie verlangt, nicht
in ihrer Macht seyn sollte, so, wie dasjenige,
was sie bei andren Gelegenheiten verlangt
hat. Zwar kann sie sich davon nicht versichern; allein sie hat auch keinen Beweis für
das Gegentheil. Wenn sie sich über dieß
noch erinnert, daß eben die Begierde, die sie
hat, zu andernmalen mit dem Besitze verge-
sellschaftet war, so wird sie sich damit nach
Verhältniß, als ihr Bedürfniß grösser seyn
wird, schmeicheln. Zwei Ursachen tragen
da-

daher zu ihrer Zuversicht bei: die Erfahrung
eine dergleichen Begierde befriediget zu haben, und das Interesse, daß es noch so seyn
möge. (a) Sonach begnügt sie sich nicht
mehr mit der Begierde: sie will; denn man
versteht durch Willen, eine absolute, und so
beschaffene Begierde, da wir denken, ein
verlangtes Ding sey in unsrer Macht.

Viertes Hauptstück.

Von den Ideen eines Menschen, der nur
den Sinn des Geruches hat.

§. 1.

Unsre Statue kann nicht nacheinander auf
mehrere Arten seyn, wovon ihr die einen gefallen, und die andern mißfallen, ohne zu
bemerken, daß sie nacheinander durch einen
Zustand des Vergnügens, und einen des Schmerzens

Die Statue hat Ideen von Zufrie- denheit, und Unzufrieden- heit.

(a) Es ist bei unserer Statue, wie bei allen Menschen. Wir betragen uns nach der Erfahrung, und
machen uns verschiedene Regeln von Wahrscheinlichkeit, nach dem das Interesse ist, so uns beherrscht.
Ist es groß, so ist der kleinste Grad von Wahrschein,
lichkeit gemeiniglich hinlänglich, und wenn wir weise
genug sind, uns nur nach einer sicher gegründeten
Wahrscheinlichkeit zu bestimmen, so geschieht es oft
nur, weil wir ein geringes Interesse zu handeln
haben.

zens geht. Mit den einen, ist es Zufriedenheit, Genuß; mit den andern, Unzufriedenheit, Leiden. Sie behält dennoch in ihrem Gedächtnisse die Ideen von Zufriedenheit, und Unzufriedenheit, die mehreren
Seynsarten gemein sind: und sie darf nur
ihre Empfindungen unter diesen zwei Verhältnissen betrachten, um zwo Klassen daraus zu
machen, wobei sie Schattirungen (nuances)
nach Verhältniß, als sie sich darinn mehr üben
wird, zu unterscheiden lernen wird.

Diese Ideen
sind abstract
und allge-
mein.

§. 2. Abziehen heißt eine Idee von einer andern trennen, mit der sie natürlicher
Weise verbunden scheint. Indem sie aber
betrachtet, daß die Ideen von Zufriedenheit
und Unzufriedenheit mehrere von ihren Modificationen gemein sind, so nimmt sie die
Gewohnheit an, sie von solcher partikular
Modification abzusöndern, woben sie sie nicht
sogleich unterschieden hatte; sie macht sich
demnach abgezogene Begriffe (notions) daraus; und diese Begriffe werden allgemein,
weil sie mehreren ihrer Seynsarten gemein
sind.

Ein Geruch
ist für die
Statue nur
eine partiku-
lar Idee.

§. 3. Allein indem sie allmählig mehrere Blumen von der nämlichen Art riechen
wird, wird sie immer eine nämliche Seynsart empfinden, und in Betracht dieses Sub-
jekts

jekts nur eine Partikularität haben. Der
Veilchenduft z. B. kann für sie keine abstrakte, mehrere Blumen gemeine Idee seyn, weil
sie nichts von der Existenz der Veilchen weiß.
Es ist also nur die Partikularität eines
Seynsart, die ihr eigen ist: Alle ihre Abstraktionen schränken sich folglich auf mehr
oder weniger angenehme, mehr oder weniger
unangenehme Modifikationen ein.

§. 4. Da sie nur partikuläre Ideen ha-
ts, konnte sie nur eine Seynsart so oder so
verlangen. Allein sobald als sie abstrakte
Begriffe hat, können ihre Begierden, ihre
Liebe, ihr Haß, ihre Hofnung, ihre Furcht,
ihr Wille, das Vergnügen, oder den Schmerz
überhaupt zum Gegenstande haben.

Wie das Ver-
gnügen über-
haupt der Ge-
genstand ih-
res Willens
wird.

Allein diese Liebe des Guten überhaupt
hat bloß Platz, wenn, bei der Menge von
Ideen, welche ihr das Gedächtniß nur dunkel darstellt, sie noch keinen Unterschied zwischen dem macht, so ihr vorzüglich gefallen
soll; allein sobald sie es wahrzunehmen glaubt,
sogleich wenden sich alle ihre Begierden gegen eine Seynsart ins besondere.

§. 5. Indem sie die Zustände unterscheidet, die sie durchgeht, so hat sie einige
Idee von Zahl: sie hat die von der Einheit,
so oft als sie eine Empfindung hat, oder

Sie hat Ide-
en von der
Zahl

sich

sich derselben erinnert; und hat Ideen von
zwei und drei so oft, als ihr Gedächtniß ihr
zwei, oder drei unterschiedene Seynsarten
wiederhohlt: denn sie nimmt dann Kenntniß
von sich selbst, als von einem wirklichen Duft,
oder als von zween, oder dreien allmählig
gewesenen Düften.

Sie hat sie nur ihrem Gedächtnisse zu verdanken.

§. 6. Sie kann nicht zween Düfte unterscheiden, die sie zugleich riecht. Der Geruch an sich selbst kann ihr also nur die Idee
von Einheit geben, und sie kann die Ideen
von Zahlen nur vom Gedächtniße erhalten.

§. 7. Allein sie wird ihre Kenntniße bei
diesem Stafe nicht sehr weit erstrecken. Gleich
einem Kinde, das nicht zählen gelernt hat,
wird sie die Zahl ihrer Ideen nicht bestimmen können, wenn ein wenig eine grössere
Zahl aufeinander gefolgt ist.

Wie ferne sie sie ausdehnen kann.

Es dünkt mich, daß, um die grösste Menge, die sie deutlich zu erkennen fähig ist,
zu entdecken, man nur betrachten dürfe, wie
weit wir selbst mit dem Zeichen eins würden
zählen können. Lassen sich die durch die
Wiederhohlung dieses Wortes gemachten
Sammlungen (Collections) nicht auf einmal deutlich fassen, so können wir mit Recht
schliessen, daß man die precisen Ideen von

Zahl

Zahlen, die sie enthalten, nicht bloß durch das Gedächtniß erlangen kann.

Indem ich aber sage eins und eins, so habe ich die Idee von zwei; und indem ich sage eins, eins, und eins, habe ich die Idee von drei. Allein wenn ich um zehn, fünfzehn, zwanzig auszudrücken nur die Wiederhohlung dieses Zeichens hätte, würde ich damit niemals die Ideen bestimmen können; denn ich könnte mich durch das Gedächtniß nicht versichern, daß ich eins so oft wiederhohlt hätte, als es jede dieser Zahlen erheischt. Es dünkt mich sogar, ich könnte mir durch dieses Mittel nicht einmal die Idee von vieren machen, und es sey einige Kunst vonnöthen, mich zu versichern, daß ich das Zeichen eins nicht zu viel, oder zu wenig wiederhohlt habe. Ich werde z. B. sagen, eins eins, und dann eins, eins: allein dieß ist Beweis genug, daß das Gedächtniß nicht zugleich vier Einheiten deutlich faßt. Es stellt demnach außer der Zahl drei nur eine unbestimmte Menge dar: Man darf bei den Schlüssen, die ich zu machen habe, nur übereinkommen, daß es eins giebt, außer welchem das Gedächtniß nur eine ganz schwankende Menge wahrnehmen läßt. Es ist die Kunst der Zeichen, die uns gelehret hat, uns-

ſre Einſicht weiter zu erſtrecken. Allein ſo
beträchtlich die Zahlen, die wir unterſcheiden
können, auch ſeyn mögen, ſo übriget doch
immer eine Menge, die wir nicht beſtimmen
können, die man daher das Unendliche (in-
fini) heißt, das man oder beſſer das Unbe-
ſtimmte (indefini) würde genannt haben.
Dieſe einzige Namensveränderung würde
Irrthümer vorgebeugt haben. (a)

Wir können demnach ſchlieſſen, daß unſre Statue nur bis drei ihrer Seynsarten
deutlich faſſen wird. Weiter hinaus wird
ſie eine Menge derſelben ſehen, die für ſie
das ſeyn werden, was für uns die vorgege-
bene Notion des Unendlichen iſt. Sie wird
ſogar weit mehr zu entſchuldigen ſeyn, wenn
ſie ſich irrt; denn ſie iſt der Reflexionen unfähig, die ſie aus dem Irrthume ziehen könnten. Sie wird alſo in dieſer Menge das
Unendliche ſehen, als wäre es wirklich darinn.

Endlich werden wir bemerken, daß ihre
Idee von der Einheit abgezogen iſt: denn ſie
fühlt alle ihre Seynsarten unter dem allge-

                                        mei-

(a) Hauptſächlich dem Irrthume zu glauben, daß wir
eine poſitive Idee vom Unendlichen haben, woraus
eine Menge ſchiefe Vernunftſchlüße von Seiten der
Metaphyſiker, und manchmal ſelbſt von Seite der
Geometer.

meinen Verhältniß, daß jede von der andern unterschieden ist.

§. 8. Da sie partikular Ideen und allgemeine Ideen hat, so kennt sie zwo Arten von Wahrheiten.

Sie kennt zwo Arten von Wahrheiten.

Die Düfte von jeder Art Blumen sind für sie nur partikular Ideen. Eben so wird es mit allen Wahrheiten seyn, die sie wahrnimmt, wenn sie einen Duft vom andern unterscheidet.

Allein sie hat abstrakte Begriffe von angenehmen und unangenehmen Seynsarten. Allgemeine Wahrheiten. Sie wird demnach hiebei allgemeine Wahrheiten erkennen; wird wissen, daß ihre Modifikationen überhaupt von einander verschieden sind, und daß sie ihr mehr, oder weniger gefallen.

Allein diese allgemeinen Kenntnisse setzen bei ihr partikular Kenntnisse voraus, weil die partikular Ideen vor den abstrakten Begriffen hergegangen sind.

§. 9. Da sie in der Gewohnheit ist zu seyn, aufhören zu seyn, und wieder der nämliche Duft zu werden, so wird sie schließen, Sie hat einige Idee vom Möglichen. wenn sie es nicht ist, daß sie es seyn könnte, und wenn sie es ist, daß sie es nicht mehr seyn könnte. Sie wird also zur Betrachtung ihrer Seynsarten Gelegenheit haben,

wie

wie daß sie existiren, aber auch nicht existiren
können. Allein dieser Begriff des Möglichen
wird doch nicht die Kenntniß der Ursachen mit
sich bringen, die eine Wirkung hervorbringen
können: im Gegentheil wird er die Unwissenheit derselben voraussetzen, und nur auf ein
Gewohnheitsurtheil sich gründen. Wenn
die Statue denkt, daß sie z. B. aufhören könne Rosenduft zu seyn, und könne ein Veilchenduft werden, so weiß sie nicht, daß ein
äusseres Wesen ihre Empfindungen einzig allein anordnet. Damit sie sich in ihrem Urtheile täusche, dürften wir sie nur beständig
den nämlichen Duft empfinden lassen. Es
ist zwar wahr, daß ihre Einbildung manchmal dabei aushelfen kann; allein dieß nur
bei Gelegenheiten, worin die Begierden heftig sind; und noch dazu ist sie nicht allzeit
dabei glücklich.

Vielleicht auch noch vom Unmög-lichen.

§. 10. Vielleicht könnte sie, nach ihren
Gewohnheitsurtheilen, sich auch einige Idee
vom Unmöglichen machen. Da sie gewöhnt
ist, eine Seynsart sogleich, als sie eine neue
erhält, zu verlieren, so ists unmöglich, vermög
ihrer Art zu begreifen, (concevoir) daß sie
derer zwo auf einmal habe. Der einzige
Fall, wo sie das Gegentheil glauben würde,
wäre der, wobei ihre Einbildung stark genug

wirkte

wirkte, um ihre zwo Empfindungen gleich
lebhaft vorzustellen, als ob sie sie wirklich
hätte. Allein dieß kann sich fast nicht ereignen. Es ist natürlich, daß sich ihre Einbildung nach den Gewohnheiten richte, die sie
sich gemacht hat. Somit, da sie ihre Seynsarten nur eine nach der andern gehabt hat,
wird sie sich diese nur in dieser Ordnung
einbilden. Nebstbei wird ihr Gedächtniß
wahrscheinlich nicht stark genug seyn ihr zwo
Empfindungen zu vergegenwärtigen (rendre
presentes) nämlich die sie gehabt hat, und
die sie nicht mehr hat.

Allein, was mir wahrscheinlich scheint,
ist, daß wenn die Gewohnheit, worinn sie ist
zu urtheilen: daß ihr das wird zustoßen können, was ihr begegnet ist: die Idee des Möglichen enthält, es sehr schwer ist, daß sie Gelegenheit habe, Urtheile zu bilden, worinn
wir die Idee wieder finden könnten, die wir
vom Unmöglichen haben. Hiezu wäre es nöthig, daß sie sich mit dem beschäftigte, was
sie noch nicht erfahren hat; es ist aber viel
natürlicher, daß sie sich gänzlich mit dem abgiebt, was sie erfährt.

§. 11. Aus der Unterscheidung, die sich
in ihr von Düften bildet, entspringt eine
Idee der Aufeinanderfolge: (Succession)

Sie hat die
Idee einer
vergangenen
Dauer.

Denn

Denn sie kann nicht empfinden, daß sie zu seyn aufhört, was sie gewesen, ohne sich bei dieser Veränderung eine Dauer von zween Augenblicken vorzustellen.

Gleichwie sie nur drei Düfte auf eine deutliche Art faßt, so wird sie auch nur drei Augenblicke bei ihrer Dauer auseinandersetzen. Weiter hinaus wird sie nur eine unbestimmte Aufeinanderfolge sehen.

Wenn man annimmt, daß das Gedächtniß sie auf vier, fünf, sechs Seynsarten deutlich erinnern kann, so wird sie folglich vier, fünf, bis sechs Augenblicke in ihrer Dauer unterscheiden. Jeder kann bei diesem Gegenstand Hypothesen machen, die er für angemessen hält, und sie statt derer setzen, die ich vorzuziehen für gut fand.

Von einer zukünftigen Dauer. §. 12. Der Uebergang von einem Dufte zum andern verschaft unsrer Statue nur die Idee des Vergangenen. Um eine von der Zukunft zu haben, muß sie mehrremale die nämliche Folge von Empfindungen gehabt, und sich eine Gewohnheit zu urtheilen gemacht haben: daß auf eine Modifikation eine andre folgen müsse.

Wir wollen z. B. diese Folge annehmen, Narcisse, Rose, Veilchen. Sobald als diese Düfte beständig nach dieser Ordnung

ver-

verbunden sind, so kann keine von ihnen ihr
Organ afficiren, ohne daß das Gedächtniß
ihr nicht sogleich auch die andern in dem
Verhältniße darstellt, das sie zum gerochenen
Dufte haben. Sonach werden bei Gelegenheit des Veilchenduftes sich die zween andern
als vorhergegangene erneuern, und sie wird
sich eine vergangene Dauer vorstellen; eben
so werden bei Gelegenheit des Narcissenduf-
tes sich der Rosen- und Veilchenduft als solche erneuern, die darauf folgen müssen, und
sie wird sich eine zukünftige Dauer vorstellen.

§. 13. Die Narcissen, Rosen, und Veil-
chendüfte können also die drei Augenblicke
bezeichnen, die sie auf eine deutliche Art wahrnimmt. Aus eben diesem Grunde werden
die vorhergegangenen Düfte, und die, welche
darauf zu folgen pflegen, die Augenblicke bezeichnen, die sie dunkel in dem Vergangenen
und Zukünftigen wahrnimmt. Somit wird
sie ihr Gedächtniß, wenn sie eine Rose riecht,
deutlich auf den Narcissen- und Veilchenduft
erinnern; und ihr eine unbestimmte Dauer
vorstellen, die vor dem Augenblicke hergegangen ist, worinn sie die Narcisse roch, und eine unbestimmte Dauer, die auf den folgen
muß, worinn sie ein Veilchen riechen wird.

Von einer
unbestimm-
ten Dauer.

§. 14.

Von einer unbestimmten Dauer.

§. 14. Indem sie diese Dauer als unbestimmt wahrnimmt, so kann sie dabei weder Anfang noch Ende unterscheiden: sie kann sogar weder das eine noch andre dabei vermuthen. Es ist demnach in Rücksicht ihrer eine absolute Ewigkeit; und sie fühlt sich, als wäre sie immer gewesen, und als müßte sie niemals aufhören.

Wirklich ist es ganz und gar nicht die Reflexion über unsre Ideenfolge, die uns lehrt, daß wir einen Anfang gehabt, und ein Ende haben werden: es ist die Aufmerksamkeit, die wir auf Wesen unsrer Art verwenden, welche wir entstehen, und zu Grund gehen sehen. Ein Mensch, der bloß seine eigene Existenz kännte, würde keine Idee vom Tode haben.

Es giebt in ihr zwo Aufeinanderfolgen.

§. 15. Die Idee der Dauer, die durch die Aufeinanderfolge der Eindrücke hervorgebracht worden, welche auf das Organ geschahen, erhält sich oder erneuert sich durch die Aufeinanderfolge der Empfindungen, welche das Gedächtniß zurückruft. So also fährt sie fort sich das Gegenwärtige, das Vergangene und Zukünftige vorzustellen, selbst dann noch, wann die riechenden Körper auch nicht mehr auf unsre Statue wirken. Das Gegenwärtige, durch den Zustand, darinn sie sich be-

befindet; das Vergangene durch die Erinnerung deſſen, was ſie geweſen iſt; das Zukünftige weil ſie urtheilet, daß ſie die nämlichen
Empfindungen, welche ſie zu wiederholtenmalen gehabt hat, wieder haben könne.

Es giebt alſo in ihr zwo Aufeinanderfolgen; die der Eindrücke, welche auf das
Organ geſchehen; und die der Empfindungen
die ſich im Gedächtniſſe erneuern.

§. 16. Es können im Organe mehrere
Eindrücke aufeinander folgen, während dem
als das Andenken einer nämlichen Empfindung im Gedächtniße zugegen iſt; und
mehrere Empfindungen können ſich nach einander im Gedächtniße erneuern, während
dem daß ein nämlicher Eindruck ſich im Organe fühlbar macht. Im erſten Falle mißt
die Folge der Eindrücke, die ſich im Geruche äuſſern, die Dauer des Andenkens einer
Empfindung: im zweiten mußt die Folge von
Empfindungen, die ſich dem Gedächtniße darſtellen, die Dauer des Eindruckes, den der
Geruch empfieng.

Wenn z. B. die Statue, da ſie eine
Roſe riecht, ſich der Düfte, der Tuberroſe,
der Narciſſe, und des Veilchens erinnert,
ſo urtheilt ſie aus der Aufeinanderfolge, die
in ihrem Gedächtniße vorgeht, von der Dau-

Die eine die-
ſer Aufeinand-
folgen mißt
die Augen-
blicke der an-
dern.

er ihrer Empfindung: und wenn ich, indem
sie sich des Rosenduftes erinnert, ihr plötzlich eine Reihe riechender Körper vorstelle, so
ist es die Aufeinanderfolge, die im Organe
vorgeht, nach welcher sie von der Dauer des
Andenkens dieser Empfindung schließt. Sie
nimmt dann wahr, daß es keine von ihren
Modificationen giebt, die nicht dauern könne.
Die Dauer wird ein Verhältniß, unter welchen sie alle überhaupt betrachtet, und sich
davon einen abgezogenen Begriff macht.

Wenn sie in der Zeit, da sie eine Rose
riecht, sich nach und nach der Düfte von
Veilchen, Jasmin, und Lavendel erinnert,
wird sie sich als einen Rosenduft wahrnehmen, der drei Augenblicke dauert: und wenn
sie sich eine Reihe von zwanzig Düften vorstellt, wird sie sich als ein Rosenduft wahrnehmen, der eine unbestimmte Zeit dauert;
sie wird nicht mehr schliessen: daß sie einen
Anfang gehabt habe, sondern dafür halten,
daß sie eine ganze Ewigkeit her sey.

Die Idee der Dauer ist nicht absolut §. 17. Es ist also nur eine Aufeinanderfolge entweder durch das Organ fortge-
pflanzter, oder durch das Gedächtniß erneuer-
ter Düfte, welche ihr einige Idee von der
Dauer geben kann. Sie würde niemals mehr
als einen Augenblick gekannt haben, wenn
der

der erste riechende Körper auf sie nach einer
einförmigen Art während einer Stunde, eines Tages, oder mehrerer gewirkt, oder
aber wenn eine Wirksamkeit durch so unmerkliche Abstuffungen sich verändert hätte, daß
sie diese nicht hätte bemerken können.

Eben so wird es seyn, wenn sie nach
erlangter Idee der Dauer eine Empfindung
behält, ohne von ihrem Gedächniße Gebrauch
zu machen, ohne sich nach und nach einiger
ihrer Seynsarten zu erinnern, durch die sie gegangen ist. Denn woran sollte sie hier Augenblicke unterscheiden? Und wenn sie derer
keinen unterscheidet, wie wird sie ihre Dauer wahrnehmen?

Es ist demnach die Idee der Dauer nicht
absolut; und wann wir sagen: die Zeit flies-
se schnell, oder langsam hinweg, so bedeutet
dieß nichts anders als daß die Revolutionen,
die sie zu messen dienlich sind, geschwinder
oder langsamer vorübergehen als unsre Ideen
aufeinander folgen. Man kann sich hievon
mittelst einer Suppostion überzeugen.

§. 18. Wenn wir uns eine Welt denken, die aus eben so vielen Theilen, als die
unsrige zusammengesetzt, aber nicht grösser
als eine Haselnuß wäre, so ist es ausser
Zweifel, daß die Gestirne daselbst viele tau-

*Suppostion,
welche es
merklich
macht.*

E 2   send-

sendmal in einer naßer Stunden auf- und
untergehen würden, und wir könnten bei der
Organisation, die wir haben, die Bewegungen derselben nicht verfolgen. Es müßten
also die Organe der Verständigen Wesen,
die sie zu bewohnen bestimmt wären, so plötz-
lichen Revolutionen angemessen seyn. (a)

Sohin werden ihre Einwohner, während dem die Erde dieser kleinen Welt sich
um ihre Are und Sonne drehen wird, eben
so viele Ideen empfangen, als wir derer haben, während dem unsre Erde ähnliche Revolutionen macht. Hieraus erhellet klar, daß
ihnen ihre Tage und Jahre eben so lang vorkommen werden, als uns die unsrigen scheinen. Wir wollen eine andre Welt annehmen, unter welcher die unsrige eben so tief
steht, als sie über die erhaben ist, die ich so
eben angenommen habe. Den Einwohnern
dieser Welt müßte man Organe geben, derer Wirksamkeit zur Wahrnehmung der Revolutionen unsres Gestirnes zu langsam wäre. Sie würden im Verhältniß zu unsrer
Welt,

(a) Eine dergleichen Supposition macht Malebranche,
um zu beweisen, daß wir von der Größe der Körper nur nach den Verhältnissen urtheilen, die zwischen uns und ihnen sind. Unters. d. Wahrh. B. 1.
C. 6.

Welt, wie weit im Verhältniß zu der Ha-
seinuß grossen Welt seyn. Sie könnten dabei keine Aufeinanderfolge der Bewegung
unterscheiden.

Nun wollen wir die Einwohner dieser
Welten fragen, wie lange sie dauern: die
der kleinsten werden Millionen Jahrhunderte zählen, und die der grösten, indem sie
kaum die Augen öffnen, werden antworten,
daß sie erst entstanden sind.

Der Begriff der Dauer ist daher bloß
relativ: jeder urtheilt hierüber nach seiner
Ideenfolge; und wahrscheinlich giebt es nicht
zween Menschen, die in einer angegebenen
Zeit gleich viel Augenblicke zählen. Denn
man kann voraussetzen, daß es ihrer nicht zween
giebt, deren Gedächtniß die Ideen stets mit
gleicher Geschwindigkeit wieder bringt.

Folglich wird eine Empfindung, die sich
durch ein Jahr, oder durch tausend einförmig erhälten wird, in Rücksicht unsrer Statue nur ein Augenblick seyn; gleichwie eine
Idee, die wir aufbehalten, nur ein Augenblick für uns ist, während dem die Einwohner der kleinen Welt Jahrhunderte zählen. (b)

Es

(b) Die Supposition dieser Welten macht begreiflich,
daß um eine oder die andre älter zu denken, keine

fuc:

Es ist demnach ein Irrthum zu denken,
daß alle Wesen über die Dauer gleich urtheilen, und gleich viel Augenblicke zählen.
Da die Gegenwart einer Idee, die nicht
ändert, in Rücksicht unser nur ein Augenblick ist, so folgt daraus, daß alle die Au-
gen-

successive Ewigkeit vonnöthen sey, worinn sie früher
oder später geschaffen werden: man darf nur die Revolutionen ändern, und diesen die Organe der Einwohner anpassen.

Diese Supposition zeigt auch, daß ein Augenblick der
Dauer eines Wesens coexistiren kann, und auch wirklich mit mehreren Augenblicken der Dauer eines andern coexistirt. Wir können uns also verständige
Wesen denken, die Ideen auf einmal wahrnehmen,
welche wir nach und nach haben; und einigermassen bis zu einem Geiste gelangen, der in einem
Augenblicke die Kenntnisse umfaßt, und der folglich
keine Aufeinanderfolge erfährt. Er wird wie im
Mittelpunkte dieser Welten seyn, wo man so verschieden von der Dauer urtheilt, und da er in einem Winkt alles, was darauf vorgeht, faßt, wird er
zugleich das Vergangene, das Gegenwärtige, und die
Zukunft sehen.

Mittelst dessen bilden wir uns so gut wir können die
Idee eines untheilbaren und immerbleibenden Augen-
blickes, mit welchem die Augenblicke der Geschöpfe
coexistiren, und in welchem sie aufeinander folgen
Ich sage, so gut wir können; denn es ist hier bloß
eine Idee der Vergleichung. Weder wir noch ein
anders Geschöpf werden uns einen vollkommnen Begriff von der Ewigkeit machen können. Gott allein
kennt sie, weil er allein sie genießt.

genblicke unsrer Dauer uns gleich scheinen;
allein es ist kein Beweis, daß sie es sind.

Fünftes Hauptstück.

Vom Schlafe, und den Träumen eines
auf den Geruch eingeschränkten Menschen.

§. 1.

Unsre Statue kann dahin gebracht werden,
daß sie bloß das Andenken eines Duftes ist;
sodann scheint die Empfindung ihres Daseyns
von ihr zu verschwinden. Sie fühlt weniger,
daß sie existirt, als sie fühlt, daß sie existirt
habe; und nach Maaß als ihr Gedächtniß
ihr die Ideen weniger lebhaft darstellt,
schwächt sich noch der Rest von Empfindung.
Aehnlich einem Lichte, das allmählich erlischt,
hört sie plötzlich auf, wenn diese Fähigkeit
in eine gänzliche Unthätigkeit verfällt.

§. 2. Unsre Erfahrung aber läßt uns
nicht zweifeln, daß die Uebung endlich das
Gedächtniß, und die Einbildungskraft unsrer
Statue ermüden müsse. Wir wollen also
diese Fähigkeiten in der Ruhe betrachten, und
sie durch keine Empfindung erwecken: dieser
Zustand wird der des Schlafes seyn.

§. 3.

§. 3. Wenn ihre Ruhe so beschaffen ist, daß sie schlechterdings unthätig sind, so kann man nichts anders bemerken, ausser daß es der möglichst tiefste Schlaf ist. Wenn sie hingegen noch zu wirken fortfahren, so kann dieß nur auf einen Theil der erlangten Ideen geschehen. Mehrere Ringe der Kette werden unterbrochen seyn, und es wird nicht die nämliche Ordnung der Ideen im Schlafe wie beim Wachen Platz haben. Das Vergnügen wird nicht die einzige Ursache seyn, welche ihre Einbildung bestimmen wird. Diese Fähigkeit wird nur jene Ideen aufwecken, über die sie einige Macht hat; und sie wird eben so oft zum Unglücke, als Glücke unsrer Statue beitragen.

§. 4. Dieß ist nun der Zustand des Traumes: Er ist von dem des Wachens nur darum verschieden, weil die Ideen dabei nicht die nämliche Ordnung behalten, und das Vergnügen nicht immer das Gesetz ist, nach welchem sich die Einbildung richtet. Jeder Traum setzt demnach einige unterbrochene Ideen voraus, auf welche die Fähigkeit der Seele nicht mehr wirken kann.

§. 5. Nachdem unsre Statue zwischen lebhaft einbilden, und Empfindungen haben, keinen Unterschied kennt, so kann sie auch

keikauen zwischen Träumen und Wachen machen. Alles was sie im Schlafe erfährt, ist daher in Betracht ihrer eben so wirklich, als was sie vor dem Schlafe erfahren hat.

Sechstes Hauptstück.

Vom Ich, oder der Persönlichkeit eines auf den Geruch eingeschränkten Menschen.

§. 1.

Da unsre Statue des Gedächtnisses fähig ist, so ist kein Duft, ohne daß sie sich nicht erinnert auch ein andrer gewesen zu seyn. Dieß ist ihre Persönlichkeit (personalité) denn könnte sie sagen Ich (moi) würde sie's alle Augenblicke ihrer Dauer sagen; und jedesmal würde ihr Ich alle die Augenblicke umfassen, wovon sie das Andenken behalten würde.

Von der Persönlichkeit der Statue.

§. 2. Zwar würde sie es nicht beim ersten Duft sagen. Was man durch dieß Wort versteht, dünkt mich könne nur einem Wesen zu kommen, welches bemerkt, daß es im gegenwärtigen Augenblicke nicht mehr ist, was es gewesen. So lange es sich nicht ändert, existirt es ohne Wiederkehr auf sich selbst:

Sie kann im ersten Augenblicke ihrer Existenz nicht sagen Ich.

selbst: allein sobald es sich ändert, urtheilt es, daß es das nämliche sey, was es vorher auf eben diese Art gewesen ist, und es sagt Ich.

Diese Beobachtung bestättiget, daß die Statue im ersten Augenblicke ihrer Existenz keine Begierden bilden kann: denn bevor sie sagen kann, ich verlange, muß man gesagt haben, Ich. a)

§. 3. Die Düfte, derer sich die Statue nicht erinnert, kommen demnach bei der Idee, die sie von ihrer Person hat, nicht in Anschlag. Ihrem Ich so fremd, als die Farben und die Töne, von denen sie noch kein Kenntniß hat, sind sie in ihrem Anbetracht, als ob sie sie noch niemal empfunden hätte. Ihr Ich ist bloß die Sammlung von Empfindungen, die sie erfährt, und denen, die ihr Gedächtniß ihr wiederbringt. b)

Ihr Ich ist zugleich Bewußtseyn deß sen, was sie ist, und Erinnerung was sie gewesen.

a) Condillac sagt, moi oder je. Allein wir Deutsche haben kein Wort wie es mir scheint eigentlich für moi. Folglich konnte ich auch diese zwei Wörter nur durch eins ausdrücken.

Ueberf.

b) „Derjenige, welcher eine Person liebt, sagt Paskal
„(§. 24. n. 14) ihrer Schönheit wegen, liebt er sie?
„nein: denn die Kinderpocken die ihr die Schönheit
„rauben werden, ohne sie zu tödten, werden auch
„machen, daß er sie nicht mehr lieben wird. Und
„wann

Kurz sie ist zugleich das Bewußtseyn
dessen, was sie ist, und das Andenken von
dem, so sie gewesen ist.

Sie

„ wenn man mich meiner Urtheilskraft oder meines
„ Gedächtnisses wegen liebt, liebt man mich? mich?
„ nein: denn ich kann diese Eigenschaften verlieren
„ ohne aufzuhören zu seyn. Wo ist denn das Ich?
„ wenn es weder im Körper, noch in der Seele ist?
„ Und wie den Körper und die Seele lieben auffer
„ der Eigenschaften wegen, die ganz und gar das nicht
„ sind, was das Ich ausmacht, weil sie vergänglich
„ sind? denn würde man die Substanz der Seele
„ einer Person in abstrakte, und einige ihrer Beschaf-
„ fenheiten lieben? Dieß kann nicht seyn, und wäre
„ ungerecht. Man liebt demnach niemals die Person
„ sondern blos die Beschaffenheiten; oder wenn man
„ die Person liebt, muß man sagen, daß es der In-
„ begriff der Beschaffenheiten ist, welcher die Person
„ ausmacht. "

Es ist nicht der Inbegriff von Beschaffenheiten, welcher
die Person ausmacht; denn der nämliche Mensch,
jung, oder alt, schön, oder häßlich, weise, oder
thöricht würde eben so viel unterschiedene Personen
ausmachen; und wegen was immer für Beschaffenheiten man mich liebt, so ist es stäts mein Ich, das
man man liebt; denn die Beschaffenheiten sind nur
mein verschieden modificirtes Ich. Wenn jemand
mir auf den Fuß träte, und zu mir sagte: Habe
ich Sie verletzt, Sie? nein: denn Sie könnten
den Fuß verlieren, und doch zu seyn nicht aufhören. Würde ich wohl überzeugt seyn, das daß
Ich nicht selbst verletzt worden sey? Warym soll ich
also denken, daß, weil ich das Gedächtniß, und die
Beurtheilungskraft verlieren kann, man mich nicht
liebe, da man mich dieser Beschaffenheiten wegen
liebt

Siebentes Hauptstück.

Schluß der vorhergehenden Hauptstücke.

§. I.

Mit einem
einzigen Sin-
ne hat die
Seele den
Keim all ih-
rer Fähigkei-
ten.

Nachdem wir bewiesen haben, daß unsre
Statue im Stande sey aufmerksam zu seyn,
sich zu erinnern, zu vergleichen, zu urtheilen, zu unterscheiden, sich einzubilden; daß
sie abgezogene Begriffe, Ideen von Zahl,
und Dauer habe; das sie allgemeine, und
sonderbare Wahrheiten erkenne; Begierden
bilde, Leidenschaften errege, liebe, hasse,
wolle; daß sie der Hoffnung, Furcht, und
des Erstaunens fähig; und endlich Gewohnheiten (habitudes: Fertigkeiten) annehme;
müssen wir schliessen, daß der Verstand (En-
tendement) mit einem einzigen Sinne eben
so viele Fähigkeiten, als mit den fünf vereinigten Sinnen habe. Wir werden sehen,
daß die, welche uns besondere Fähigkeiten
zu seyn scheinen, nur diese nämlichen Fähigkeiten sind, welche auf mehrere Gegenstände
angewandt sich mehr entwickeln.

liebe? Allein sie sind vergänglich: und was liegt daran? ist dann das Ich ein von seiner Natur aus
nothwendiges Ding? Geht es in Thieren zu Grunde?
und seine Unsterblichkeit beim Menschen ist sie nicht
eine Gnade Gottes? Nach Paskals Sinn, könnte
Gott allein sagen: Ich.

§. 2. Wenn wir betrachten, daß sich Die Empfindung enthält
alle Fähigkei-
ten der Seele
erinnern, vergleichen, schliessen, unterscheiden, einbilden, erstaunt seyn, abgezogene
Begriffe von Zahl und Dauer haben, allgemeine und sonderbare Wahrheiten erkennen
nur verschiedene Arten von Aufmerksamkeit
sind; daß Leidenschaften haben, lieben, haf-
sen, hoffen, fürchten, und wollen, nur verschiedene Arten des Verlangens (der Begierde) sind; und daß endlich aufmerksam seyn,
und Verlangen in ihrem Ursprunge nichts anders als das Empfinden sind: werden wir
schließen, daß die Empfindung alle Fähigkeiten der Seele einschließt.

§. 3. Wenn wir endlich bedenken wol- Das Vergnügen, und der
Schmerz sind
ihre einzige
Triebfeder.
len, daß es keine schlechterdings gleichgültige
Empfindung giebt, werden wir ferner schließen, daß die verschiedenen Grade von Vergnügen und Schmerz das Gesetz sind, nach
welchem der Keim alles dessen was wir sind,
sich entwickelt hat um alle unsre Fähigkeiten
hervorzubringen.

Dieses Prinzipium kann die Namen von
Bedürfniß, Erstaunen, und andrer annehmen, die wir ihm noch geben werden; allein
es bleibt immer das nämliche; denn wir werden stäts durch das Vergnügen, oder den
Schmerz bei allen dem bewogen was uns das

Be-

Bedürfniß, oder das Erstaunen zu thun veranlaßt.

In der That sind unsre ersten Ideen nur
Schmerz oder Vergnügen. Bald folgen ihnen andere nach, geben Anlaß zu Vergleichungen, woraus unsre ersten Bedürfnisse,
und Begierden entspringen. Unsre Bemü-
hungen sie zu befriedigen geben Gelegenheit
zur Erwerbung anderer Ideen, die abermals
neue Begierden hervorbringen. Das Erstaunen, welches beiträgt uns alles das lebhaft
fühlen zu machen, was uns ausserordentli-
ches geschieht, vermehrt von Zeit zu Zeit
die Wirksamkeit unsrer Fähigkeiten; und es
bildet sich eine Kette, deren Ringe nacheinander Ideen und Begierden sind, und die
man nur verfolgen darf um den Fortgang
aller menschlichen Kenntnisse zu entdecken.

Man kann
alles das,
was vom Ge-
ruche gesagt
worden, auf
die andern
Sinne an-
wenden.

§. 4. Fast alles, was ich von den Fähigkeiten der Seele bei Gelegenheit des Geruches gesagt habe, hätte ich auch sagen können, wenn ich bei einem ganz andern Sinn
angefangen hätte: es ist ein leichtes die An-
wendung darauf zu machen. Ich habe nur
noch zu untersuchen, was ein jeder aus ihnen besondres hat.

Ach-

Achtes Hauptstück.

Von einem auf den Sinn des Gehöres
eingeschränkten Menschen.

§. 1.

Wir wollen unsre Statue auf dem Sinn
des Gehöres einschränken, und dabei eben so
raisonniren, wie wir gethan haben, als sie
bloß den Geruchssinn hatte.

Die auf das
Gehör einge-
schränkte
Statue ist al-
les das, was
sie hört.

Wenn ihr Ohr wird erschüttert (frappé)
worden seyn, wird sie die Empfindung werden, die sie erfährt. Sonach wollen wir
sie nach unserm Belieben in ein Getöse, einen
Schall, eine Symphonie verwandeln: denn
sie vermuthet nicht, daß etwas außer ihr existire. Das Gehör verschaft ihr keine Idee
irgend eines Gegenstandes, in einer gewissen
Entfernung. Die Nähe, oder Entfernung
tönender Körper bringen in Rücksicht ihrer
nur einen stärkeren, oder schwächeren Ton
hervor: sie merkt daraus nur mehr oder weniger ihre Existenz.

§. 2. Die Körper verursachen im Gehöre zwo Arten von Empfindung: a) die eine
ist

Zwei Arten
der Empfin-
dung vom Ge-
höre.

a) Man hat beobachtet, daß bei der Resonanz tönender
Körper der herrschende Ton von zween andern begleitet wird, die zu ihm ein bestimmtes, und zu berech-
nen-

ist der eigentliche Ton (Schall) die andre
das Getöse.

Das Ohr ist organisirt um ein bestimmtes Verhältniß zwischen einem Tone, und einem Tone zu fassen; allein zwischen einem
Getöse, und einem andern kann sie nur ein
schwankendes Verhältniß fassen. Das Getöse ist dem Sinne des Gehöres beiläufig das,
was eine Menge Düfte dem Geruche sind.

§. 3.

nendes Verhältniß haben. Man nennt sie die harmonischen des herrschenden Tones. Man hört sie bei
der 12ten und 17ten, und macht daraus die Terz und
Quint. Ein gut gebautes Ohr ist im Stande diese
Verhältnisse zu bemerken, und daher sagt man, daß
es die Töne abmesse. Man kann demnach den eigentlich sogenannten Ton, einen meßbaren Ton nennen.
Das Getöse hingegen entspringt von mehreren Tönen,
die keine gemeinschaftlichen harmonischen haben; es
ist eine Menge herrschend und harmonischer Töne,
die sich vermischen: man kann es also einen unmeß-
baren Schall nennen.
Wir wollen uns zehn einstimmige Geigen denken. Wenn
zu einer Zeit die nämliche Saite auf allen ertönt,
so geben sie einen eigentlich sogenannten Ton, einen
meßbaren Ton; weil man die Terz und Quint bestimmen kann. Allein wenn wir annehmen, daß sie
alle mißtönen, so werden sie nur ein Getöse machen;
weil der ganze Ton, den man hört, gar keine harmonischen hat. Das nämliche mi und sol, welche die
harmonischen von ut einer dieser Geigen sind, werden nicht die harmonischen der ut seyn, welche die
andern geben. Es ist daher die Vermischung mehrerer Töne, welche das Getöse ausmacht.

§. 3. Wenn im ersten Augenblicke sich mehrere Getöse unsrer Statue zugleich vernehmen lassen, so wird das stärkste das schwächste verdrängen; und sie werden sich so gut vermischen, daß für sie nur eine einfache Seynsart entspringen wird, darin sie sich verlieren werden.

Die Statue unterscheidet mehrere Getöse nur aus ihrer Aufeinanderfolge.

Wenn sie auf einander folgen, behält sie das Andenken dessen, was sie gewesen ist. Sie unterscheidet ihre verschiedenen Seynsarten, vergleicht sie, urtheilt darüber, und bildet sich davon eine Folge, die ihr Gedächtniß nach der Ordnung behält, nach der sie verglichen worden, vorausgesetzt, daß diese Folge sie öfters frappirt habe. Sie wird demnach diese Getöse wieder erkennen, wenn sie nochmals auf einander folgen werden: allein sobald sie sich zugleich vernehmen lassen, wird sie sie nicht mehr erkennen. Man muß über diesen Gegenstand raisonniren, wie wir es bei den Düften gemacht haben.

§. 4. Was die eigentlich sogenannten Töne betrift, so bringt das Ohr, wenn es ihre Verhältnisse genau zu empfinden gebaut ist, eine feinere, und ausgedehntere Unterscheidungskraft mit. Sein Fiebern scheinen sich in die Schwingungen (vibrations) tönender Körper zu theilen, und es kann deutlich mehrere

Eben dieß ist es bei den Tönen.

rere Töne zugleich hören. Indessen darf man nur bemerken, das es bei denen Menschen dieses Unterscheidungsvermögen nicht hat, welche in der Musik nicht geübt sind, um wenigstens überzeugt zu seyn, daß unsere Statue im ersten Augenblicke, als sie miteinander zween Töne hört, sie nicht wird unterscheiden können.

Allein wird sie diese unterscheiden, wenn sie sie abgesondert studiert hat? Dieß dünkt mich nicht wahrscheinlich: obgleich ihr Ohr vermög seines Baues im Stande ist den Unterschied derselben zu machen, die Töne haben so viel analoges unter sich, daß man voraus setzen kann, daß sie, durch die Urtheile nicht unterstützt, welche sie verschiedenen Körpern beizulegen angewöhnen, fortfahren wird sie noch ferner zu vermischen.

Sie erlangt die nämlichen Fähigkeiten wie mit dem Geruche.

§. 5. Wie dem auch sey, so wird sie durch die Stufen von Vergnügen und Schmerz die nämlichen Fähigkeiten erlangen, welche sie mit dem Geruche erhalten hat: allein es sind über diesen Punkt einige besondere Bemerkungen zu machen.

Das Vergnügen des Ohres bestehe hauptsächlich in der Harmonie.

§. 6. Erstens, die Vergnügen des Ohres bestehen absonderlich in der Aufeinanderfolge der Töne nach den Regeln der Harmonie. Die Begierden der Statue werden

sich

sich daher nicht begnügen, bloß nur einen Ton zum Gegenstande zu haben, sie wird wünschen ein ganzes Gesang zu werden.

§. 7. Zweitens, sie haben einen ganz verschiedenen Charakter von denen des Geruches. Mehr zu Bewegungen (Regungen) geschickt als die Düfte werden die Töne z. B. unsrer Statue jene Traurigkeit, oder Freude geben, welche ganz und gar nicht von erworbenen Ideen abhängen, und einzig auf gewissen Veränderungen beruhen, die mit dem Körper vorgehen. b)

Diese Harmonie verursacht eineRegung, die keine erworbene Ideen voraussetzt.

§. 8. Drittens, sie fangen so wie die des Geruches bei der mindesten Empfindung an. Das erste Getöse, so schwach es auch seyn mag, ist demnach für unsre Statue ein

Diese Vergnügen sind wie die des Geruches verschiedener Stufen fähig

F 2　　　Ver-

b) In der Musik giebt es die Vergnügen der Nachahmung, wenn sie das Gesang der Vögel, den Donner die Sturmwetter, unsre Seufzer, unsre Klagen, unser Freudengeschrei nachahmt, und durch ihr Maaß unsre Körper anlockt die Attitüden, und Bewegungen verschiedener Leidenschaften anzunehmen. Unsre Statue ist für diese Art von Vergnügen nicht gemacht, weil sie Schlüsse, und Gewohnheiten voraussetzen, der rer sie nicht fähig ist. Allein unabhängig von dieser Nachahmung pflanzt die Musick Eindrücke bis ins Gehirn fort, die durch den ganzen Körper gehen, und daselbst Regungen hervorbringen, welche unsre Statue nicht anders als angenehm, oder schmerzhaft für den kann.

Vergnügen. Das Getöse vermehre sich, das Vergnügen wird sich ebenfalls vermehren, und nicht aufhören, als bis die Schwingungen das Trommelfell verletzen werden.

Die lebhaftesten setzen ein geübtes Ohr voraus.

§. 9. Was die Musick betrifft, so wird sie ihr um so mehr gefallen, als sie mit der wenigen Uebung ihres Gehöres im Verhältnisse seyn wird. Einfache, und rohe Gesänge werden sie sodann entzücken können. Gewöhnen wir sie in der Folge allmählig an zusammengesetztere, so wird sich das Ohr eine Gewohnheit aus der Uebung machen, die sie erheischen: sie wird neue Vergnügen kennen.

Alle ein gut organisirtes Ohr.

§. 10. Uebrigens ist dieser Fortgang nur für gut organisirte Ohren. Wenn die Fibern unter sich nicht in gewissen Verhältnissen stehen, wird das Ohr falsch seyn, wie ein übelbesaitetes Instrument. Je auffallender dieser Fehler desto weniger wird es für die Musick Gefühl haben: wird sogar nicht mehr als für das Getöse dabei empfinden können.

Die Statue kann dahin kommen ein Getöse und einGesang zu unterscheiden, die sich zugleich vernehmen lassen.

§. 11. Viertens, da das Vergnügen einer Tonfolge über das eines fortwährenden Getöses so erhaben ist, so kann man muthmassen, daß wenn die Statue zur nämlichen Zeit ein Getöse, und ein Gesang hört, wovon

von eins das andre nicht übertrift, und die sie beide abgesondert kennen gelernt hat, sie diese nicht vermischen wird.

Wenn sie im ersten Augenblicke ihrer Existenz sie zugleich gehört hätte, würde sie keinen Unterschied unter ihnen gemacht haben. Denn wir wissen es von uns selbst, daß wir bei den Eindrücken nur das unterscheiden, was wir an ihnen haben bemerken können; und daß wir daran nichts als die Ideen bemerken, auf die wir successive aufmerksam waren. Allein wenn unsre Statue nachdem sie nacheinander ein Gesang, und das Geräusch eines Bächgens gewesen, sich eine Gewohnheit gemacht hat diese beiden Seynsarten zu unterscheiden, und zwischen ihnen ihre Aufmerksamkeit zu theilen, so wird sie, wie's mich dünkt, zu sehr verschieden, um sich noch immer, so oft sie sie erfährt, zu vermengen; besonders wenn, wie ich annehme, keine vorherrscht. Sie kann sich also nicht enthalten zu bemerken, daß sie zugleich sowohl das Geräusch, als das Gesang ist, derer sie sich als zwoer Modißkationen zu erinnern, die vorher auf einander gefolgt sind.

Das Prinzipium, auf welches ich meine Hypothese hier gründe, wird mit der Folge dieses Werkes deutlicher werden, weil ich

Ge

Gelegenheit haben werde es auf noch sinnli=
chere Beispiele anzuwenden. Wir werden
sehen, wie durch die Art, wornach wir unsre
Empfindungen beurtheilen, wir dabei nichts
anders unterscheiden können, als was die Um=
stände uns dabei zu bemerken an die Hand ga=
ben; daß alles übrige in Bezug auf uns ver=
worren ist, und wir davon nicht mehr Ideen
aufbewahren, als hätten wir gar nie ein
Gefühl davon gehabt. Dieß ist eine aus
den Ursachen, welche macht, daß die Men=
schen mit den natürlichen Empfindungen so
verschiedene Kenntniße haben. Dieser Keim
ist überall der nämliche; allein er bleibt bei
einigen unausgebildet; entwickelt, nährt sich,
und wächst bei andern.

Eine Tonfol=
ge verbindet
sich besser im
Gedächtnisse,
als eine Fol=
ge von Ge=
töse.

§. 12. Endlich da die Getöse dem Oh=
re das sind, was die Düfte der Nase, so
wird die Verbindung derselben im Gedächt=
niße die nämliche, wie die der Gerüche seyn.
Allein indem die Töne vermög ihrer Natur,
und der Natur des Organs ein viel stärkeres
Band haben, so wird das Gedächtniß die
Aufeinanderfolge derselben leichter behalten.

———

Neun=

Neuntes Hauptstück.

Vom vereinigten Geruche und Gehöre.

§. 1.

Sobald als diese Sinne einzeln genommen unsrer Statue keine Idee von etwas äusserlichen geben, werden sie ihr auch keine nach ihrer Vereinigung geben. Sie wird nicht vermuthen, daß sie zwei verschiedene Organe hat.

§. 2. Wenn sie sogar im ersten Augenblicke ihres Daseyns Töne hört, und Düfte riechet, wird sie doch in sich nicht zwei Seynsarten unterscheiden können. Die Töne und Düfte werden sich vermischen, als wären sie und eine einfache Modification; denn wir haben beobachtet, daß sie bey ihren Empfindungen nur die Ideen unterscheidet, wovon sie jede insbesondre zu bemerken Gelegenheit hatte.

§. 3. Allein wenn sie die Empfindungen des Gehöres abgesondert von denen des Geruches betrachtet hat, wird sie auch im Stande seyn, sie zu unterscheiden, wenn sie sie zugleich empfinden wird; denn, vorausgesetzt, daß das Vergnügen, die eine zu geniessen, sie nicht gänzlich vom Vergnügen des Ge-

nußes

Diese beiden vereinigten Sinne geben keine Idee von irgend einem äusseren Dinge.

Diese Statue unterscheidet nicht zwischen die Töne und Düfte, wenn sie zu gleicher Zeit erhält.

Sie lernt sie in der Folge unterscheiden.

nußes der andern abwende, wird sie erkennen, daß sie auf einmal ist, was sie nach einander gewesen war. Die Natur dieser Empfindungen leitet sie nicht an sich wie zwo Düfte zu vermengen; sie sind zu sehr verschieden, um nicht durch das Andenken unterschieden zu werden, so von jeder übriget. Es ist demnach das Gedächtniß, welchem die Statue den Vortheil der Unterscheidung der Eindrücke schuldig ist, welche zugleich durch verschiedene Organe auf sie einwirken.

Ihr Wesen scheint ihr eine zwofache Existenz zu erhalten.

§. 4. Es dünkt sie sodann, daß ihr Wesen sich vermehre, und eine zwofache Existenz erhalte. Hier haben wir also eine ziemliche Veränderung in ihren Gewohnheitsurtheilen; denn vor der Vereinigung des Gehöres mit dem Geruche, hatte sie sich nicht gedacht, daß sie auf zwo Arten zugleich seyn könnte.

Ihr Gedächtniß ist ausgedehnter als mit einem Sinne.

§. 5. Es ist einleuchtend, daß sie die nämlichen Fähigkeiten erhalten wird, als da sie diese beiden Sinne abgesondert gehabt hat. Ihr Gedächtniß wird dabei gewinnen, in so fern als die Ideenreihe abwechselnder, und ausgedehnter seyn wird. Bald wird sie ein Ton auf eine Folge von Düften, bald ein Duft auf eine Folge von Tönen erinnern. Allein man muß bemerken, daß diese beiden

Em-

Empfindungen vereinigter eben dem Gesetze,
als vor ihrer Vereinigung unterworfen sind;
das heißt, daß die lebhaftesten manchmal die
andern können vergessen machen, und verhin-
dern, daß sie selbst in dem Augenblicke, worinn sie statt haben, bemerkt werden.

§. 6. Es dünkt mich ferner, daß die Statue mehr abgezogene Begriffe als mit einem
Sinne haben könne. Sie kannte überhaupt
nur zwo Seynsarten, eine angenehme, und
eine unangenehme; allein da sie wirklich die
Töne von Düften unterscheidet, kann sie sich
nicht enthalten, sie als zwo Arten von Modification zu betrachten. Vielleicht scheint ihr
noch das Getöse so verschieden von harmonischen Tönen, als wenn man ihr faßlich machen könnte, daß sie ihre Empfindungen durch
Organe überkömmt; sie könnte sich leicht
einbilden drei Sinne zu haben; einen für die
Düfte, einen andern für das Getöse, und
einen dritten für die harmonischen Töne.

Sie bilden
mehr abstrak-
te Ideen.

Zehn-

Zehntes Hauptstück.

Vom Geschmacke allein, und vom Geschmacke vereinigt mit dem Geruche, und Gehöre.

§. 1.

Die Statue erhält die nämlichen Fähigkeiten wie mit dem Geruche.

Indem ich nur dem Innern des Mundes unsrer Statue Empfindsamkeit (sensibilité) gebe, so kann ich sie keine Nahrung nehmen machen: allein ich nehme an, daß die Luft ihr nach meinem Belieben alle Arten schmeckbarer Gegenstände zuführe, und geschickt sey, sie allemal, wann ich es nöthig finde, zu nähren.

Sie wird die nämlichen Fähigkeiten wie mit Gehöre und Geruche erhalten; und weil ihr Mund den schmeckbaren Gegenständen das ist, was die Nase den Düften, und das Ohr dem Getöse, so werden ihr mehrere vereinigte schmeckbare Gegenstände wie ein einziger vorkommen, und sie wird sich nur in so ferne unterscheiden, als sie auf einander folgen werden.

Der Geschmack trägt mehr als der Geruch und das Gehör

§. 2. Der Geschmack kann gewöhnlichermaßen mehr als der Geruch zu ihrer Glückseligkeit, oder ihrem Elende beitragen;

denn

denn die schmeckbaren Gegenstände afficiren gemeiniglich stärker, als die Düfte.

Er trägt sogar mehr als die harmonischen Töne dazu bei, weil das Bedürfniß der Nahrung ihr die schmeckbaren Gegenstände nothwendiger, und folglich ihr sie lebhafter schmecken macht. Der Hunger kann sie elend machen: allein sobald sie die zur Stillung desselben geschickten Empfindungen wird bemerkt haben, wird sie ihre Aufmerksamkeit desto mehr dahin richten, sie heftiger verlangen, und sie mit grösserer Begierde geniessen.

§. 3. Wenn wir den Geschmack mit dem Gehöre, und Geruche vereinigen, wird die Statue dahin gelangen, daß sie die Empfindungen auseinandersetzen kann, die sie ihr auf einmal mittheilen, nachdem sie sie abgesondert wird kennen gelernt haben; vorausgesetzt wenigstens, daß ihre Aufmerksamkeit sich beiläufig unter sie gleich vertheile: so sehen wir also ihre Existenz einigermassen verdreifachet (triplée.) Freilich wird es ihr nicht immer so leicht seyn einen schmeckbaren Gegenstand von einem Dufte, als von einem Schalle zu unterscheiden. Der Geruch und Geschmack sind sich so analog, daß ihre Empfin-

zu ihrer Glückseligkeit oder ihrem Elende bei.

Unterschied, den sie von Empfindungen macht, die sie ihr mittheilen.

pfin-

pfindungen sich manchmal in einander verlieren müssen. (c)

Der Geschmack kann andern Sinnen nachtheilig seyn.

§. 4. Da wir gesehen haben, daß sie für die schmeckbaren Gegenstände mehr Interesse als für jede andre Empfindung haben muß, so wird sie sich damit um so viel mehr beschäftigen, als ihr Hunger grösser seyn wird. Der Geschmack kann demnach den andern Sinnen so nachtheilig seyn, daß er sie sogar für Düfte, und die Harmonie unempfindlich macht.

Vortheil, der sich aus der Vereinigung dieser Sinne ergiebt.

§. 5. Die Vereinigung dieser Sinne wird ihre Ideenreiche erweitern, und abwechselnder machen, ihre Begierden vermehren, und sie neue Gewohnheiten annehmen machen.

Zweifel über ihre Wirkung

§. 6. Indessen ist es sehr schwer zu bestimmen, bis auf welchen Punkt die Statue die Seynsarten, die sie ihnen zu danken hat, wird unterscheiden können. Vielleicht ist ihre Unterscheidungskraft kleiner, vielleicht auch grösser, als ich mir einbilde. Nun davon

zu

(c) Es giebt Niemand, der nicht hätte bemerken können, daß er manchmal geneigt ist, einem Gerichte, wovon er ißt, die Düfte beizulegen, die seinen Geruch affieiren. Allein was diese Analogie noch ferner beweißt, ist, daß man mehr Geschmack hat nach Verhältniß, als man einen feinern Geruch hat.

zu urtheilen, müßte man sich allerdings an
ihren Platz setzen, und sich gänzlich aller seiner Gewohnheiten entschlagen; allein ich
schmeichle mir nicht, daß es mir dabei immer
gelungen sey.

Die Gewohnheit, jede Art von Empfindung auf ein besonderes Organ zu beziehen, muß vieles beitragen, daß wir sie unterscheiden: ohne sie würden vielleicht unsre
Empfindungen eine Art von Chaos für uns
seyn. In diesem Fall wäre die Unterscheidungskraft der Statue sehr eingeschränkt.

Allein man muß bedenken, daß die Ungewißheit, oder Falschheit einiger Muthmassungen selbst im Grunde diesem Werke nicht
nachtheilig seyn können. Wenn ich diese
Statue betrachte, so geschieht es nicht sowohl
darum, daß ich mich dessen, was in ihr vorgeht, versichere, als damit ich entdecke, was
in uns selbst geschieht. Ich kann mich täuschen, indem ich ihr Operationen beilege, derer sie noch nicht fähig ist; allein dergleichen
Irrthümer bringen keine Folgen mit sich,
wenn sie den Leser in Stand setzen zu beobachten, wie diese Operationen in ihm selbst vorgehen.

Eilf-

Eilftes Hauptstück.

Von einem auf das Geficht eingeschränk-
ten Menschen.

§. 1

Vorurtheile, und Betrach- tungen, die ihn bekäm- pfen.

Es wird ungezweifelt sehr vielen Lesern
fremd vorkommen zu sagen; daß Aug sey
an sich selbst nicht im Stande einen Raum
ausser sich zu sehen. Wir haben uns so
sehr gewöhnt nach dem Gesichte Gegenstände
zu beurtheilen, die uns umgeben, daß wir
uns nicht einbilden, wie wir darüber nicht
sollten geurtheilt haben im ersten Augenblicke, als sich unsre Augen dem Lichte öffneten.

Die Vernunft vermag wenig, und ihre
Fortschritte sind sehr langsam, wenn sie Irrthümer ausmerzen soll, wovon sich Niemand
ausnehmen kaunte, und welche, nachdem sie
mit der ersten Entwickelung der Laute angefangen haben, ihren Ursprung in Zeiten ver-
bergen, von welchen uns kein Andenken übriget. Man denkt sogleich, daß wir immer
gesehen hätten, wie wir itzt sehen; daß alle
unsre Ideen uns angeboren seyen; und unsre
ersten Jahre sind, wie jenes fabelhafte Zeit-
alter der Dichter, wo man annimmt, daß die
Göt-

Götter dem Menschen alle die Kenntnisse mit-
getheilt hätten, die man erworben zu haben
sich nicht erinnert.

Wenn ein Philosoph auf die Vermuthung geräth, daß alle unsre Kenntnisse ganz
wohl von den Sinnen herkommen könnten,
sogleich empören sich alle Köpfe wider eine
Meinung, die sie so fremd dünkt. Wie ist
der Gedanke gefärbt, frägt man ihn, daß er
durch das Gesicht zur Seele gelangt? Wie
schmeckt, wie riecht er, wenn er vom Geschmacke, vom Geruche kommt? Man über-
häuft ihn endlich mit tausend Schwierigkeiten dieser Art mit all der Zuversicht, welche ein allgemein angenommenes Vorurtheil verschafft. Der Philosoph, der sich eher
herausließ, als er die Zeugung all unsrer
Ideen entwickelt hat, kömmt in Verlegenheit,
und man zweifelt nicht, daß dieß ein Beweis
von der Unrichtigkeit seines Gefühles sey.

Die Philosophie macht einen neuen
Schritt: sie entdeckt, daß unsre Empfindungen nicht die Beschaffenheiten der Gegenstände selbst, sondern im Gegentheil nur Modificationen unsrer Seele sind. Sie untersucht
jede Empfindung ins besondre, und da sie
wenig Schwierigkeiten bei dieser Untersuchung

chung findet, scheint sie kaum eine Entdeckung
zu machen.

Daraus ließ sich leicht schliessen, daß
wir alles nur in uns selbst wahrnehmen;
und daß folglich ein auf den Geruch einge=
schränkter Mensch nur Duft; ein eingeschränk=
ter auf den Geschmack, nur ein schmeckbarer
Gegenstand; auf das Gehör, nur Getöse
oder Schall; auf das Gesicht nur Licht oder
Farbe gewesen seyn würde. Das Schwerste
wäre gewesen, sich einzubilden, wie wir die
Gewohnheit, Empfindungen ausser uns zu ver=
setzen, annehmen, die doch in uns sind. In
der That scheint es sehr wunderbar, wie man
mit Sinnen, die alles nur an sich selbst er=
fahren, und kein Mittel haben, einen Raum
ausser sich zu vermuthen, ihre Empfindungen
auf Gegenstände beziehen konnte, die sie ver=
anlassen. Wie kann sich das Gefühl über
das Organ hinauserstrecken, da es empfin=
det, und einschränkt?

Allein wenn man die Eigenschaften des
Fühlens betrachtet hätte, würde man erkannt
haben, daß es im Stande ist diesen Raum
zu entdecken, und die andern Sinne zu be=
lehren ihre Empfindungen auf Körper zu be=
ziehen, die daselbst ausgebreitet sind. So=
dann würden selbst diejenigen Personen, wel=

che

che das Vorurtheil von dieser Wahrheit am
weitesten entfernte, angefangen haben, wenigstens einige Zweifel zu hegen. Man würde übereingekommen seyn, daß man mit dem
Geruche oder Geschmacke sich nur für Duft,
oder schmeckbaren Gegenstand würde gehalten
haben. Das Gehör hätte etwas härter ge-
lassen wegen der Gewohnheit, in der wir sind,
das Getöse zu hören, als wäre es ausser uns.
Allein dieser Sinn hat so viel beschwerliches,
wenn er über Entfernungen und Lagen urtheilt, und täuscht sich dabei so oft, daß man
endlich übereingekommen wäre, daß er durch
sich selbst gar nicht urtheile. Man hätte ihm
wie einen Zögling angesehen, der die Lektio-
nen des Fühlens nur übel behalten hat.

Allein wie würde das Gesicht durch das
Fühlen (tact) haben können unterrichtet werden; es, welches von Distanzen urtheilt, die
es nicht erreichen kann; es, welches in einem
Augenblicke Gegenstände faßt, die es nur
langsam durchgeht, oder die es wohl gar niemals miteinander fassen kann?

Die Analogie hätte die Vermuthung
veranlassen können, daß es sich mit dem Auge, wie mit andern Sinnen verhalte: da der
Eindruck des Lichtes und die Empfindung
gänzlich in den Augen ist, könnte man muth-

maſſen, daß ſie nur in ſich ſelbſt ſehen müſſen, weil ſie noch nicht gelernt haben, ihre
Empfindungen außer ſich zu verſetzen. In
der That, wenn ſie nicht anders ſehen, als
ſie empfinden, könnten ſie wohl vermuthen,
daß es einen Raum und in dieſem Raume
Gegenſtände giebt, welche auf ſie wirken?

Man hätte alſo angenommen, daß ſie
an ſich ſelbſt nur Licht und Farben erkennen;
und nachdem man vermög dieſer Hypotheſe
von allen Phänomenen Grund angegeben,
und erklärt hätte, wie ſie mittelſt des Fühlens dahingelangen Gegenſtände zu beurtheilen, welche im Raume ſind, ſo hätte nur
die Erfahrung gefehlt, um die Zernichtung
unſrer Vorurtheile zu vollenden.

Man muß dem Hrn. Molineux Gerech-
tigkeit wiederfahren laſſen, daß er der Erſte
über dieſe unſre Frage Muthmaſſungen
wagte. Er theilte ſeine Gedanken einem
Philoſophen mit; dieß war das einzige Mittel ſich einen Anhänger zu erwerben. Locke
kam mit ihm überein, daß ein Blindgeborner, deſſen Augen ſich dem Lichte öffneten,
mittelſt des Geſichtes eine Kugel von einem
Würfel nicht unterſcheiden würde. Dieſe
Vermuthung wurde ſeither durch die Erfahrungen Hrn. Cheſelden beſtätiget, zu welchen
ſie

sie Gelegenheit gegeben hatte; es scheint mir,
man könne heutiges Tages beiläufig unterscheiden, was den Augen zugehöre, und was
sie dem Fühlen schuldig sind.

§. 2. Ich halte mich demnach für berechtiget zu sagen, daß unsre Statue nichts als
Licht und Farben sieht, und daß sie
nicht schliessen kann, daß es etwas ausser ihr
gebe.

Die Statue nimmt die Farben nur als Seinsarten von ihr selbst wahr.

Wenn den so ist, so nimmt sie in der
Einwirkung der Stralen nur Seynsarten von
selbst wahr. Sie befindet sich mit diesem
Sinne, wie mit denen, derer Wirkungen wir
schon untersuchet haben; und erhält die nämlichen Fähigkeiten.

§. 3. Wenn sie im ersten Augenblicke mehrere Farben auf gleiche Art wahrnimmt, so dünkt es mich, sie könne noch keine insbesondre bemerken: ihre Aufmerksamkeit ist zu getheilt, und sie faßt sie nur verworren. Wir wollen setzen, wie sie sie unterscheiden lernen kann.

Sie sieht sie im ersten Augenblicke verworren.

§. 4. Das Aug ist aus allen Sinnen
derjenige, dessen Mechanismus wir am besten
kennen. Mehrere Versuche habe uns gelehrt
die Strahlen bis auf die Markhaut (la retine)
zu verfolgen; und wir wissen, daß sie darauf deutliche Eindrücke machen. Zwar wissen

Wie sie in der Folge eine nach der andern unterscheidet.

wir nicht, wie diese Eindrücke sich durch den
Sehnerven bis zur Seele fortpflanzen; allein es scheint ausser Zweifel, daß sie ohne
Verwirrung dahin gelangen: denn würde
der Urheber der Natur so viele Vorsicht angewandt haben sie mit so vieler Sorge auf
der Markhaut abzuzeichnen, um zuzugeben,
daß sie sich einige Striche darüber wieder
vermengen? Und wenn dieß geschähe, wie
könnte die Seele sie jemals deutlich unterscheiden lernen?

Die Farben sind daher vermög ihrer
Natur Empfindungen, die sich zu unterscheiden streben; und man sehe hier, wie ich
mir denke, daß unsre Statue eine gewisse
Zahl derselben wird bemerken können.

Unter den Farben, die im ersten Augenblicke sich im Auge abdrucken, und den
Grund desselben einnehmen, kann es eine
geben, die sie auf eine besondere Art unterscheidet, die sie wie abgesondert sieht: diese
wird eben diejenige seyn, auf welche das
Vergnügen ihre Aufmerksamkeit mit einem
gewissen Grade von Lebhaftigkeit richten wird.
Wenn sie diese nicht mehr als andre bemerkte, würde sie sie noch nicht unterscheiden.
So kömmt es, daß wir in einer Gegend nichts
unterscheiden, wo wir alles auf einmal, und
zugleich sehen wollten.   Wenn

Wenn sie zugleich zwo mit gleicher Lebhaftigkeit betrachten könnte, würde sie sie mit der nämlichen Leichtigkeit wie eine einzige bemerken; wenn sie drei eben so betrachten könnte, würde sie sie ebenfalls bemerken. Allein dieß dünkt mich ist sie noch nicht im Stande zu thun: es muß sie das Vergnügen, sie eine nach der andern zu betrachten, zu dem Vergnügen, mehrere derselben auf einmal zu betrachten, vorbereiten.

Es ist wahrscheinlich, daß sie zu zwo oder drei Farben, die sich ihr nebst vielen andern darbieten, in eben dem Verhältniß ist, in welchem wir selbst in Rücksicht eines ein wenig zusammgesetzten Gemäldes sind, wovon das Subjeckt uns nicht hinlänglich bekannt ist. Wir nehmen sodann die Theile desselben nur dunkel wahr. In der Folge heften wir unsre Augen auf eine, hernach auf eine andre Figur: und nur erst, wenn wir sie nacheinander betrachtet haben, können wir von allen zusamen urtheilen.

Der verworrene Anblick des ersten Augenblicks ist nicht die Wirkung einer Menge absoluter, und bestimmter Gegenstände, so zwar, daß was für mich dunkel ist, es auch für jeden andern seyn müsse. Er ist die Wirkung einer zu grossen Menge in Verhältniß der

der wenigen Uebung meiner Augen. Ein
Mahler und ich sehen auf gleiche Art alle
Theile eines Gemäldes: allein während dem
er sie schnell unterscheidet, habe ich so viele
Mühe sie zu zergliedern, daß es mich dünkt,
ich sehe jeden Augenblick was ich noch gar
nicht gesehen habe.

Gleichwie also bei diesem Gemälde er
mehr Dinge, als ich unterscheiden kann, so
kann unsre Statue aus allen den Farben,
die sie im ersten Augenblicke sieht, wahrscheinlicher Weise nur eine einzige bemerken, weil
ihre Augen noch ungeübt sind.

Wenn sich nun gleich andre Farben deutlich auf ihrer Markhaut abdrücken, und sie
sie dem zufolge sieht, so sind sie doch in
Rücksicht ihrer so verworren, als vermengten
sie sich wirklich miteinander.

So lange sie also gänzlich nur an der
Farbe ist, die sie bemerkt, hat sie demnach eigentlich keine Kenntniß von andern.

Indessen ermüden sich ihre Augen, es
sey, weil diese Farbe mit Lebhaftigkeit wirkt,
es sey, daß sie nicht ohne einige Anstrengung
in der Lage verbleiben können, welche sie auf
die Farbe heftet. Sie verändern sie daher
durch eine mechanische Bewegung: sie verändern sie abermals, wenn ihnen von unge-

fähr

fähr eine zu lebhafte Farbe auffällt, als daß
sie ihnen gefallen könnte, und sie bleiben nicht
stehen, als bis sie eine antreffen, die ihnen
angenehm ist, weil sie für sie einen Ruhpunkt
abgiebt. Nach einiger Zeit ermüden sie sich
wieder, und sie gehen zu einer weniger lebhaften Farbe über. Somit werden sie stuffen-
weise dahin kommen ihr größtes Vergnügen
darein zu setzen nur Schwarz zu bemerken.
Endlich kann die Ermüdung so sehr zunehmen,
daß sie sich plötzlich schliessen werden.

Wenn unsere Statue, nachdem sie die
Farben in dieser successiven Ordnung unterschieden hat, derer niemals mehrere zu gleicher Zeit bemerken könnte, würde sie mit
dem Gesichte gerade so daran seyn, wie sie
mit dem Geschmacke gewesen ist. Denn, ob
sie gleich bisher derer immer mehrere zugleich
sah, so sind doch alle die, welche sie nicht bemerkt hat, in Rücksicht ihrer, als hätte sie sie
niemals gesehen, sie kann darüber keine Rech-
nung führen. Allein es scheint mir, daß sie derer
mehrere aus einander zu ✿en lernen müsse.

§. 5. Ich nehme an, das Rothe sey die
erste Farbe, die ihr vorzüglich aufgefallen,
und die sie bemerkt habe. Indem ihr Aug
müde ist, verändert es die Lage, und stößt
auf eine andre Farbe, z. B. die gelbe: sie

*Wie sie meh-
rere auf ein-
mal unter-
scheidet.*

ge-

gefällt sich in dieser neuen Seynsart; vergißt
aber weder das Rothe, noch das Vergnügen,
so es ihr gemacht hat. Ihre Aufmerksamkeit theilt sich demnach in diese zwo Farben;
wenn sie das Gelbe als eine Seynsart bemerkt,
die sie wirklich erfährt, so bemerkt sie das Rothe als eine Seynsart, die sie erfahren hat.

Allein das Rothe kann ihre Aufmerksamkeit nicht auf sich ziehen, und fortfahren
ihr nur als eine Seynsart zu erscheinen, welche nicht mehr ist, wenn die Empfindung,
wie ich annehme, ihr eben so gegenwärtig,
als die des gelben ist. Nachdem sie sich erinnert hat, daß sie allmählig roth, und gelb
gewesen ist, bemerkt sie also, daß sie zugleich
roth und gelb ist.

Sie wende ihr in der Folge ermüdetes
Auge auf eine dritte Farbe, zum Beispiele,
aufs Grüne, ihre auf diese Seynsart gerich-
tete Aufmerksamkeit wird sich von den beiden
ersten wegwenden. Indessen wird sie doch
nicht so sehr darauf gerichtet seyn, daß sie
sie plötzlich, was sie gewesen, vergessen macht.
Sie bemerkt daher noch das Rothe und Gelbe als zwo Seynsarten, die vorausgegangen
sind.

Dieß Andenken bemächtiget sich der Aufmerksamkeit nach Verhältniß, als das aufs
Grü-

Grüne geheftete Organ ermüdet. Unmerklich
hat es darin beinahe eben soviel Antheil als
die wirklich bemerkte Farbe: somit unterscheidet die Statue, daß sie eben so lebhaft Ro-
thes und Gelbes gewesen ist, als sie unterscheidet, daß sie Grünes ist. Daraus nimmt
sie ab, daß sie zugleich diese drei Farben
ausmache. Und wie sollte sie sich einschränken
zwo derselben als Vergangene zu betrachten,
da diese Empfindungen alle drei zugleich in ihren
Augen und zwar auf eine deutliche Art sind?

Mittelst des Gedächtnisses also kommt
das Auge dahin, zwo bis drei Farben zu bemerken, die sich zugleich darstellen. Wenn
bei der Bemerkung der zweiten die erste gänzlich vergessen würde, so würde es niemals
dahin kommen zu urtheilen, daß es auf einmal auf zwei Arten ist. Allein sobald das
Andenken davon übrig bleibt, theilt sich die
Aufmerksamkeit zwischen die eine, und die
andre; und sobald es bemerkt hat, daß es
successive auf zwo Arten gewesen ist, urtheilt
es, daß es auf zwo Arten ist.

§. 6. Gleichwie wir sie gelehret haben
successive drei Farben zu kennen, werden wir
sie auch lehren ihrer eine große Menge zu kennen. Allein bei all dieser Aufeinanderfolge,
werden sich immer nur drei deutlich darstellen:

*Grünzen der Unter-
scheidungs-
kraft bei die-
sem Gegen-
stande.*

               denn

denn die Ideen unsrer Statue über die Zahlen sind nicht von weiterem Umfange, als sie
es beim Geruche waren.

Wenn wir ihr in der Folge alle diese
Farben mitsammen darbieten, wird sie ebenfalls nur drei auf einmal unterscheiden, und
die Anzahl der übrigen nicht bestimmen können. Nachdem wir bewiesen haben, daß das
Aug des Gedächtnisses bedarf, um sie zu unterscheiden, so ist es ausser Zweifel daß es
ihrer nicht mehrer als das Gedächtniß selbst
unterscheiden wird.

§. 7. Indem unsre Statue ihren Blick
von einer Farbe zur andern wendet, genießt
sie nicht immer der Sehnsart, von welcher
sie sich erinnert, daß sie ihr angenehmer gewesen. Da ihre Einbildungskraft sich an-
strengt ihr den Gegenstand ihrer Begierde
lebhaft vorzustellen, so muß sie auch auf die
Augen wirken. Sie bringt daher in diesen
ohne ihr Bewußtseyn eine Bewegung hervor,
vermög welcher sie mehrere Farben durchgehen, bis sie auf die treffen, welche sie suchen.
Die Statue hat demnach mit diesem Sinn
ein Mittel mehr als mit den vorhergehenden,
um zum Genuße ihrer Begierde zu gelangen.
Es kann so gar geschehen, daß sie wie von
ungefähr eine Farbe wiederfindet, und daß

ih-

Marginal note: Sie erhält durch diesen Sinn ein Mittel mehr um sich das zu verschaffen, was sie verlangt.

ihre Augen die Gewohnheit der Bewegung
annehmen, die geschickt ist sie ihnen abermals wiederfinden zu machen: und dieß wird
geschehen, wenn anders die Gegenstände,
die vor ihnen sind, nicht die Lage ändern.

§. 8. Die Farben unterscheiden sich in
unsern Augen, weil sie eine Fläche zu bilden
scheinen, wovon jede einen Theil einnimmt.
Indem unsre Statue sich auf einmal für mehrere Farben hält, sollte sie sich also als eine
Art von gefärbter Fläche empfinden?

Wie sie sich
einigermassen
ausgedehnt
fühlt.

Mit den andern Sinnen haben wir sie
als Duft, Ton, Geschmack gesehen; dieß
war eine ziemlich flüchtige Existenz: nun sollte sie eine Art von Fläche werden; auch diese Existenz würde noch sehr flüchtig seyn;
allein sie ist selbst keine Fläche.

Die Idee der Ausdehnung setzt die Gewahrnehmung mehrerer auſſer einandergesetz-
ten Dinge voraus. Man kann aber diese
Gewahrnehmung der Statue nicht absprechen;
weil sie empfindet, daß sie sich auſſer sich
selbst so vielmal wiederhohlt, als es Farben
giebt, die sie modificiren. In so ferne als
sie das Roth ist, empfindet sie sich auſſer dem
Grünen; in so ferne sie das Grün ist, empfindet sie sich auſſer dem Rothen, und so von
übrigen.

Al-

Allein um die deutliche, und bestimmte
Idee von einer Gröſſe zu haben, muß man
sehen, wie die auſſer sich wahrgenommenen
Dinge sich verbinden, sich gegenseitig be-
schränken, und wie sie alle zusammengenom-
men, Grenzen haben, die sie einschränken.

Das Ich der Statue kann sich nun aber
in Grenzen nicht eingeschränkt fühlen, sie
müßte dazu etwas auſſer sich selbst kennen.

Allein könnte sie sich nicht wenigstens
in einer Farbe begränzt fühlen? Sie werde
durch eine blaue mit weiß eingefaßte Fläche
modificirt, wird sie sich nicht als ein begrenz-
tes Blau wahrnehmen? Man könnte leicht
versucht werden es zu glauben: indeſſen iſt
doch das Gegentheil viel wahrscheinlicher.

Die Statue kann sich bei Gelegenheit
dieser Fläche nur in so ferne ausgedehnt empfinden, als jeder Theil sie auf die nämliche
Art modificirt: jeder muß die Empfindung
des blauen hervor bringen. Allein wenn sie
durch einen Fuß, einen Zoll, einen Strich
dieser Fläche auf die nämliche Art modificirt
wird, so kann sie sich bei dieser Modification
eine Gröſſe nicht mehr als die andre vorstellen. Sie stellt sich also gar keine vor. Eine Empfindung der Farbe bringt demnach keine Idee
der Ausdehnung mit sich.

Es

Es ist wahr, daß diese Empfindung so oft wiederholt wird, als es auf dieser Fläche fühlartige Theile giebt: allein sie mag öfter wiederholt, oder nur einmal hervorgebracht worden seyn: so ist sie immer nur eine nämliche Seynsart: und die Statue kann über diese Wiederhohlung nicht zweifeln. Jede Farbe wird ihr nur dann ausgedehnt vorkommen, wann ihre Augen (nachdem das Gesicht durch das Fühlen unterrichtet worden) sich eine Gewohnheit werden erworben haben die einfache, und einzige Modification auf alle die Theile zu beziehen, die sie jeder im empfindenden Wesen wiederhohlen. Allein jetzt da sie eine Farbe nur als eine ihrer Seynsarten betrachtet, bilde ich mir nicht ein, wie sie sie ausgedehnt empfinden könnte?

Wir haben kein Wort mit Bestimmtheit (precision) das Gefühl auszudrücken, welches die, durch mehrere Farben zugleich, modificirte Statue von sich selbst hat. Allein endlich erkennt sie, daß sie auf mehrere Arten existire; sie nimmt sich einigermassen als ein gefärbter Punkt wahr, über welchen hinaus es andre giebt, wo sie sich wiederfindet; und in diesem Betracht kann man sagen, daß sie sich ausgedehnt fühlt. Allein da sie die Zahl der Farben, welche sie zu einer Zeit modi-

fi-

ſtciren, nicht beſtimmen kann, da ſie dieſe
Farben nicht gegenſeitig beſchränken, und alle
zuſammen nicht begrenzt werden können, muß
man ſchlieſſen, daß das Gefühl, welches ſie
von ihrer Ausdehnung hat, ſchwankend ſey,
daß ſie nirgends Grenzen bemerke. Sie empfindet ſich als ein Weſen, daß ſich ohne Ende
vervielfältiget, und indem ſie drüber hinaus
nichts kennt, ſo iſt ſie im Verhältniße zu ſich,
als wäre ſie unermeßlich: ſie iſt überall, ſie
iſt alles.

Sie hat keine Idee von Figur. §. 9. Bei einer ſo unvollſtändigen Idee
von der Ausdehnung kann man ſich keinen
Zug von Figuren, keine begrenzte Gröſſe vorſtellen. Dieß iſt einleuchtend. Allein wann
man ſogar ungeachtet alles deſſen ſo wir ge-
ſagt haben annehmen wollte, daß jede Farbe, als eine Modification der Seele betrachtet, eine ausgedehnte Figur vorſtellen könne,
ſo dünkt es mich, daß ſich die Statue dennoch keine Idee einer Figur machen würde.

Um ſich davon zu überzeugen darf man
ſich nur des Grundſaßes erinnern, den wir
feſtgeſeßt haben, und welcher ſich durch unſre Erfahrung beſtättiget. Das iſt, daß wir
nicht alle in unſren Empfindungen enthalte-
ne Ideen, ſondern nur diejenigen haben, die
wir darinn bemerken können.

So

So sehen wir alle die nämlichen Gegenstände; allein weil wir nicht alle das nämliche Vergnügen, das nämliche Interesse sie
zu beobachten haben, so hat jeder aus uns
sehr verschiedene Begriffe davon. Sie sehen,
was mir entgeht, und oft, wenn sie mir eine
genaue Erzählung über etwas machen können,
bin ich selbst als hätte ich nichts gesehen.

Indem aber das Licht, und die Farben
die fühlartigste Seite sind; wodurch sich die
Statue erkennt, wodurch sie sich selbst genießt,
so wird sie vielmehr geneigt seyn ihre Modifikationen als beleuchtet, und gefärbt zu betrachten, als sie für gestaltet (figurées) anzusehen.

Gänzlich damit beschäftiget die Farben
durch die Schattirungen die sie unterscheiden,
zu beurtheilen, wird sie also auf die verschiedenen Arten nicht denken, wodurch sie nach
unsrer Hypothese begrenzt werden.

Beinebens ist es zur Ideebildung einer
Figur nicht genug, daß sie das Auge nur
sehe, wie es nur eine Farbe sehen darf, um
sie zu kennen. Es faßt das Ganze der einfachsten nur dann erst, nachdem es alle Theile derselben durchgegangen ist. Es hat für
jede insbesondere ein Urtheil nöthig, und
ein andres um sie zu vereinigen: es muß zu

sagen: sieh hier eine Seite, da eine zweite und
hier eine dritte: hier den Zwischenraum der
sie absöndert, und aus allen diesen ergießt
sich dieses Dreieck.

Gleichwie also die Augen drei Farben
auf einmal zu unterscheiden, nur daher gelernt haben, weil sie sie, nach einer mit ihnen successive angestellten Beobachtung, in
dem Eindrucke bemerkt haben, den sie mitsammen machen: eben so werden sie die drei
Seiten eines Dreieckes nur in so ferne unterscheiden lernen, als sie erstlich eine nach der
andern, und dann alle zusamen werden bemerkt, und über die Art, wie sie sich vereinigen, geurtheilt haben. Allein dieß ist ein
Urtheil, zu dessen Bildung die Statue keine
Gelegenheit haben wird.

Wir wollen annehmen, die Figuren
seyen in den Empfindungen enthalten, die
sie erfährt. Es beweist uns aber unsre Erfahrung hinlänglich, daß wir nicht alle Ideen
haben, die unsre Empfindungen mit sich bringen. Unsre Kenntniße erstrecken sich einzig
auf Ideen, die wir zu bemerken gelernt haben: unsre Bedürfnisse sind die einzige Ursache, warum wir unsre Aufmerksamkeit mehr
auf die einen, als die andern heften; und
diejenigen, zu welchen mehrere Schlüsse er-

fors

fordert werden, sind gerade die, welche wir am
letzten erhalten. Ich kann mir aber nicht einbilden, welche Art von Bedürfniß es erheischen
möchte, daß unsere Statue alle die erforderli-
chen Schlüsse machte, um die Idee der einfachsten Figur zu haben.

Nebstdei welcher glückliche Zufall müste
die Bewegung ihrer Augen richten, daß sie
den Umriß davon (contour) verfolgten?
Und gesetzt sie thäten dieß, wie könnte sie sich
versichern, daß sie nicht beständig von einer
Figur zur andern übergiengen? Woraus könnte sie schließen, daß drei Seiten, die sie nach
einander gesehen hat, ein Dreieck bilden?
Es ist weit wahrscheinlicher, daß ihr Gesicht,
einzig der Einwirkung des Lichtes folgsam,
sich in ein Chaos von Figuren verirren wird:
ein unerzähliches Gewühle, dessen Theile sie nach
einander verliert.

Es ist wahr, wir bemerken die Schlüsse
nicht, welche wir machen um das Ganze eines Zirkels, oder eines Vierecks zu fassen.
Allein wir bemerken auch die eben so wenig,
welche uns die Farben ausser uns setzen machen. Indessen kann es bewiesen werden,
daß dieser Schein die Wirkung gewisser Urtheile ist, die uns durch die Gewohnheit geläufig worden sind. Man zeige uns ein sehr zu-

zusammengesetztes Gemälde, das Studium, so
wir darauf verwenden, entgeht uns nicht;
wir nehmen wahr, daß wir die Personen zählen, ihre Attitüden, ihre Züge durchgehen, daß
wir über alle diese Dinge eine Folge von Urtheilen entwerfen, und nur erst nach allen diesen Operationen sie mit einem Blicke übersehen. Es müßten aber die Augen unsrer Statue um eine Figur ganz zu überschauen, eben
das thun, was die unsrigen thun, um ein
ganzes Gemälde zu sehen. Wir haben es ungezweifelt das erstemal, als wir ein Viereck
sehen lernten, selbst gethan. Allein itzt können wir vermög der Geschwindigkeit (womit
wir die Seiten desselben aus Gewohnheit überschauen) die Folge unsrer Urtheile nicht mehr
wahrnehmen. Man kann also mit Grund
denken, daß unsre noch ungeübten Augen bei
der Uebersicht der einfachsten Gegenstände
eben so verfahren mußten, wie sie itzt bei
der Uebersicht der zusammengesetzten verfahren.

Sie hat kei-
ne Idee von
Lage, und Be-
wegung.

§. 10. Wir urtheilen über Lagen nur,
weil wir die Gegenstände in einem Orte sehen, wo jeder einen bestimmten Raum einnimmt; und urtheilen von ihrer Bewegung
nur, weil wir sie ihre Lage verändern sehen.
Die Statue aber kan bei den Empfindungen,

die

die sie modifiziren, nichts dergleichen beobachten. Wenn es das Fühlen ist, welches jeder
Farbe Ausdehnung giebt, so ist es eben dieß,
was ihr die Eigenschaft, Lagen und Bewegungen vorzustellen, verschafft.

Indem unsre Statue nur eine verworrene, und unbestimmte Idee von Ausdehnung, und keine von Figur, Ort, Lage und
Bewegung hat, fühlt sie bloß, daß sie auf
viele Arten existirt. Wenn mehrere Gegenstände den Platz ändern ohne vor ihren Augen zu verschwinden, fährt sie fort die nämlichen Farben zu seyn, die sie vorher gewesen. Die einzige Veränderung, die sie erfahren kann, ist, daß sie bald eine, bald die
andere nach den verschiedenen Lagen, welche
die Bewegung die Gegenstände annehmen
macht, empfindlicher ist; so z. B. wenn sie
auf einmal das Gelbe, das Purpurrothe, das
Weiße ist; so wird sie in einem Augenblicke
mehr das Gelbe, in einem andern mehr das
Purpurrothe, und in einem dritten mehr das
das Weiße seyn.

Zwölftes Hauptstück.

Vom Gesichte mit dem Geruche, Gehöre, und dem Geschmacke.

§. 1.

Die Vereinigung des Gesichtes, des Geruches, des Gehöres, und des Geschmackes vermehret die Zahl der Seynsarten unsrer Statue: ihre Ideenreihe wird dadurch erweiterter, und abwechselnder: die Gegenstände ihrer Aufmerksamkeit, ihrer Begierden, und ihres Genußes vervielfältigen sich: sie bemerkt eine neue Klasse ihrer Modificationen, und es scheint ihr, sie nehme in sich eine Menge ganz verschiedener Wesen wahr. Allein sie fährt fort nur sich zu sehen, und nichts kann sie von sich selbst abwendig machen, um ausser sich zu gehen.

§. 2. Sie wähnet daher nicht, daß sie ihre Seynsarten äusseren Ursachen zuschreiben müsse; sie weiß nicht, daß sie sie durch die vier Sinne erhält. Sie sieht, riecht, schmeckt, höret, ohne zu wissen, daß sie Augen, eine Nase einen Mund, Ohren habe; sie weiß nicht einmal, daß sie einen Körper hat. Sie bemerkt nur, daß sie diese verschiedenen Arten von Empfindungen miteinander

andet

ander fühlet, erst nachdem sie sie abgesondert
durchstudirt hat.

§. 3. Wenn wir, angenommen daß sie fortwährend die nämliche Farbe sey, in ihr die Düfte der schmeckbaren Gegenstände und die Töne aufeinanderfolgen liessen, so würde sie sich als eine Farbe ansehen, die successive wohlriechend schmackhaft, und tönend ist. Sie würde sich für einen schmackhaften, tönenden, gefärbten Duft halten, wenn sie beständig der nämliche Duft wäre; und diese nämliche Beobachtung findet bei allen angenommenen Sätzen dieser Art Statt. Denn in der Seynsart, worinn sie sich immer wieder findet, muß sie das Ich empfinden, welches ihr das Subjekt aller der Modificationen scheint, für die sie empfänglich ist.

Aber, wenn wir geneigt sind die Ausdehnung als das Subjekt aller fühlartigen Beschaffenheiten anzusehen: geschieht es, weil sie wirklich ihr Subjekt ist, oder bloß weil diese Idee, indem sie sich vermög einer von uns angenommenen Gewohnheit stäts überall bei den andern befindet, und die nämliche bleibt, wenn gleich die andern sich ändern, davon modifizirt zu seyn scheint ohne es doch zu seyn?

Ebenfalls wann Philosophen versichern, daß es nur Ausdehnung giebt, geschieht es, daß

keine

keine andre Substanz existirt? Ist die Ausdehnung wirklich eine, oder urtheilen sie nur
so, weil ihnen diese Idee geläufig ist, und
sie sie überall wiederfinden? Die Statue würde mit eben so viel Grund sich für eine Farbe oder einen Duft halten, und glauben können, diese Farbe, dieser Duft sey ihr Wesen, ihre Substanz. Allein hier ist der Ort
nicht mit dergleichen Systemen zu verweilen,
und man widerlegt sie hinlänglich, wenn man
sehen läßt, daß sie nicht besser gegründet sind
als die Urtheile, die wir unsre Statue fällen lassen.

Ab-

Zweiter Theil.

Vom Fühlen, oder dem einzigen Sinne, der von sich selbst über äussere Gegenstände urtheilt.

Erstes Hauptstück.

Vom kleinsten Grade des Gefühles, worauf man einen bloß mit dem Sinne des Fühlens begabten Menschen reduciren kann.

§. 1.

Unsre Statue, die weder Geruch, noch Gehör, weder Geschmack noch Gesicht hat, und auf den Sinn des Fühlens eingeschrenkt ist, existirt sogleich durch das Gefühl, welches sie durch die Einwirkung ihrer körperlichen Theile auf einander, und hauptsächlich der Bewegungen des Athmens erhält; dieß ist also der kleinste Grad von Gefühl, worauf man sie reduciren kann. Ich werde es Grundgefühl (Sentiment fondamental) nennen weil mit diesem Maschinspiele das thierische Leben beginnt: es hängt einzig davon ab.

Grundgefühl der Statue.

§. 2.

§. 2. Da sie in der Folge den Eindrücken der sie umgebenden Luft, und alles dessen
was sie frappiren kann, ausgesetzt ist, so
wird ihr Grundgefühl für viele Modificationen in allen Theilen des Körpers empfänglich.

Es wird für Modificationen empfänglich.

§. 3. Endlich werden wir bemerken,
daß sie sagen könnte, Ich, sobald als in ihrem Grundgefühl einige Veränderung vorgeht. Dieses Gefühl und ihr Ich sind demnach in ihrem Ursprunge das nämliche Ding;
und um das zu entdecken dessen sie einzig
mittelst des Fühlens fähig seyn kann, so darf
man nur die verschiedenen Arten betrachten,
wodurch das Grundgefühl, oder das Ich modificirt werden kann.

Es ist eben das Ding als das Ich.

Zweites Hauptstück.

Dieser bloß auf den kleinsten Grad des
Gefühles eingeschränkter Mensch hat
weder eine Idee von Ausdehnung
noch Bewegung.

§. 1.

Wenn auf unsre Statue kein Körper wirkt,
und wenn wir sie in eine ruhige, gemäßigte
Luft versetzen, und sie darinn weder Vermehrung noch Verminderung ihrer natürlichen
Wärme empfindet, so wird sie auf das Grund-
ge-

Existenz, die auf das Grundgefühl eingeschränkt ist.

gefühl eingeschränkt seyn, und ihre Existenz nur durch den verworrenen Eindruck erkennen, der aus der Bewegung entspringt, welcher sie das Leben verdankt.

§. 2. Dieses Gefühl ist einförmig, und folglich in Anbetracht ihrer einfach, sie kann dabei die verschiedenen Theile ihres Körpers nicht bemerken. Sie empfindet sie also nicht ausser einander. Sie ist, als existirte sie nur in einem Punkte, und sie kann unmöglich noch die Entdeckung machen, daß sie ausgedehnt sey. a)

Dieses Gefühl giebt keine Idee von Ausdehnung.

§. 3.

a) Wir können uns hievon überzeugen, wenn wir acht geben, was in uns selbst vorgeht.

Ich halte einen einförmigen Schmerz, der meinen ganzen Arm afficirt, nur darum für ausgedehnt, weil ich ihn auf etwas beziehe, das ich als ausgedehnt, empfinde.

Der Gebrauch, welchen ich von meinem Arme mache, lehrt mich verschiedene Theile in seiner Länge bemerken: allein er lehrt mich nicht eben so die verschiedenen Theile seines Durchschnittes bemerken. Ich urtheile also viel richtiger über die Länge als den Umfang (volume) welches ein schmerzliches Gefühl einnimmt. Ich weiß ob es sich bis auf den Ellenbogen oder das Handgelenk erstreckt, weiß aber nicht, ob es den vierten, den dritten, oder die Hälfte von der Armdicke, oder noch mehr einnimmt.

Unendliche Erfahrungen können zur Bestättigung dienen, daß man den Schmerz jedesmal gleichsam in einem Punkte empfindet, wann man ihn auf einen

Theil

Auch nach-
dem es leb-
hafter gewor-
den ist, kann
es keine zu-
den.

§. 3. Lasset uns dieß Gefühl lebhafter machen, ihr aber ihre Einförmigkeit erhalten; lasset uns z. B. die Luft erwärmen, oder sie abkühlen: sie wird von ihrem ganzen Körper eine gleiche Empfindung des Warmen, oder Kalten haben, und ich sehe nicht ein, daß daraus etwas anders entspringen soll, als daß sie ihre Existenz lebhafter empfinden wird. Denn eine einzige Empfindung, sie mag noch so lebhaft seyn, kann einem Wesen keine Idee von Ausdehnung geben, welches nicht weiß, daß es selbst ausgedehnt ist, und diese Empfindung nicht durch einen Bezug auf verschiedene Theile ihres Körpers auszudehnen gelernt hat.

Folg-

Theil bezieht, den man zu messen nicht gewohnt ist. Um z. B. die Stelle, welche ein in Mitte des Schenkels empfundener Schmerz einnimmt, muß man ihn mit der Hand überfahren, es verhält sich aber nicht so, wenn er sich vom Knie bis zur Hüfte erstreckt, weil dieß zween Punkte sind, von denen wir wissen, daß sie von einander abstehen.

Es ist daher kein einförmiges Gefühl, welches uns die Idee von der Ausdehnung unsers Körpers verschaft; sondern es ist die Kenntniß des Umfanges (volume) unsres Körpers, welches uns verleitet, einem einförmigen Gefühle Ausdehnung beizulegen.

Unsre auf den kleinsten Grad reducirte Statue hat von ihrem ganzen Körper nur ein einförmiges Gefühl; sie weiß demnach nichts von ihrer Ausdehnung.

Folglich wenn unsre Statue nur durch
eine Folge einförmiger Empfindungen lebte,
würde sie eben so eingeschränkt in ihren Operationen, und Kenntnissen seyn, als sie es
mit dem Sinne des Geruches gewesen ist.

§. 4. Wenn ich sie nacheinander auf das
Haupt, und die Füße klopfe, so modificire ich
zu wiederhohlten malen ihr Grundgefühl; allein diese Modificationen sind selbst einförmig.
Durch keine kann sie demnach bemerken lernen, daß sie ausgedehnt sey. Man wird
vielleicht fragen, ob sie, wenn man sie zugleich auf den Kopf, und die Füße klopft,
nicht fühlen werde, daß diese Modificationen
entfernt seyen.

Wenn ich sie berühre, so nimmt die Empfindung, die sie erfährt, entweder ihr Empfindungsvermögen so sehr ein, daß sie alle
Aufmerksamkeit gänzlich an sich zieht; oder
die Aufmerksamkeit fährt noch fort sich auf
das Grundgefühl anderer Theile zu erstrecken.
Im ersten Falle kann sich unsre Statue keinen Zwischenraum zwischen ihrem Kopf, und
ihren Füssen vorstellen; denn sie bemerkt nicht,
was sie absöndert. Im zweiten kann sie es eben
nicht mehr, weil das Grundgefühl keine Idee
von Ausdehnung verschaft.

§. 5.)

Sogar modi-
fizirt kann sie
keine ver-
schaffen.

§. 5. Ich schüttle ihren Arm, und ihr Ich empfängt eine neue Modification: Wird sie daher eine Idee von Bewegung erhalten? ungezweifelt nein, denn sie weiß noch nicht, daß sie einen Arm hat, daß er einen Platz einnimmt, daß er ihn ändern kann. Was in diesem Augenblicke mit ihr vorgeht, ist das sonderbarere Empfinden ihrer Existenz in der Empfindung, die ich ihr gebe, ohne sich von dem, was sie erfährt, Grund angeben zu können.

In diesem Zustande hat die Statue keine Idee von Bewegung.

Eben so wird es auch seyn, wenn ich sie in die Lüfte versetze. Alles reducirt sich bei ihr auf einen Eindruck, welcher das Grundgefühl gänzlich modificirt; und noch kann sie nicht begreifen, daß sie einen Körper hat, der sich bewegt.

Drittes Hauptstück.

Wie dieser Mensch, indem er unbeweglich bleibt, anfängt sich einigermaßen ausgedehnt zu fühlen.

§. 1.

Die Empfindung unsrer Statue höre auf einförmig zu seyn, und man laß sie uns zu gleicher Zeit mit eben der Lebhaftigkeit, aber

Die Statue unterscheidet die Empfindungen, die sie zugleich

doch

doch in allen Theilen ihres Körpers verschieden modificiren; es dünkt mich, daß sie noch
keine Idee von Ausdehnung haben wird. Da
diese Empfindungen zugleich kommen, so entspringt daraus ein dunkles Gefühl, wobei die
Statue sie nicht unterscheiden kann; weil sie
sie noch nicht nach einander bemerkt, und gelernt hat derer mehrere zugleich zu unterscheiden.

Allein wenn sie die Wärme und die Kälte succesive empfinden kann, wird sie sie unterscheiden, und von jedem dieser Gefühle eine Idee behalten. Sie erfahre sie in der Folge miteinander, sie wird den Eindruck den sie
empfindet, mit den Ideen vergleichen, die
ihr das Gedächtniß darstellt; und erkennen,
daß sie zugleich auf zwei verschiedene Arten
existirt.

Wir können ihr ebenfalls Ideen von
mehr andern Arten des Vergnügens, und
Schmerzens geben: denn nach Maaß als sie
aufeinanderfolgende Empfindungen bemerken
lernen wird, wird sie sich auch gewöhnen sie
zu bemerken, wenn sie miteinander kommen;
und sogar wird sie derer so viele im nämlichen Augenblicke unterscheiden, daß sie nicht
einmal alle wird bestimmen können.

*erfährt, uns
erst, nachdem
sie sie nach
einander be-
merkt hat.*

Wir

Wir wollen z. B. annehmen, sie empfinde zur nämlichen Zeit Wärme in einem,
und Kälte in dem andern Arm, ein Schmerz
im Kopfe, einen Kützel in Füssen, ein Grim-
men im Unterleibe, u. s. w. Ich glaube,
daß sie diese Seynsarten bemerken wird, vorausgesetzt, sie habe sie abgesöndert erkannt,
und die Aufmerksamkeit theile sich unter alle
gleich, indem keine über die andere herrschet.
Man muß hier den Grundsatz anwenden, welchen wir bei Gelegenheit des Gesichtes aufge-
stellt haben.

Gefühl, das
sie von ihrer
Ausdehnung
hat.

§. 2. Sie kann aber diese Empfindungen nicht zugleich haben, sie unterscheiden,
und bemerken ohne sie einigermassen ausser einander wahrzunehmen. In der That, wenn
das Gefühl, so lange es einförmig gewesen,
und die Empfindungen, so lange sie sich nicht
entwikeln konnten, ihr jede Idee von Ausdehnung
entzogen, so entziehen sie sie ihr nicht schlechterdings, wenn diese Einförmigkeit, und
Verwirrung aufhören.

Allein diese Idee ist, wie wir schon bemerkt haben, ganz und gar schwankend. Die
Stätue nimmt keine absolute Grösse wahr;
denn wir kennen keine dergleichen Grösse: sie
nimmt auch keine relative Grösse wahr; denn
sie hat dazu noch nicht die nöthigen Verglei-
chun-

hungen angestellt. Diese Idee ist demnach,
für sie nur die Gewahrnehmung mehrerer
Seynsarten, die coexistiren, und sich unterscheiden; eine Gewahrnehmung, wobei sie
keinen Begriff eines Körpers finden kann,
weil sie noch nichts berührt hat, und also
nicht weiß, daß ihre Seynsarten einer festen
Materie ankleben.

Viertes Hauptstück.

Wie dieser Mensch durch den Gebrauch seiner Hände seinen Körper zu entdecken anfängt, und lernt, daß es etwas ausser ihm giebt.

§. 1.

Ich gebe unsrer Statue den Gebrauch ihrer
Hände; allein was für eine Ursache wird sie
zur Bewegung antreiben? Es kann nicht
die Absicht seyn, sich ihrer zu bedienen. Denn
sie weiß noch nicht, daß sie aus Theilen zu-
samengesetzt ist, die sich über einander legen,
oder aber äussere Gegenstände ergreifen können. Es wird demnach ein lebhafter Eindruck
des Vergnügens, oder Schmerzens erfodert,
welcher ihre Muskeln zusammenzieht, daß sie
ihre Arme schütteln, ohne sich vorzunehmen sie
zu schütteln, ohne sogar eine Idee von dem zu
haben, was sie thut. §. 2.

§. 2. Ich nehme an, daß sie dieser mechanischen Bewegung zufolge die Hand auf sich selbst richtet; es ist deutlich daß sie nur in so ferne entdeken wird, daß sie einen Körper habe, als sie seine verschiedenen Theile unterscheiden, und sich in jedem als das nämliche empfindende Wesen wiedererkennen wird.

Sie muß sie, aber nach der Empfindung des Widerstandes, oder der Festigkeit unterscheiden, die sie gegenseitig auf einander äussern, so oft als sie sich berühren. Wenn sie mit einer warmen Hand einen kalten Theil ihres Körpers angreift, und diese Empfindung von Festigkeit (solidité.) nicht erführe, würde sie durch nichts verständiget werden, daß das Warme und Kalte verschiedenen Theilen angehören; sie würde sich in ihren Seynsarten fühlen, ohne dabei eine Consistenz zu finden. Allein sobald sich die Empfindung der Festigkeit mit den zwei andern vereinigt, so fühlt sie in sich etwas Festes, und Kaltes, welches etwas Festen, und Kalten widersteht.

So lange sie unbeweglich gewesen ist, konnte sie keine Idee von diesem Widerstand haben: die Festigkeit ihres Körpers gab ihr nur das einförmige Gefühl, das wir Schwere nennen. Allein sobald sie sich bewegt, berührt,

rührt, oder andre Gegenstände ergreift, fühlt
sie Widerstand, und Festigkeit. Diese Empfindung aber ist eigentlich geschickt, sie die Dinge
unterscheiden zu lehren, weil sie statt einförmig
zu seyn, auf verschiedene Art durch das Harte,
Weiche, Rauche, Geschliffene, kurz durch alle
die Eindrüke modifizirt wird, für die uns
das Fühlen empfänglich macht; ferner ist sie
auch geschickt ihr sie als ausgedehnt unterscheiden zu machen, weil sie ihr sie als in
verschiedenen Oertern nothwendig existirend
vorstellen: sobald als zwei Dinge fest sind,
schließt jedes das andre von der Stelle aus,
die es einnimmt.

Folglich um den Seynsarten Körper zu geben, dürfen nur bewegliche, und biegsame Organe einer jeden diesen Widerstand, und diese
Festigkeit beilegen. Ein dergleichen ist hauptsächlich die Hand: sobald sie berührt, hat sie
eine Empfindung von Festigkeit, welche alle
andre Empfindungen, die sie erfährt, ein-
hüllt, sie in gewissen Grenzen einschließt,
mißt, und einfaßt. Bei dieser Empfindung
demnach fangen für die Statue ihr Körper,
die Gegenstände, und der Raum an.

§. 3. Sie lernt ihren Körper kennen, **Woran sie**
und sich in allen Theilen wieder erkennen, aus **den ihrigen erkennt.**
welchen er besteht; weil, sobald sie mit der

Hand einen ihrigen Theil angreift, das nämlich empfindende Wesen sich einigermaffen von
einem zum andern, antwortet: ich bin es. Sie
fahre fort sich zu berühren, überall wird die
Empfindung von Festigkeit Widerstand zwischen den Seynsarten anbringen, und überall
wird sich auch das nämliche empfindende Wesen antworten: ich bin es, noch bin ich es.
Es empfindet sich in allen Theilen des Körpers. Sonach geschieht es ihm immer, daß es sich
mit seinen Modificationen vermengt, und sich,
wie sie vervielfältiget: es ist nicht mehr die
Wärme, und Kälte; sondern es empfindet
die Wärme in einem, und die Kälte im andern Theile.

**Wie sie zur
Entdeckung
der andern ge-
langt.**
§. 4. So lange die Statue ihre Hand nur
auf sich selbst richtet, ist sie in Rücksicht ihrer,
als wäre sie alles, was existirt. Allein wenn
sie einen fremden Körper berührt, so fühlt
sich das Ich, welches sich in der Hand modifizirt fühlt, in diesen Körper nicht modifizirt. Wenn die Hand sagt: Ich, erhält sie
nicht die nämliche Antwort. Dadurch glaubt
die Statue ihre Seynsarten ganz auffer sich.
Wie sie daraus ihren Körper gebildet hat,
eben so bildet sie alle andere Gegenstände daraus. Die Empfindung von Festigkeit, der
ihnen Consstenz in einem Falle gegeben hat,

giebt

giebt sie ihnen auch im andern Falle mit dem Unterschiede, daß das Ich, welches sich ant- wortete, aufhört sich zu antworten.

§. 5. Sie nimmt also nicht die Körper an sich selbst, sondern nur ihre eignen Em- pfindungen wahr. Wenn mehrere unterschie- dene, und coexistirende Empfindungen durch das Fühlen in Grenzen eingeschränkt sind, wo das Ich sich selbsten antwortet, nimmt sie Kenntniß von ihrem Körper; wenn mehrere unterschiedene, und coexistirende Em- pfindungen durch das Fühlen in Grenzen ein- geschränkt sind, wo das Ich sich nicht ant- wortet, hat sie die Idee eines von dem ihri- gen verschiedenen Körper. Im ersten Falle fahren ihre Empfindungen fort Beschaffenheiten von ihr zu seyn; im zweiten werden sie die Be- schaffenheiten eines ganz verschiedenen Gegen- standes.

§. 6. Indem sie gelernt hat, daß sie et- was Solides ist, so ist sie, wie ich mir einbil- de, in grosser Verwunderung, daß sie sich nicht in allem findet, was sie berührt. Sie streckt die Arme aus gleichsam sich ausser sich zu suchen, und sie kann noch nicht urtheilen, ob sie sich daselbst nicht finden werde: die Erfahrung wird sie allein darüber belehren können.

Worauf sich die Idee re- ducirt, die sie von Körpern hat.

Ihre Ver- wunderung, daß sie nicht alles ist, was sie berührt.

Wirkung dieser Verwunderung.

§. 7. Aus dieser Verwunderung entspringt die Unruhe zu wissen, wo sie ist, und wenn ich mich so ausdrücken darf, bis wie weit sie ist. Sie greift demnach nach allem was um sie ist, verläßt es, nimmt es wieder auf: sie betastet sich, vergleicht sich mit den Gegenständen, die sie fühlt; und nach Maaß als sie sich genauere Ideen macht, scheinen sich ihr Körper, und die Gegenstände unter ihren Händen zu bilden.

Bei jedem Dinge, so sie berührt, wähnt sie alles zu berühren.

§. 8. Allein ich muthmaße, sie werde lange Zeit seyn bevor sie sich etwas ausser den Körpern einbildet, die ihrer Hand aufstoßen. Es dünkt mich, daß wenn sie zu berühren anfängt, sie wähnen müsse, alles zu berühren; und daß sie nur erst, nachdem sie von einem Orte zum andern geschritten, und viele Gegenstände angefühlt hat, auf die Vermuthung gerathen wird, daß es Körper ausser denen giebt, die sie berührt.

Wie sie berühren gelernt hat.

§. 9. Allein wie lernt sie berühren (fühlen, toucher)? von ungefähr gemachte Bewegungen haben ihr nacheinander angenehme und unangenehme Empfindungen verschaft, sie will jene genießen, und diese entfernen. Ungezweifelt kennt sie anfänglich die Kunst noch nicht ihre Bewegungen anzuordnen. Manchmal findet sie sogar, was sie nicht sucht, oder welches zu flie-

fliehen ihn wohl gar zuträglich seyn würde. Sie weiß nicht einmal, wie sie ihre Hand führen muß um sie vielmehr auf einen Theil ihres Körpers als auf einen andern zu bringen. Sie stellt Versuche an, sie mißlingen ihr, sie ist darinn glücklich: sie bemerkt die Bewegungen, die sie getäuscht haben, und vermeidet sie; sie bemerkt die, welche ihren Begierden entsprochen haben, und wiederhohlt sie. Endlich, nachdem sie mehrermalen den nämlichen Gegenstand ergriffen, aufgegeben, wieder aufgenommen, erwirbt sie sich eine Gewohnheit von Bewegungen, die geschickt sind ihn wieder zu ergreifen. Sodann sagt sie sich, nachdem die Fälle sind: ich muß den Arm nähern, entfernen, ausstrecken, aufheben u. s. w. ; mit der Zeit lenkt sie ihn aus Gewohnheit ohne das Ansehen zu haben darauf zu achten, oder ein Urtheil zu bilden; und dann giebt es im Körper Bewegungen welche den Begierden der Seele entsprechen; dann bewegt sich die Statue nach ihrem Willen.

Fünftes Hauptstück.

Vom Vergnügen, Schmerze, den Bedürfnissen und Begierden eines auf den Sinn des Fühlens eingeschränkten Menschen.

§. 1.

Die Statue hat Vergnügen an der Entwicklung der verschiedenen Theile ihres Körpers

Geben wir unsrer Statue den Gebrauch all ihrer Glieder; und sehen wir, bevor wir die Untersuchung der Kenntnisse machen, die sie erwerben wird, was sie für Bedürfnisse hat.

Ihre Quelle werden die verschiedenen Arten von Vergnügen und Schmerz seyn: denn wir müssen über den Sinn des Fühlens eben wie über die andern Sinne raisonniren.

Anfangs schien ihr sein Vergnügen, und seine Existenz in einem Punkte concenttirt. Allein mit der Zeit erweiterte er sich mit dem nämlichen Fortgang, wie das Grundgefühl. Denn sie hat Vergnügen an der Bemerkung dieses Gefühls da es sich in den Theilen ihres Körpers entwickelt, wenn es nur von keiner schmerzlichen Empfindung begleitet wird.

An ihrer Bewegung.

§. 2. Die gröste Glückseligkeit der Kinder scheint in ihrer Bewegung zu bestehen: die Fälle selbst bringen sie davon nicht ab. Eine Binde über die Augen würde sie weniger bekümmern als ein Band, welches ihnen

den

den Gebrauch ihrer Füsse und Hände beneh-
men würde. In der That ist es die Bewegung, der sie das lebhafteste Bewußtseyn ihrer Existenz zu danken haben. Das Gesicht,
Gehör, der Geschmack, und der Geruch scheinen sie auf ein Organ einzuschränken; allein
die Bewegung verbreitet sie durch alle Theile, und läßt sie den Körper nach seiner ganzen Ausdehnung geniessen.

Wenn die Uebung für sie das Vergnügen
ist, welches die meisten Reitze hat, wird es
noch vielmehr für unste Statue haben: denn
nicht nur kennt sie nichts, was sie davon ab-
wenden könnte; sondern sie wird sogar erfahren, daß die Bewegung allein ihr alle die
Vergnügen verschaffen kann, derer sie fähig ist.

§. 3. Hauptsächlich wird sie die Körper
lieben, welche sie nicht beschädigen: sie wird
für das Geschliffene, und Sanfte ihrer Flächen
sehr fühlbar seyn, und sich wohlgefallen darinn nach Bedürfniß Kälte, oder Wärme zu
finden.

*Die Gegen-
stände zu be-
handeln (be-
fühlen mani-
es)*

Bald werden ihr die Gegenstände mehr
Vergnügen machen, nach Verhältniß, als
sie leichter zu behandeln seyn werden (manies)
dergleichen Gegenstände sind, die vermög ihrer
Figur und Grösse sich besser zur Ausdehnung

und

und Gestalt der Hand schicken. Bald werden sie
ihr gefallen vermög der Verwunderung, in
welche sie durch ihren Umfang, und die Schwierigkeit sie zu behandeln versetzt wird. Die
Ueberraschung, in die sie z. B. durch den um
sie entdeckten Raum versetzt werden wird,
wird beitragen ihr die Uebersetzung ihres
Körpers aus einem Ort ins andre angenehm
zu machen.

Die Festigkeit, und Flüssigkeit, die Härte, und Weiche, die Bewegung und Ruhe
werden für sie angenehme Gefühle seyn; denn
je zuverläßiger sie sind, je mehr ziehen sie
ihre Aufmerksamkeit an sich, und machen sich
bemerken.

Sich davon
Ideen zu
machen.

§. 4. Allein was für sie eine Quelle von
Vergnügen seyn wird, ist die Gewohnheit
zu vergleichen, und zu urtheilen die sie sich
machen wird. Sie wird sodann die Gegenstände nicht bloß um des Vergnügens willen
sie zu befühlen berühren: sie wird ihre Verhältnisse kennen wollen, und wird so viele
angenehme Gefühle durchgehen, als sie sich
neue Ideen bilden wird. Kurz, die Vergnügen werden unter ihren Händen, unter ihren
Schritten aufkeimen. Sie werden sich vermehren, und vervielfältigen, bis sie ihre Kräfte übersteigen. Sodann werden sie anfangen

mit

mit Mattigkeit (fatique) vermischt zu werden; nach und nach werden sie verschwinden;
endlich wird ihr nichts als Ermüdung übrig
bleiben, und die Ruhe ihr größtes Vergnügen werden.

§. 5. Was den Schmerz betrift, wird sie
diesen mit dem Sinne des Fühlens mehr als
mit andern Sinnen ausgesetzt seyn; oft wird
sie dessen Lebhaftigkeit immer der Vergnügen,
die sie kennt, weit überlegen finden. Allein
der Vortheil, den sie besitzt, ist, daß sie das
Vergnügen in ihrer Willkühr hat, und der
Schmerz sich nur in Zwischenzeiten fühlen
läßt.

§. 6. Bei den andern Sinnen bestand
ihre Begierde hauptsächlich in dem Bestreben
der Seelenfähigkeiten ihr eine angenehme
Idee so lebhaft als möglich zu erneuern. Diese Idee war der einzige Genuß, den sie sich
selbst verschaffen konnte, weil es nicht in ihrer Macht stand sich Empfindungen zu geben.
Allein die Art von Begierde, derer sie mit
dem Fühlen fähig ist, enthält das Bestreben
aller Theile des Körpers, die sich zu bewegen trachten, und die so zu sagen darauf aus-
gehen Empfindungen bei allen angreifbaren
Gegenständen zu suchen. Wir selbst, wann
wir lebhaft verlangen, empfinden, daß unsre

Be-

Sie ist den Schmerzen mehr als mit den andern Sinnen aus-gesetzt.

Worinn ihre Begierden be-stehen.

Begierden dieſes zweifache Streben der Seelenfähigkeiten, und der körperlichen Fähigkeiten enthalten. Nun begnügt ſich der Genuß nicht mehr mit Ideen der Einbildungskraft, er erſtreckt ſich weiter hinaus über alle vorhandenen Gegenſtände; und die Begierden, ſtatt unſre Statue in ihren Seynsarten
zu konzentriren, wie es bei den andern Sinnen
geſchah, führen ſie beſtändig ganz um ſie
herum.

Ihr Gegen-
ſtand.

§. 7. Folglich haben ihre Liebe, ihr
Haß, ihr Wille, ihre Hofnung, ihre Furcht
nicht mehr ihre eignen Seynsarten zum einzigen Gegenſtand; es ſind die anfühlbaren Dinge, die ſie liebt, haßt, hofft, fürchtet, wün-
ſchet.

Sie iſt demnach nicht auf ihre Selbſtliebe eingeſchränkt: allein ihre Liebe für die
Körper iſt eine Wirkung ihrer Selbſtliebe:
ſie hat keine andre Abſicht, wenn ſie ſie liebt
als das Suchen des Vergnügens, und das
Vermeiden des Schmerzens; und dadurch
lernt ſie ſich in den Raum hineinzuführen,
den ſie zu entdecken anfängt.

Sech-

Sechstes Hauptstück.

Von der Art, wie ein auf den Sinn des Fühlens eingeschränkter Mensch den Raum zu entdecken anfängt.

§. 1.

Indem die Vergnügen in dem Bestreben bestehen, welches die körperlichen Theile zugleich mit den Fähigkeiten der Seele haben, so kann unsre Statue keine Empfindung verlangen, ohne sich nicht in eben dem Augenblicke zu bewegen den Gegenstand aufzusuchen, der ihr sie verschaffen kann. Sie wird daher sich zu bewegen bestimmt seyn, so oft als sie sich der angenehmen Empfindungen erinnern wird, derer Genuß ihr die Bewegung verschafft hat.

Sie schüttelt sich alsdann von ungefähr, und diese Schüttelung selbst ist ein Gefühl, dessen sie mit Vergnügen genießt. Denn sie fühlt dadurch ihre Existenz besser. Wenn ihre Hand mit der Zeit einen Gegenstand antrifft, der auf sie einen angenehmen Eindruck von Wärme oder Kälte macht, sogleich werden alle ihre Bewegungen gehemmt, und sie überläßt sich ganz und gar diesem neuen Gefühle. Je angenehmer es ihr scheint, desto

auf-

Das Vergnügen ordnet die Bewegungen der Statue an.

aufmerksamer ist sie darauf; sie wünschte sogar mit allen Theilen ihres Körpers den Gegenstand zu berühren, der es veranlaßt:
und diese Begierde bringt in ihr Bewegungen hervor, die statt von ungefähr zu entstehen, alle sich bestreben ihr den vollkomm-
sten Genuß zu verschaffen.

Indessen verliert dieser Gegenstand den
Grad seiner Wärme oder Kälte; und der Genuß davon hört auf angenehm zu seyn. Sodann erinnert sich die Statue der ersten Bewegungen, die ihr gefallen haben, sie verlangt sie; und indem sie sich das zweitemal
schüttelt ohne eine andre Absicht als sich zu
schütteln, verändert sie allmählich den Platz, und
berührt neue Körper.

Einer der ersten Gegenstände ihrer Verwunderung ist ungezweifelt der Raum, den sie
mit jedem Augenblicke um sich her entdeckt.
Es dünkt sie, daß sie ihn aus dem
Schooß ihres Wesens heraushebt, daß sich
die Gegenstände unter ihren Händen nur auf-
Kosten ihres eignen Körpers ausdehnen; und
je mehr sie sich mit dem Raume vergleicht, der
sie umgiebt, je mehr empfindet sie, daß sich ihre Grenzen zusammen ziehen.

So oft sie einen neuen Raum entdeckt
und neue Gegenstände berührt, hemmt sie ih-

re

re Bewegungen, oder ordnet sie um besser
die Empfindungen zu genießen, die ihr gefallen; und sie fängt an sich zu bewegen bloß
wegen des Vergnügens der Bewegung, sobald als sie aufhört sie angenehm zu finden.

Wenn sie durch dieß Mittel einen gewissen Raum entdeckt, und eine gewisse Anzahl
von Empfindungen erfahren hat, so erinnert
sie sich wenigstens dunkel alles dessen, was
sie genossen hat. Indem sie sich einerseits erinnert, daß sie es ihren Bewegungen zu danken hat, andrerseits aber fühlt, daß ihre Bewegung von ihr abhängen, so wünscht sie diesen Raum noch einmal zu durchgehen, und
sich die nämlichen Empfindungen zu verschaffen, die sie hat kennen gelernt. Sie bewegt
sich demnach nicht mehr bloß wegen des Vergnügens sich zu bewegen.

Allein da sie nicht immer durch die nämlichen Wege geht, so erfährt sie von Zeit zu
Zeit Empfindungen, die ihr gänzlich unbekannt waren. Nach Maaß als sie darüber Erfahrung anstellt, urtheilt sie, daß ihre Bewegungen geschickt sind ihr neue Vergnügen
zu verschaffen, und diese Hoffnung wird das
Prinzipium, welches sie bewegt.

§. 2. Sie fängt demnach an zu schließ-
sen, daß es für sie Entdeckung zu machen
giebt

Sie wird der
Neugierde
(Fürwitzes
curiosité)
fähig.

giebt; sie lernt, daß die Bewegungen, die sie zu ihrer Disposition hat, ihr Mittel an die Hand geben darinn glücklich zu seyn; und sie wird der Neugierde fähig.

In der That ist die Neugierde nichts anders als die Begierde nach etwas neuem; und diese Begierde kann nur entstehen, wenn man schon Entdeckungen gemacht hat, und glaubt Mittel zu haben noch welche zu machen. Es ist wahr, man kann sich über die Mittel täuschen. Neugierig aus Gewohnheit beschäftiget man sich oft mit Untersuchungen, wobei man unmöglich einen Fortgang machen kann. Allein dieß ist eine Irrung, worein man nicht würde gerathen seyn, wenn man bei andern Gelegenheiten nicht glücklichere Erfolge gehabt hätte.

Sie war es nicht mit den andern Sinnen. §. 3. Es war vielleicht nicht unmöglich, daß, da unsere Statue nach und nach die andern Sinne erhielt, die Gewohnheit immer verschiedene Seynsarten zu durchwandeln sie nicht auf die Vermuthung andrer brachte, derer sie noch geniessen könnte: allein da sie nicht wußte, wie sie ihr zukommen sollten, und kein Mittel hatte den Besitz derselben zu erhalten, so konnte sie sich nicht damit abgeben in ihr eine neue Seynsart aufzufinden. Es war viel natürlicher, daß sie all ihre Begier-

ben

ben gegen die angenehme Gefühle richtete, die sie kannte.. Darum habe ich bei ihr auch keine Neugierde angenommen.

§. 4. Man merkt, daß die Neugierde für sie ein Bedürfniß wird, welches sie stets von einem Orte zum andern wird gehend machen. Dieß wird oft das einzige Triebwerk ihrer Handlungen werden. Wobei man bemerken muß, daß ich von dem, was ich festgesetzt habe, nicht abweiche, wenn ich gesagt habe, daß das Vergnügen, und der Schmerz die einzige Ursache der Entwickelung ihrer Fähigkeiten seyen. Denn sie ist nicht neugierig, ausser in der Hofnung sich angenehme Gefühle zu verschaffen, oder ihr unangenehme zu vermeiden. Somit ist dieses neue Prinzipium eine Folge des ersten, und bestätiget Er...

Die Neugierde ist ein Hauptantrieb ihrer Handlungen.

§. 5. Anfangs wälzt sie sich nur langsam fort; in der Folge geht sie auf allen vieren; und trift endlich eine Anhöhe an; sie ist neugierig zu entdecken, was über diese hinaus ist, und sie findet sich auf einmahl wie von ungefähr auf ihren Füssen. Sie schwanket, geht vor, indem sie sich an alles hält, was sie aufrecht erhalten kann; sie fällt, stößt sich an, und empfindet Schmerz. Sie getraut sich nicht mehr aufzustehen, fast getraut sie sich nicht mehr Platz zu ändern;

Der Schmerz hemt das Vergnügen, das sie in der Bewegung findet.

die

die Furcht des Schmerzens hält der Hofnung des Vergnügens das Gleichgewicht. Indessen wenn sie durch die Körper, die sie berührt hat, noch nicht beschädigt worden ist, wird sie ohne Mißtrauen fortfahren die Arme auszustrecken; allein bei der ersten Verletzung wird es mit dieser Zuversicht ein Ende haben, und sie wird unbeweglich bleiben.

§. 6. Nach und nach vergeht ihr Schmerz, und das Andenken, welches ihr davon übrig, zu schwach die Begierde sich zu bewegen einzuhalten, ist stark genug sie mit Furcht bewegen zu machen. Man darf also nur Gegenstände anordnen, die sie umgeben, und wir werden ihr entweder ihre erste Sicherheit durch Vergnügen wieder geben, welche im Stande sind sogar das Andenken des Schmerzens auszulöschen, oder aber wir werden ihr Mißtrauen durch schmerzhafte Gefühle wieder erneuern.

Wenn wir den Dingen ihren natürlichen Lauf lassen, so werden die Zufälle so viel seyn können, daß sie das Mistrauen nie verläßt.

§. 7. Wenn wir sie im ersten Augenblicke in ein Ort gesetzt hätten, worinn sie sich nicht hätte bewegen können, ohne sie doch lebhaften Schmerzen auszusetzen, so würde die Bewegung aufgehört haben für sie

ein

ein Vergnügen zu seyn, sie würde unbeweglich geblieben seyn, und sich niemals zu irgend einem Kenntnisse äusserer Gegenstände
erhoben haben.

§. 8. Allein wenn wir über sie wachen,
daß sie keine ausser nur flüchtige Schmerzen
erfährt, und diese Schmerzen noch dazu selten sind, sodann wird sie eine Begierde nach
Bewegung tragen, und diese Begierde wird
nur von Zeit zu Zeit von einigem Mißtrauen
ihrer Bewegungen begleitet werden. Sie
wird demnach nicht mehr in dem Falle seyn
stets unbeweglich zu bleiben: wenn sie eine
Veränderung der Lage besorgt, so verlangt
sie sie so oft, als sie durch sie Linderung haben kann, und sie gehorcht nacheinander diesen beiden Gefühlen.

Daraus wird eine Art von Betriebsam-
keit (industrie) das ist, die Kunst entspringen ihre Bewegungen mit Vorsicht anzustellen,
und von Gegenständen Gebrauch zu machen,
die sie für tauglich finden wird den Zufällen
vorzubeugen, welchen sie ausgesetzt ist.

Der nämliche Zufall, der ihr einen
Stock in die Hand spielen wird, wird sie nach
und nach unterrichten, daß ihr dieser dienen
kann sie zu unterstützen, Körper zu beurtheilen, an welchen sie sich stossen kann, und die

Marginalie: Furcht, welche zu einer
Art von In-
dustrie Anlaß
giebt.

Kräfte zu erkennen, wohin sie den Fuß ganz sicher setzen kann.

Siebentes Hauptstück.

Von Ideen, die ein auf den Sinn des Fühlens eingeschränkter Mensch erhalten kann.

§. 1.

Das Vergnügen und der Schmerz sind gleich nothwendig die Statue zu unterrichten.

Ohne das Vergnügen würde unsre Statue niemals den Willen haben sich zu bewegen; ohne den Schmerz, würde sich ganz sicher hin und her versetzen, und unfehlbar zu Grund gehen. Sie muß also immer angenehmen, und unangenehmen Empfindungen ausgesetzt werden. Man sehe hier das Prinzipium, und die Richtschnur all ihrer Bewegungen. Das Vergnügen heftet sie an die Gegenstände, macht sie auf sie so aufmerksam, als nur möglich, und lehrt sie sich davon genauere Idee bilden. Der Schmerz entfernt sie von allem Schädlichen, macht sie für das Vergnügen noch fühlbarer, führt sie an die Mittel zu ergreifen, sie ohne Gefahr zu genießen und giebt ihr Unterricht über die Industrie. Kurz das Vergnügen, und der Schmerz sind ihre einzigen Lehrmeister.

§. 2. Unendlich ist die Zahl der Ideen, die man durch das Fühlen erhalten kann, denn sie begreift alle Verhältnisse von Grössen; d. i. eine Wissenschaft, welche die grösten Mathematiker niemals erschöpfen werden. Hier ist es also nicht um die Ideenerzeugung zu thun, die man dem Fühlen verdanken kann, es ist genug, wenn man jene entdeckt, welche unsre Statue von selbst erhalten wird. Die Beobachtungen, die wir gemacht haben, können uns das Prinzipium an die Hand geben, welches uns bei dieser Untersuchung leiten muß: dieß ist, das sie in ihren Empfindungen nur die Ideen bemerken wird, wobei sie das Vergnügen, und der Schmerz einiges Interesse werden nehmen lassen. Der Umfang dieses Interesse wird den Umfang ihrer Kenntnisse bestimmen.

Sie ist die bestimmende Anzahl, und dem Umfang ihrer Kenntnisse.

§. 3. Was die Ordnung betrift, nach welcher sie sie erhalten wird, so werden zwei Ursachen davon seyn. Die eine wird das ungefähre Zusammenkommen der Gegenstände, die andere die Einfachheit der Verhältnisse seyn, denn sie wird keine genauen Begriffe von denjenigen haben, welche eine gewiße Anzahl von Vergleichungen voraussetzen, auser nachdem sie diejenigen durchstudirt hat, die nicht so viele fordern.

Ordnung, nach welcher sie Ideen erhalten wird.

K 2　　　　Es

Es ift möglich die Fortschritte zu verfolgen, welche die zweite dieser Ursachen sie wird thun lassen; nicht so möglich ist es bei denen der ersten. Allein dieß ist eine ziemlich unnüße Sache, und jeder kann über diese Materie Hypothesen wählen, die er für tauglich hält.

Erste Ideen, die sie erhält.

§. 4. Ihre Ideen von der Festigkeit, Härte, Wärme und dergleichen sind nicht absolut; das will sagen, daß sie einen Körper nur in so weit für fest, hart, warm hält, als sie ihn mit andern vergleicht, die es nicht im nämlichen Grade sind, oder die verschiedene Beschaffenheiten haben. Wenn alle Gegenstände gleich fest, hart, warm und dergleichen wären, so würde sie die Empfindungen von Festigkeit, Härte, und Wärme haben ohne es zu bemerken; in Anbetracht dessen würde sie alle Körper vermischen. Allein weil sie nach einander Festigkeit, und Flüßigkeit, Härte, und Weiche, Wärme und Kälte antrift, wendet sie ihre Aufmerksamkeit auf diese Differenzen, vergleicht sie, urtheilt darüber, und dieß sind so viele Ideen, durch die sie die Körper unterscheiden lernt. Je mehr sie ihre Urtheile über diesen Stof üben wird, je verfeinerter wird ihr Fühlen werden; und nach und nach wird sie sich in Stand setzen in der nämlichen Beschaffenheit alles bis auf die

die kleinsten Abstuffungen zu unterscheiden. Man sehe hier die Ideen, die weniger Vergleichungen fordern, und folglich die ersten, die sie zu bemerken Gelegenheit haben wird.

§. 5. Diese Kenntnisse heften mit neuer Lebhaftigkeit ihre Aufmerksamkeit auf Gegenstände, die sie berührt, sie lassen sie ihr unter allen den Verhältnissen betrachten, die sie empfindlich frappiren. Je mehrere sie entdeckt, je mehr wird sie an das Urtheil gewöhnt, daß sie ihrer noch mehrere entdecken wird, und die Neugierde wird für sie ein bringenders Bedürfniß.

§. 6. Dieses Bedürfniß wird die Haupttriebfeder der Fortschritte ihres Geistes werden. Indessen werde ich es doch nicht unternehmen alle Wirkungen davon zu verfolgen, weil ich zu besorgen habe mich in zuviele Muthmassungen zu verirren. Ich werde nur anmerken, daß die Neugierde bei ihr viel thätiger, seyn muß, als sie gewöhnlich bei den Menschen ist.

Die Erziehung erstickt sie öfters bei uns wegen der wenigen Sorgfalt, die man nimmt sie zu befriedigen, und im Alter, worin wir uns selbst überlassen sind, beschränkt sie die Menge von Bedürfnissen, und erlaubt uns nicht jeden Geschmack zu verfolgen, den sie uns ein

Ihre Neugierde wird dabei grösser.

Wie viel sie Wirksamkeit hat.

einflößen würde. Allein an der Statue sehe
ich nichts, was nicht dahin trachte sie zu ver=
mehren. Die angenehmen Gefühle die sie oft
erfährt, und die unangenehmen Gefühle, de=
nen sie manchmal ausgesetzt ist a), müssen sie
lebhaft interessiren, damit sie an den kleinsten
Differenzen die Gegenstände wiedererkennt,
die sie hervorbringen. Sie überläßt sich al=
so dem Studium der Körper.

Die Statue macht sich Ideen von Figuren.

§. 7. Da sie nur noch den Sinn des
Gesichtes hatte, haben wir bemerkt, daß ihr
Auge Farben wahrnahm ohne das Ganze (l'en=
semble) einer Figur zu bemerken, ohne so=
gar irgend eine Idee von Ausdehnung zu ha=
ben. Die Hand hingegen hat diesen Vor=
theil, daß sie keinen Gegenstand befühlen
kann, ohne daß sie nicht zugleich die Ausdehnung
und das Ganze der Theile bemerke, aus denen
es besteht. Sie darf zu diesem Entzweck nur
ihre Festigkeit fühlen. Indem unsre Statue
einen Kieselstein drückt, macht sie sich die Idee
eines Körpers, der von einem Stücke, den
sie der ganzen Länge nach berührt hat, ver=
schieden ist: sie fühlt an einem Würfel Win=
kel, die sie an einer Kugel nicht finden kann;
sie nimmt nicht die nämliche Richtung bei ei=

nem

a) Ich habe gesagt manchmal, weil diese Gefühle ihre Neu=
gierde plötzlich auslöschen würden, wenn sie sich zu oft
wiederhohlten.

ein Bogen, und bei einem sehr schlanken
Rohre wahr. Kurz, sie unterscheidet die festen Dinge nach der Form, die jedes der
Hand eindrückt; und betrachtet als ein einzi-
ges Ganzes die Theile von Ausdehnung, welche sie nicht absöndern oder nur schwer absöndern kann. Sie erlangt daher die Ideen
von geraden und krummen Linien, und mehreren Arten der Figuren.

§. 8. Allein wenn alle die ersten Körper, welche sie zu berühren Gelegenheit hat, ihr
der Hand die nämliche Form eindrückten, wenn
sie z. B. nur Kugeln vom nämlichen Umfange anträfe, würde sie sich mit der Bemerkung
begnügen, daß die eine rauh, die andre ge-
schliffen, die eine warm, die andre kalt sey;
und auf die Form nicht achten, die ihre Hand
immerfort annehmen würde. Sonach würde sie Kugeln berühren, ohne sich jemals eine Idee davon zu machen. Sie befühle aber
im Gegentheile nacheinander Kugeln, Würfel und andre Figuren von verschiedener Grösse; der Unterschied der Formen, die ihre Hände
nehmen, wird ihr auffallen. Sodann fängt
sie an zu urtheilen, daß sich nicht alle Figuren ähnlich sehen. Ihre Neugierde treibt sie
sogleich an, alle die Seiten aufzusuchen,
durch welche sie verschieden sind, und sie
bil-

Indem sie die entgegen gesetzten Be- schaffenhei- ten ver- gleicht bildet sich nach und nach genaue Ideen davon. Um die Ideen von einer Figur zu erlangen, muß sie also derer mehrere bemerken, welche bei der ersten Berührung irgend wo von einander auf eine merkliche Art abstechen: es muß in ihr der erste wahrgenommene Unterschied die Begierde erregen andre wahrnehmen zu wollen. Sie verlangt z. B. einen Würfel nur erst nach einem mit einer Kugel angestellten Vergleiche zu kennen, nachdem sie nämlich gefunden hat, daß in dem einen Ecken sind, die sie bei der andern nicht findet. Mit einem Worte, sie sucht in ihren Empfindungen nur in so ferne neue Ideen, als sie durch die ersten Differenzen, die sich ihr bei allmähliger Berührung mehrerer Gegenstände darbieten, eingenommen worden (prevenue.)

Wie man Ideen beurtheilen kann, welche sie sich von Körpern macht.

§. 9. Der Begriff eines Körpers ist nach Maaß zusammengesetzter, als er mehrere Wahrnehmungen (perceptions) und Verhältnisse in sich faßt, welche das Fühlen entwickelt. Um die Ideen zu erkennen, die sich unsre Statue von fühlartigen Gegenständen bilden wird, muß man beobachten, in welcher Ordnung sie über diese Wahrnehmungen, und Verhältnisse urtheilen, und wie sie daraus verschiedene Sammlungen anstellen wird.

§. 10.

§. 10. Die Empfindungen, die sie vergleichen wird, sind entweder in Rücksicht auf sie einfach, weil es einförmige Eindrücke sind, bei welchen sie mehrere Wahrnehmungen nicht unterscheiden kann; ein solcher ist das Warme, oder Kalte; oder es sind Empfindungen, die aus mehreren andern zusammen gesetzt sind, und die sie entwickeln kann; eine solche ist der Eindruck eines Körpers, worin es zugleich Festigkeit, Wärme, Figur u. s. w. giebt.

Zwo Arten von Empfindungen, die sie vergleichen kann.

§. 11. Die einfachen Empfindungen sind entweder von der nämlichen, oder von verschiedener Art: das ist z. B. Wärme und Wärme, oder Wärme und Kälte. Die Urtheile, die sie bei dieser Gelegenheit fällen kann, sind sehr eingeschränkt.

Ihre Urtheile über die einfachen Empfindungen.

Wenn die Empfindungen von der nämlichen Art sind, so empfindet sie, daß sie verschieden, und ähnlich sind: sie empfindet nebstbei ob ihre Grade die nämlichen, oder aber verschieden sind. Indessen hat sie kein Mittel sie abzumessen, und sie urtheilt darüber nur durch die mehr oder minder schwankenden Ideen. Sie empfindet, daß die Wärme ihrer rechten Hand nicht die nämliche Wärme wie die in der linken ist, allein ihre Verhältnisse kennt sie nur unvollkommen.

Wenn

Wenn die Empfindungen von verschiedenen Arten sind, so nimmt sie nur wahr, daß
die eine nicht die andre ist, sie urtheilt, daß
das Warme nicht das Kalte ist: allein im
Anfange weiß sie nicht, daß sie zwey contraire Empfindungen sind; und um es zu entdek-
ken muß sie Gelegenheit haben zu bemerken,
daß Warm und Kalt nicht zur nämlichen Zeit
im nämlichen Körper sich vorfinden können,
und daß eines immer das andre aufhebt. Somit ist das Urtheil: Das Warme und Kalte sind contraire Empfindungen, ihr nicht
so natürlich, als es zu seyn scheint; sie hat
es der Erfahrung zu verdanken.

Bei allen diesen Gelegenheiten ergibt
sich deutlich, daß sie nur ihre Aufmerksamkeit
auf zwo Empfindungen verwenden darf um alle
die Urtheile zu bilden, die sie zu fällen fähig ist.

*Ihre Urthei-
le über die
zusammenge-
setzten Em-
pfindungen.*

§. 12. Wenn aus zwoen Gegenständen
ein jeder eine zusammengesetzte Empfindung
ausmacht, so nimmt sie sogleich wahr, daß
die eine nicht die andere sey; dieß ist ihr er-
stes Urtheil.

Wir haben aber gesehen, daß sich die
Aufmerksamkeit vermindern nach Maaß der
Anzahl von Perceptionen, in die sie sich theilt.
Sie kann demnach nicht alle die umfassen, wel-
che zwei Körper hervorbringen, und sie muß
in Betracht einer jeden schwach sey.

Die Statue wird sich folglich die Begriffe von zween Gegenständen nur in so weit bilben, als das Vergnügen ihre Aufmerksamkeit successive auf verschiedene Wahrnehmung, die sie davon erhält, einschränken, und ihr jede ins besondere wird bemerken machen. Sie urtheilt sodann von ihrer Wärme, indem sie sie nur in dieser Rücksicht betrachtet; in der Folge urtheilt sie von ihrer Grösse, indem sie sie nur unter dieser Verhältniß beobachtet; und indem sie solchergestalt alle die Ideen durchgeht, die sie dabei bemerkt, bildet sie sich eine Reihe von Urtheilen, derer Andenken sie aufbewahrt. Daraus ergiebt sich das Endurtheil, das sie über das eine, und das andre fällt, und welches in jedem die Wahrnehmungen vereinigt, die sie successive dabei beobachtet hat.)

§. 13. Die Urtheile, wodurch sie die zusammengesetzten Begriffe zweier Körper erfaßt, sind also nur eine Wiederholung dessen, was sie bei den Wahrnehmungen gethan hat, die sie für einfach ansieht. Es ist die Aufmerksamkeit, die sie anfänglich auf zwo, dann auf zwo andre, und nach und nach auf alle die Ideen verwendet hat, die sie dabei zu bemerken im Stande ist: und wenn noch eine übriget, worüber sie nicht geurtheilt hat, so

kömmt

Bei beyden ist die nämliche Geistesoperation.

kömmts daher, weil sie darauf noch nicht aufmerksam war, sie noch nicht bemerket hat.

Folglich wann sie zween Gegenstände vergleicht, sie beurtheilt, und sich complexe Begriffe davon bildet, so giebt es in ihr keine andre Operation, als wenn sie über zwo einfache Wahrnehmungen urtheilt: denn sie thut niemals etwas anders, als daß sie aufmerksam ist.

§. 14. Da sie nur den Geruch hatte, lenkte sie ihre Aufmerksamkeit von einer Idee auf die andre, sie bemerkte ihren Unterschied: allein sie machte keine Sammlungen, wodurch sie die Verhältnisse bestimmte.

Die Statue wird der Reflexion fähig.

Mit dem Gesichte konnte sie in der That mehrere Farben unterscheiden, die sie mitsammen wahrnahm: allein sie bemerkte nicht, daß sie gestaltete (figurés bildliche) Ganze ausmachen. Sie empfand nur, daß sie zugleich auf mehrere Arten existirte.

Nur erst mittelst des Fühlens macht sie daraus durch die Absönderung dieser Modificationen von ihrem Ich, und ihrer Versetzung außer sich, Ganze, die verschieden zusammengefügt sind, bei denen sie eine Menge Verhältnisse entwickeln kann.

Die Aufmerksamkeit, die sie mit dem Fühlen erhält, bringt demnach Effecte hervor,

ſor, die von denen der Aufmerkſamkeit, welche ſie mit den andern Sinnen empfangen hatte, ganz verſchieden ſind. Dieſe Aufmerkſamkeit aber, welche die Empfindungen combinirt,
daraus äuſſere Ganze macht, und welche ſo
zu ſagen von einem Gegenſtand auf den andern zurückſieht, und ſie unter verſchiedenen
Verhältniſſen vergleicht, dieſe iſt es, die ich
Reflexion nenne. Somit ſieht man, warum
unſre Statue mit den andern Sinnen keine
Reflexion hat, und mit dem Fühlen zu reflectiren beginnt. b)

Was ein Kör-
per in Be-
tracht ihrer
iſt.

§. 15. Ein Körper, den ſie berührt,
iſt demnach in Betracht ihrer nur die Wahrnehmungen von Gröſſe, Feſtigkeit, Härte
u. ſ. w. die ſie für vereinigt hält: dieß iſt
alles, was ihr das Fühlen entdeckt, und ſie
hat zur Bildung eines dergleichen Urtheiles
nicht nöthig dieſen Beſchaffenheiten ein Subjekt, eine Stütze, oder wie die Philoſophen reden, ein Subſtratum beizulegen. Sie darf
ſie nur mit einander fühlen.

§. 16

---

b) Indem die Reflexion in ihrem Urſprunge nur die Aufmerkſamkeit ſelbſt iſt, könnte man ſie ſo verſtehen, daß ſie
bei jedem Sinne Statt hätte. Allein man darf ſich
nur verſtehen, um über Fragen dieſer Art übereinzu-
ſtimmen. Ich mache dieſe Anmerkung um Wortſtreitig-
keiten vorzubeugen: eine ſehr gewöhnliche Unbequemlichkeit in der Metaphyſik, wider die man nicht genug
auf der Hut ſeyn kann.

§. 16. So viel sie dergleichen Collectionen bemerkt, eben so viele unterscheidet sie von Gegenständen; und sie setzt sie nicht bloß aus Ideen von Größe, Festigkeit, Härte zusammen; sie mengt auch noch die Wärme, und Kälte, das Vergnügen oder den Schmerz, und überhaupt alle die Gefühle ein, welche sie mittelst des Fühlens außer sich zu bemerken gelernt hat. Ihre eignen Empfindungen werden demnach die Beschaffenheiten der Gegenstände. Wenn sie so lebhaft sind, wie eine heftige Wärme, so hält sie das für, sie seyen zu einer Zeit in ihrer Hand, und in den Körpern, die sie berührt. Wenn sie so schwach sind, wie eine laue Wärme, so hält sie dafür sie seyen nur in diesen Körpern. Sohin kann sie wohl manchmal aufhören sie als in ihr zu betrachten: allein sie wird nie mehr aufhören sie den Gegenständen beizulegen, die sie veranlassen. Dieß ist ein Irrthum, worein sie die andern Sinne nicht konnten fallen machen, weil sie ihre Empfindungen immer nur als ihr verschieden modifizirtes Ich wahrnahm.

§. 17. Wir haben gesehen, daß sie, um in den Gegenständen die ihnen angehörigen Beschaffenheiten zu sammeln, jede insbesondere betrachten mußte. Sie machte also Abstrak-

tradtionen; denn abstrahiren heißt eine Idee
von mehreren anderen absondern, die mit ihr
in die Bestandtheile des Ganzen übergehen.

Wenn sie z. B. nur auf die Festigkeit
eines Körpers aufmerksam ist, sondert sie diese Beschaffenheit von andern ab, auf die sie
keine Rücksicht nimmt. Eben so macht sie sich
abgesonderte Begriffe von Figur, Bewegung
u. s. w. und sogleich wird jeder dieser Begriffe
allgemein, weil sie wahrnimmt, daß es keinen giebt, welcher nicht mehrere Gegenstände zu komme, oder sich nicht mehreren Sammlungen finde.

Man sieht hieraus, und aus dem, was
wir bei der Behandlung der andern Gegenstände gesagt haben, daß die abgesonderten Begriffe nothwendigermassen aus dem Gebrauche
entspringen, den wir von unsern Organen
machen wollen; daß sie folglich nicht so entfernt von der Erkenntniß der Menschen sind
als man es zu glauben scheint, und daß ihre Erzeugung nicht so schwer zu begreiffen ist,
daß wir annehmen müßten, wie könnten sie
nicht anders als vom Urheber der Natur haben.

§. 18. Da die Statue auf die andern
Sinnen eingeschränkt war, konnte sie nur
über ihre eigenen Empfinden Abstraktionen
machen, sie sonderte davon gewisse Zufäl-
lig-

ligkeiten ab (accessoires) die mehreren gemein
waren; so sonderte sie z. B. die Zufriedenheit, oder das Mißvergnügen, welche sie be-
gleiteten ab, und machte sich mittelst dessen
allgemeine Begriffe von angenehmen, und
unangenehme Seynsarten.

Allein itzt, da sie gewohnt ist ihre Empfindungen für Beschaffenheiten fühlartiger
Gegenstände zu halten, das ist, für Beschaffenheiten, die ausser ihr, und so zu sagen in
Grouppen existiren, kann sie jede derselben
von den Collectionen trennen, wovon sie
Bestandtheile sind, sie abgesondert betrachten, und unzählige Abstraktionen machen.
Allein da wir den Umfang ihrer Neugierde
nicht bestimmt haben, wollen wir es auch
nicht unternehmen ihr hier bei allen Operationen zu folgen.

§. 19. Ihre Neugierde wird sich mit dem
Studium der Gegenstände die sie umgeben,
nicht begnügen. Sie wird sich selbst betasten
und hauptsächlich den Bau des Organes studiren, mit dem sie die Körper berührt. Sie
wird ihre Finger untersuchen, wenn sie sich
auseinander machen, zusammenthun, biegen;
durch die Aehnlichkeit, die sie zwischen ihren
Händen zu entdecken beginnt, frappirt, wird
sie neugierig werden darüber noch richtiger zu

Sie erstreckt ihre Ideen auf Zahlen.

theilen; sie wird ihre Finger ein und ein, zwei und zwei, u. s. w. beobachten und dadurch ihre abgezogenen Begriffe von Zahlen vervielfältigen, und lernen können, daß ihre rechte Hand eben so viele Finger als ihre linke hat.

Sie betrachte sodann einen Körper, sie schließt, daß es einer sey so wie einer ihrer Finger; sie betrachte derer zwei, sie schließt, daß es ihrer zween, so wie zween ihrer Finger sey. Man sehe also hier, wie ihre Finger die Zeichen von Zahlen geworden. Allein wir können nichts Gewißes sagen, wie weit sie dergleichen Ideen ausdehnen wird. Ich darf durch diese Detaile nur beweisen, daß sie allen im Fühlen enthalten sind; und daß unsre Statue sie darinn nach Verhältniß des Bedürfnisses, bemerken wird, so sie haben wird, sie zu erwerben.

§. 20. Nachdem sie ihre Ideen auch *Ihre andern* auf die Zahlen ausgedehnt hat, wird sie *Ideen sind* sich auch leichter von ihren abstrackten Be- *deutlicher.* griffen Rechenschaft geben können. Sie wird z. B. bemerken, daß sie über einen nämlichen Gegenstand fünf, bis sechs Abstracktionen macht, oder, um anders zu reden, daß sie dabei fünf bis sechs verschiedene Beschaffenheiten abgesöndert beobachten kann. Woher nahm sie nur eine Menge wahr, die sie nicht be-

stimmen konnte: und so mußte sich dabei nothwendig Verwirrung einfinden. Ihre Fortschritte über die Zahlen werden demnach zu
allen denen ihrer übrigen Kenntniße beitragen.

Sie erhebt
sich nicht zu
den abgezoge-
nen Begriffen
vom Wesen,
und Sub-
stanz.

§. 21. Allein so groß auch die Menge von
Gegenständen, die sie entdeckt, seyn mag, so viele
Combination sie auch anstellt, so wird sie sich
doch niemals zu den abgezogenen Begriffen von
Wesen, Substanz, Wesenheit, Natur u. s. w.
erheben. Dergleichen Fantomen sind nur dem
Zählen der Philosophen begreiflich. Bei der
Gewohnheit, in welcher sie ist jedem Körper
für einem Innbegriff von mehreren Beschaffenheiten zu halten, wird es ihr ganz natürlich vorkommen, daß sie vereinigt existiren,
und wird sich nicht einfallen laßen, ihr Band
oder ihre Stütze (Unterlage Sotien) aufzusuchen. Die Gewohnheit vertritt bei uns
selbst oft die Stelle der Vernunft, und man
muß gestehen, daß sie manchmal wohl eben
so viel als die Erklärung der Philosophen
gilt.

Die Philoso-
phen wißen
darüber
eben so wenig
als sie.

§. 22. Doch gesetzt die Statue wäre
neugierig zu entdecken, wie diese Beschaffenheit in jeder Collektion existire, sie wäre geneigt, so wie wir, sich etwas als das Subjeckt derselben zu denken, und wenn sie einen
Namen für dieses Etwas hätte, würde sie
eine-

eine ganz fertige Antwort auf die Fragen der
Philosophen haben. Sie wüßte demnach eben
so viel als sie; das heißt, daß diese nicht
mehr als sie wissen. In der That lehren ih=
re deutlich erklärten Definitionen einem Kna=
be, nicht einmal was es durch die Sinne ge=
lernt hat.

§. 23. Unter den abgezogenen Begriffen Ideen die fie
von der Daue
er macht,
die sie erhält, giebt es zween, die einige
Aufmerksamkeit insbesondre verdienen, es sind
die der Dauer, und des Raums.

Wirklich kannte sie die Dauer nur durch
ihre Ideenfolge. Allein sie wird sich diese so
fühlbar darstellen können, wenn sie sich das
Vergangene durch einen Raum, den sie durch=
loffen, und die Zukunft durch einen zu beschrei=
benden Raum denkt, daß die Zeit in Rück=
sicht ihrer wie eine Linie seyn wird, nach
welcher sie sich bewegt. Diese Art darüber
zu urtheilen, wird ihr selbst so natürlich schei=
nen, daß sie leicht in den Irrthum verfallen
kann, sie kenne die Dauer nur in so fern=
als sie über die Bewegung eines Körpers
nachdenkt. Wenn man mehrere Mittel hat
sich ein Ding vorzustellen, so ist man gemei=
niglich geneigt dasjenige als das einzige an=
zusehen, welches das fühlartigste ist. Dieß
ist ein Irrthum, welchen die Philosophen

selbst schwer vermeiden. So ist Locke der erste welcher bewiesen hat, das wir die Dauer nur aus unsrer Ideenfolge erkennen.

Vom Raum-me. §. 24 Gleichwie sie die Dauer durch ihre Ideenfolge erkennt, so erkennt sie den Raum durch die Coexistenz ihrer Ideen. Wenn ihr das Fühlen auf einmal nicht mehrere Empfindungen überlieferte, die es unterscheidet, in Ordnung bringt, in gewisse Grenzen einschränkt, und woraus es mit einem Worte einen Körper bildet, würde sie keine Idee von irgend einer Grösse haben. Sie findet also diese Idee nur in der Coexistenz mehrerer Empfindungen. Aber sobald sie eine Grösse kennt, so hat sie etwas, andere darnach zu messen, sie hat etwas, womit sie den Zwischenraum messen kann, der sie absöndert, und denjenigen, den sie einnehmen; kurz sie hat die Idee des Raums. Gleichwie sie demnach keine Idee von Dauer hätte, wenn sie sich nicht erinnerte mehrere Empfindungen successive gehabt zu haben, so würde sie keine Idee von Ausdehnung, oder Raum haben, wenn sie nie zugleich mehrere Empfindungen gehabt hätte.

Ueberall, wo sie keine Resistenz wahrnimmt, glaubt sie, daß es nichts giebt, und bildet sich eine Idee eines leeren Raums. Indessen

deſſen iſt dieß kein Beweiß, für die Exiſtenz eines Raums ohne Materie; ſie darf ſich nur etwas lebhaft bewegen um wenigſtens ein Flüſſiges zu empfinden, das ihr widerſteht.

§. 25. Anfänglich bildet ſie ſich auſſer den Raum, den ſie um ſich entdeckt, nicht ein, und folglich glaubt ſie auch nicht, daß es einen andern giebt. In der Folge lernt ſie nach und nach durch die Erfahrung, daß er ſich weiter erſtreckt. Sodann wird die Idee des Raumes den ſie beſchreibt, ein Muſter, nach welchen ſie ſich denjenigen denkt, den ſie noch nicht beſchrieben hat; und nachdem ſie ſich einmal einen Raum gedacht, worein ſie ſich nicht verſetzt hat, ſo denkt ſie ſich mehrere, einen auſſer den andern. Endlich da ſie keine Gränzen wahrnimmt, über welche hinaus ſie aufhören könnte ſich Räume zu denken, ſo wird ſie gleichſam gezwungen ſich derer noch ferner zu denken, und wähnt die Unermeßlichkeit ſelbſt wahrzunehmen.

§. 26 Eben ſo verhält es ſich mit der Dauer. Im erſten Augenblicke ihrer Exiſtenz denkt ſie ſich weder etwas vor, noch nach ihr. Allein nachdem ſie ſich eine lange Gewohnheit von den Veränderungen gemacht hat, denen ſie beſtimmt iſt, ſo iſt die Erinnerung einer Ideenfolge ein Muſter, nach welchem ſie

sich

Von der Unermeßlichkeit

Von der Ewigkeit.

sich eine vorhergehende, und nachfolgende
Dauer denkt; so zwar daß, da sie weder im
Vergangenen noch Zukünftigen einen Augenblick findet, über welchen hinaus sie sich nicht
andre denken könnte, es ihr scheint, ihr Gedanke umfasse die ganze Ewigkeit. Sie hält
sich selbst für ewig; den sie erinnert sich
nicht daß sie angefangen habe, und vermuthet nicht, daß sie aufhören müsse.

§. 27. Indessen hat sie wirklich weder die
Idee der Ewigkeit, noch die der Unermeßlichkeit. Wenn sie das Gegentheil glaubt, so
geschieht dieß, weil ihre Einbildung sie täuscht
indem sie ihr eine unbestimmte Dauer, und
einen unbestimmten Raum, dessen Gränzen
sie nicht angeben kann, als eine Ewigkeit,
und Unermeßlichkeit vorstellt.

§. 28. Bei jeder Entdeckung, die sie
macht, erfährt sie, daß das Eigenthümliche
jeder Empfindung darinn besteht, ihr einige
Kenntniße entweder von einem ihrigen, inne-
ren Gefühle, oder irgend einer äußeren Beschaffenheit beizubringen: das will sagen, das
Eigenthümliche jeder Empfindung sei für sie
was wir Idee nennen; denn jeder Eindruck
der ein Kenntniß bringt, ist eine Idee.

§. 29. Wenn sie ihre Empfindungen
als vergangen betrachtet, so nimmt sie sie

nur

nur mehr durch das Andenken das sie davon
aufbewahrt; und dieß Andenken ist wieder eine
Idee, weil es entweder eine Kenntniß wieder
giebt, oder darauf erinnert.   Ich werde dergleichen Ideen reine, intellektuelle, oder
plattweg Ideen heißen um sie von andern
zu unterscheiden, die ich immerfort Empfindungen (sensations) nennen werde. Eine
intellektuelle Idee ist demnach die (Erinnerung souvenir) einer Empfindung. Die intellektuelle Idee von Festigkeit z. B. ist
die Erinnerung einer empfundenen Festigkeit
in einem berührten Körper; die intellektuelle
Idee von Wärme ist Erinnerung einer gewissen
gehabten Empfindung; und die intellektuelle
Idee von Körper ist die Erinnerung, daß man
bei der nämlichen Sammlung Ausdehnung,
Figur, Härte bemerkt habe.

§. 30 Unsre Statue fühlt aber einen Unterschied zwischen wirklichen Empfindungen
und zwischen der Erinnerung gehabter Empfindungen. Sie unterscheidet sie demnach
von dem was ich reine Idee nenne.

Sie bemerkt, daß sie vergleichen Ideen
hat ohne etwas zu berühren und daß sie Empfindungen nur in so weit hat, als sie berührt.
Die Vernunft, welche sie ihre Empfindungen in die Gegenstände zu legen aufhörte,

kann

Unterschied,
welchen die
Statue zwi-
schen ihren
Ideen und
Empfindung
gemacht.

kann sie zu keinem ähnlichen Urtheile über ihre intellektuelle Ideen verleiten. Diese scheinen ihr also, als wären sie nur in ihr selbst vorhanden.

§. 31 Durch die Empfindungen erkennt sie nur die dem Fühlen gegenwärtig Gegenstände, und durch die Ideen diejenigen, welche sie berührt hat, und nicht mehr berührt. Sie urtheilt sogar von manchen Gegenständen, die sie berührt, nur in so ferne, als sie sie mit denen vergleicht, die sie berührt hat; und gleichwie die wirklichen Empfindungen die Quelle ihrer Kenntnisse sind, so ist die Erinnerung ihrer vergangenen Empfindungen oder ihre intellektuellen Ideen ihr gänzlicher Grund: es geschieht durch ihren Beystand, daß die neuen Empfindungen sich unterscheiden, und sich stäts mehr und mehr entwickeln.

Wenn die Empfindungen die Quelle ihrer Kenntnisse sind, so werden die Ideen der Grund hievon.

§. 32. In der That würde sie bei der Berührung eines Gegenstandes weder von seiner Grösse, noch von seinen Graden der Härte, der Wärme u. d. g. urtheilen, wenn sie sich nicht erinnerte andre Grössen berührt zu haben, wobei sie andre Grade von Härte und Wärme gefunden hat. Allein sobald sie sich dessen erinnert, hält sie diesen Gegenstand durch die Vergleichung für grösser, oder kleiner, härter oder weicher, wärmer oder kälter,

Ohne die Ideen würde sie von den Gegenständen schlecht urtheilen, die sie berührt.

ter. Vermittelst der Erinnerung also, oder
der intellektuellen Idee behält sie gewisse Grössen, gewisse Grade von Härte, und Wär-
me, urtheilt über neue ihr aufstoßende Gegenstände: diese Erinnerung ist es, welche sie Vergleichungen anstellen, und die unterschiedlichen
Ideen, oder Kenntnisse bemerken lehrt, die ihr
die wirklichen Empfindungen verschaffen.

§. 33. Indessen da wir gesehen haben,
daß die Erinnerung nur eine Art zu empfinden ist, so ergiebt sich hieraus die Folgerung,
daß die intellectuellen Ideen von den Empfindungen nicht wesentlich unterschieden sind.
Allein wahrscheinlicherweise ist unsre Statue
nicht im Stande diese Reflexion zu machen.
Alles was sie wissen kann, ist, daß sie Ide-
en habe, die ihr zur Berichtigung ihrer Urtheile dienen, und keine Empfindungen sind.
Angenommen also, daß sie über den Ursprung
ihrer Kenntnisse zu reflectiren Gelegenheit habe, so würde sie, wie ich mir denke, wie folget
raisonniren.

Sie bemerkt nicht daß im Ursprunge die Ideen und Empfindungen das nämliche Ding sind.

§. 34. „Meine Ideen sind sehr verschieden
„von meinen Empfindungen, weil die einen in
„mir, die andern hingegen in den Gegenstän-
„den sind. Erkennen aber heißt Ideen haben.
„Meine Kenntnisse hängen also von keiner Em-
„pfindung ab. Ferner urtheile ich von Gegen-
„stän-

Schlechtes Raisonnement das sie machen könn-te.

„ständen, die auf mich verschiedene Eindrü-
„cke machen, nur durch die Vergleichung, die
„ich davon mit den Ideen anstelle, welche
„ich schon gehabt habe. Ich habe also Ideen
„bevor ich Empfindungen habe. Allein habe ich
„mir diese Idee selbst gegeben? Gewiß nicht:
„wie würde dieß möglich seyn? Um sich die Idee
„eines Dreiecks zu geben, muß man sie nicht
„schon gehabt haben? Wenn ich sie aber hatte,
„so gebe ich sie mir nicht. Ich bin demnach ein
„Wesen, welches natürlicherweise durch sich
„selbst Ideen hat: diese sind also mit mir geboren.

Indem die Ideen der Grund all unsrer
Kenntnisse sind, so machen sie nach mehr insbesondere das aus, was wir ein denkendes
Wesen nennen: und obgleich die Empfindungen das Prinzipium des Denkens sind, und
recht eigentlich nur der Seele angehören,
so scheinen sie sich doch im Körper aufzuhalten, und zur Ideenzeugung gänzlich unnütz
zu seyn. Unsre Statue würde also sicher in
den Irrthum von angebornen Ideen verfallen,
wenn sie eben so wie wir sich in eitle Speku-
lationen verlieren könnte. Allein es lohnt sich die
Mühe nicht einen Philosophen aus ihr zu machen, um sie so übel raisonniren zu lehren. a)

§. 35.

a) Dergleichen Vernunftschlüße sind es, nach welchen man
Thieren Empfindungen zugab, denen man Ideen abläugnete
und

§. 35. Da wir nicht bestimmt haben,
wie weit ihre Neugierde diese Haupttriebfeder
ihrer Seelenoperationen gehen wird, so unternehme ich es nicht mich in ein größeres
Detail der Kenntnisse einzulassen, welche sie
durch die Reflexion erlangen kann. Man darf
nur beobachten, daß alle Größenverhältnisse in den Empfindungen des Fühlens enthalten, und daß sie sie nur bemerken wird,
wenn es ihr um die Kenntniß derselben zu
thun seyn wird. Mein Gegenstand ist nicht
die Erklärung der Erzeugung all dieser Ideen:
ich begnüge mich zu beweisen, daß sie alle
durch die Sinne erhält, und daß ihre Bedürfnisse es sind, durch welche sie sie unterscheiden lernt.

Ach=

und nach welchem man geglaubt hat, daß unsre Ideen
nicht von den Sinnen herkämen. Die Philosophen, welche
den Menschen betrachteten, nachdem er schon viele Kenntnisse erworben, und sahen, daß er sodann Ideen habe,
die von wirklichen Empfindungen unabhängig sind, haben nicht eingesehen, daß diese Ideen nur die Erinnerung vorhergehender Empfindungen sind; sie schlossen
im Gegentheil, daß die Ideen immer vor den Sinnen
hergegangen seyen. Daher mehrere Systeme; das von
angebornen Ideen; das des Vaters Malebranche, und
das einiger Alten, wie das des Socrates, welche glaubten, die Seele wäre mit allen Arten von Kenntnissen
vor ihrer Vereinigung mit dem Körper begabt gewesen;
und daß folglich das, was wir zu erlernen wähnen, nur
eine Wiedererinnerung (Reminiscenz) desjenigen ist, so
wir schon gewußt haben.

Achtes Hauptſtück.

Bemerkungen, die zum leichteren Verſtändniß desjenigen dienen, was wir bei der Abhandlung vom Geſichte ſagen werden.

§. 1.

Gegenſtand dieſes Hauptſtückes. Nach den Detailen, welche wir entworfen haben, wird dieſes Hauptſtück gänzlich unnütz ſcheinen; und ich geſtehe es auch, daß es dieß ſeyn würde, wenn es den Leſer nicht vorbereitete ſich von den Beobachtungen, welche wir über das Geſicht anſtellen werden, zu überzeugen. Die Art, wie die Hände mittelſt eines, zweier, oder mehrerer Stöcken, Gegenſtände beurtheilen, iſt der Art ſo ähnlich, nach welcher die Augen mittelſt der Stralen darüber urtheilen, daß man ſeit Deſkartes Zeiten gemeiniglich das eine dieſer Probleme durch das andere erklärt hat. Das erſte wird der Gegenſtand dieſes Hauptſtückes ſeyn.

Wie die Statue mittelſt eines Stockes von Entfernungen, und Lagen urtheilen kann. §. 2. Das erſtemal als die Statue eines Stockes habhaft wird, kennt ſie nur den Theil, welchen ſie hält: darauf bezieht ſie alle die Empfindungen, die er auf ſie macht.

Sie weiß alſo nichts von ſeiner Ausdehnung; und folglich kann ſie von der Ent-

fer-

fernung der Körper, auf die sie ihn anwendet, nicht urtheilen.

Dieser Stock kann auf verschiedene Art
schief gerichtet seyn, und somit macht er auf
ihre Hand verschiedene Eindrücke. Allein diese Eindrücke unterrichten sie von seiner schie-
fen Richtung nicht, so lange sie nichts von
seiner Ausdehnung weiß. Sie können ihr
demnach die verschiedenen Lagen der Gegenstände noch nicht entdecken.

Um mittelst seiner Distanzen zu beurtheilen, muß sie ihn seiner ganzen Länge nach
befühlt haben; und um die Lagen durch den
Eindruck, den sie davon erhält, zu beurtheilen, muß sie während dem sie ihn mit der
einen Hand hält, mit der andern seine Richtung ausforschen.

§. 3. So lange sie von der Richtung Mit zweien.
zweier Stöcken, derer Länge sie kennt, und
wovon sie einen mit der rechten, den andern
mit der linken Hand hält, nicht wird urtheilen können, wird sie auch nicht entdecken können, ob sie sich irgendwo kreuzen, nicht einmal, ob sich ihre Enden entfernen, oder aber
nähern. Oft wird sie wähnen zwei Körper
zu berühren, da sie nur einen berühren wird:
sie wird glauben, das was in der Höhe, sey
nieder; was nieder, sey hoch. Allein sobald
sie

sie im Stande seyn wird die verschiedenen
Richtungen nach der Verschiedenheit der Eindrücke zu bemerken, so wird sie die Lage der
Stöcken erkennen, und dadurch die der Körper beurtheilen können.

Dieses Urtheil wird anfänglich nur ein
sehr langsames Raisonnement seyn. Sie wird
sich einigermassen sagen: Diese Stöcken können sich nicht kreuzen, ausser das Ende desjenigen, den ich in der Rechten halte, sey
mir zur Linken, und das Ende dessen, welchen ich in der Linken halte, sey zu meiner
Rechten. Folglich sind die Körper, welche
ich berühre, in einer der meiner Hände entgegengesetzten Lage; und ich muß das, was
ich mir links fühle, mir rechts, und was ich
zur Rechten fühle, mir zur Linken halten.
In der Folge wird ihr dieß Raisonnement so
geläufig werden, und sich so geschwind wie-
derholen, daß sie über die Lage der Körper
urtheilen wird, ohne das Ansehen zu haben
das, mindeste auf die ihrer Hände zu achten.

§. 4. Sie bezieht die Empfindungen, die
sie von einem Stocke erhält, nicht mehr auf
das End, welches auf ihre Hand wirkt; sie
empfindet die Härte oder Weiche der Körper,
auf welche sie ihn anwendet, vielmehr auf
dem entgegengesetzten Ende; und diese Ge-
wohn-

**Sie bezieht
ihre Empfin-
dung auf das
demjenigen
entgegenge-
setzte Ende,
so sie in der
Hand hält.**

wohnheit wird sie Empfindungen unterscheiden
lehren, die sie vorher nicht unterschied.

Wir wollen annehmen, sie stütze ihren
Handballen auf drei gleich lange, und so ver-
bundne Binsenröhre, als ob sie nur ein ein-
ziges ausmachten: sie wird eine verworrene
Empfindung haben, wobei sie die Wirksamkeit jedes Rohres nicht wird unterscheiden
können. Man stelle diese Röhre nur von untenzu auseinander: sogleich nimmt sie drey
Resistenzpunkte deutlich wahr, und unterscheidet dadurch den Eindruck, welchen jedes Rohr
auf sie macht.

Allein man muß wohl bemerken, daß sie
diesen Unterschied nur macht, weil sie von
der Senkung (inclinaison) durch die Empfindung zu urtheilen gelernt hat. Hätte sie
nicht die nöthigen Versuche um dieses Urtheil
zu fällen angestellt, würde sie in ihrer Hand
nur einen einzigen Resistenzpunkt empfinden;
die Binsen möchten von untenzu vereinigt,
oder auseinander gestellt seyn.

Diese Erfahrung bestättiget die Meinung,
die ich über das Gesicht angenommen habe.
Denn kann das Aug nicht wie die Hand ähnliche Empfindungen vermischen, wenn es nur
für sich selbst urtheilt, und nur in so weit sie
zu unterscheiden beginnt, als es sich gewöhnt

sie

sie auffer sich zu setzen? Man darf nur betrachten, daß die Stralen auf das Aug den
Effect machen, welchen die Binsenröhre auf
die Hand machen.

§. 5. Um den Zwischenraum zu bestimmen, welchen die Enden zweier Stöcken, die
sich kreuzen, zwischen sich lassen, darf ein
Geometer nur die Grösse der Winkel und der
Seiten wissen.

Die Statue kann keine Methode befol-
gen, bei welcher es so viele Präcision giebt.
Allein sie weiß beiläufig die Grösse der Stöcken, ihre Senkung (inclinaison) und den
Punkt, wo sie sich kreuzen; und sie schließt,
daß die Enden, welche sie auf die Gegenstände hält, sich entweder entfernen oder nähern
nach eben dem Maaße, als die Enden, die
sie hält. Man bilde sich also ein, wie sie
sich mit Beihilfe des Betastens eine Art von
Geometrie machen, und von der Grösse der
Körper mittelst zweier Stöcken urtheilen wird.

Wenn sie vier Hände hätte, könnte sie
durch eben diesen Kunstgriff zugleich von der
Höhe und Breite eines Gegenstandes urtheilen; und hätte sie derer noch mehrere, könnte
sie diesen unter einer grössern Menge von
Verhältnissen wahrnehmen. Sie dürfte nur
die Gewohnheit annehmen über die Eindrücke

zu

zu urtheilen, die sie durch zehn und mehr Stöcken erhalten würde.

So also würde sie sich ohne eine Kenntniß von der Geometrie, durch Greifen, nach den Grundsätzen dieser Wissenschaft betragen; und nun noch mehr zu sagen, so giebt es bei der Entwickelung unsrer Fähigkeiten Principien, die uns entwischen selbst in dem Augenblicke, wo sie uns leiten. Wir bemerken sie nicht, und indessen thun wir doch alles durch ihren Einfluß.

Auch wäre die Kenntniß von Grundsätzen der Geometrie unsrer Statue gänzlich unnütz. Sie würde doch niemals außer durch greifen sie auf die Stöcken anwenden können, derer sie sich bedient. Sobald sie aber greift (tappt), fällt sie nothwendigerweise eben die Urtheile, als wenn sie nach diesen Grundsätzen raisonnirte. Es würde demnach überflüssig gewesen seyn über die Größen, und Lagen angeborne Ideen anzunehmen: es ist genug, daß sie Hände hat.

Neuntes Hauptstück.

Von der Ruhe, dem Schlafe, und Er=
wachen eines auf den Sinn des Füh=
lens eingeschränkten Menschen.

§. 1.

Die Ruhe der Statue. Die Bewegung scheint unsrer Statue ein
so natürlicher Zustand, und sie hat eine so grosse
Neugierde sich überall hinzubegeben, und alles
zu betasten, daß sie ungezweifelt die Unthä=
tigkeit nicht vorsieht, in die sie verfallen
muß. Allein nach und nach verlassen sie ihre
Kräfte; und da sie anfängt Mattigkeit zu
fühlen, sträubt sie sich einige Zeit dagegen
wegen der Begierde, die sie noch hat sich zu
bewegen; endlich wird die Ruhe ihr dringen=
des Bedürfniß; sie empfindet, daß ihre Neu=
gierde wider ihren Willen weicht; sie streckt
die Arme aus, und bleibt unbeweglich.

Ihr Schlaf. §. 2. Indessen erhält sich noch die Thä=
tigkeit ihres Gedächtnisses; es dünkt sie, daß
sie nur noch durch die Erinnerung dessen lebe
was sie gewesen ist; allein das Gedächtniß
ruht auch zu seiner Zeit; die Ideen, die es
erneuert, schwächen sich gemach, und schei=
nen sich in einer Entfernung zu verlieren, von
wannen sie kaum einen Stral werfen, der

zu erlöschen beginnt. Endlich sind alle Fähigkeiten eingeschläfert, und dieß ist für die Statue der Zustand des Schlafes.

§. 3. Nach Verlauf einiger Stunden fängt die Ruhe an ihr ihre Kräften wieder herzustellen. Ihre Ideen kommen langsam wieder, gehen plötzlich vorbei, und ihre zwischen Schlafen und Wachen aufgezogene Seele fühlt sich wie ein leichter Dunst, der von einem Augenblick zum andern sich zerstreut, und wieder hervorkömmt. Indessen stellt sich die Bewegung nach und nach in allen Theilen ihres Körpers wieder her, ihre Ideen werden haltbar, ihre Gewohnheiten erneuern sich, ihre Seele ist ihr wieder ganz gegeben, sie wähnet ein zweitesmal zu leben.

Dieses Erwachen dünkt sie köstlich. Sie befühlt sich mit ihren Händen voll Verwunderung, streckt sie nach allem aus, so sie umgiebt: vergnügt sich, und noch dazu alle die Gegenstände wieder zu finden, die sie kennt, wird sie neugieriger, und alle ihre Begierden wachen lebhafter wieder auf. Sie überläßt sich ihnen gänzlich, begiebt sich von einer Seite zur andern, erkennt wieder das schon Gekannte, und bekömmt neue Kenntnisse. Sie ermattet zum zweitenmale; und

indem

indem sie der Müdigkeit nachgiebt, überläßt
sie sich noch einmal dem Schlafe.

§. 4. Indem sie mehrmalen durch diese verschiedene Zustände geht, wird sie eine
Gewohnheit erlangen sie voraus zu sehen;
und sie werden ihr so natürlich werden, daß
sie ohne Verwunderung einschlafen, und wieder erwachen wird.

§. 5. Die Erinnerung von einem Zustande zum andern übergegangen ist es, wodurch sie sie unterscheidet. Sie hat anfangs
bemerkt daß ihre Kräfte sie allmählig verlassen: sie hat in der Folge ihre plötzliche Wie-
derherstellung empfunden. Dieser rasche
Uebergang von einer gänzlichen Unthätigkeit
zur Uebung all ihrer Fähigkeiten fällt ihr auf,
überrascht sie, und dünkt sich dadurch ein zwei-
tes Leben. Es ist demnach nur die Opposition vonnöthen, welche sich zwischen dem unmittelbar vor dem Schlafe hergegangenen
Augenblicke, und dem Augenblicke der Stärke,
worinn sie erwacht, befindet, damit sie sich
fühle als ob sie zu seyn aufgehört habe. Wenn
sie den Gebrauch ihrer Fähigkeiten durch unmerkliche Stufen wieder erhalten hätte, so wür-
be sie nichts dergleichen haben bemerken können.

§. 6. Indessen stellt sie sich nicht vor,
was das für ein Zustand seyn könne, aus dem

sie

sie beim Erwachen kömmt. Sie urtheilt nicht über seine Dauer, sie weiß nicht einmal; ob er Dauer gehabt habe. Denn nichts kann sie auf die Vermuthung bringen, daß es entweder in ihr, oder außer ihr einige Aufeinanderfolge gebe. Sie hat also keinen Begriff vom Zustande des Schlafens, und sie unterscheidet davon den Zustand des Wachens nur durch den Stoß, denn ihr alle ihre Fähigkeiten in dem Augenblicke beibringen, als sie ihre Kräfte wiedererhält.

Zehntes Hauptstück.

Vom Gedächtniße, der Einbildungskraft, und den Träumen eines auf den Sinn des Fühlens eingeschränkten Menschen.

§. 1.

Die Empfindungen, die aus dem Fühlen entspringen, sind von zweifacher Art: die einen sind die Ausdehnung, die Figur, der Raum, die Flüßigkeit, die Festigkeit, die Härte, die Weiche, die Bewegung, die Ruhe; die andern sind die Wärme, und die Kälte, und verschiedene Arten von Vergnügen, und Schmerzen. Die Verhältniße dieser hier sind natürlich unbestimmt.

Wie sich die Ideen im Gedächtniße der Statue verbinden.

Sie

Sie erhalten sich also im Gedächtnisse nur,
weil sie die Organe zu wiederhohltenmalen
dahin verpflanzten. Allein jene haben Verhältnisse, die sich genauer erkennen lassen.
Unsre Statue mißt den Umfang (volume)
der Körper mit ihren Händen, mißt den
Raum, indem sie von einem Orte zum andern geht; bestimmt die Figuren, indem sie
ihre Seiten zählt, und dem Umriße nachgeht;
sie schließt aus dem Wiederstande auf die Festigkeit, oder Flüssigkeit, auf die Härte, oder
Weiche; endlich erhält sie einen merklichen
Unterschied zwischen der Bewegung und Ruhe,
wenn sie betrachtet, ob ein Körper seine Lage
in Rücksicht auf andre verändert, oder nicht.
Man sehe hier also aus allen Ideen diejenigen, welche sich am stärksten und leichtesten
in ihrem Gedächtniße verbinden.

Sie verbin-
den sich alle
mit der der
Ausdehnung. §. 2. Einerseits hat sie sich angewöhnt
alle ihre Empfindungen auf die Ausdehnung
zu beziehen, weil sie sie für die Beschaffenheiten von Gegenständen ansieht, die sie berührt. Alle ihre Ideen sind nur warme oder
kalte, feste oder flüssige Ausdehnung u. s. w.
Dadurch werden alle die Ideen, derer Verhältnisse sehr schwankend, und die am besten
bestimmt sind, an eine nämliche Idee gebun-
den. Kurz alle ihre Empfindungen sind in Betracht

tracht ihrer nur Modificationen von Ausdehnung.

§. 3. Andrerseits ist die Empfindung so **Die Erinnerung davon ist
stärker, und
dauerhafter.**
beschaffen, daß sie unsre Statue anderst nicht,
als in einem tiefen Schlafe verlieren kann.
Wenn sie wach ist, fühlt sie sich immer ausgedehnt; denn sie empfindet alle ihre körperlichen Theile, welche auf die Stätte drucken,
worauf sie ruhen, und die sie ausmessen. So
lange sie wach ist, kann sie demnach mit dem
Fühlen nicht wie mit den andern Sinnen von
aller Art Empfindungen gänzlich beraubt seyn.
Es bleibt ihr immer eine übrig, mit der alle
andern verbunden sind, und die ich desselwe-
gen für die Grundlage aller der Ideen ansehe, wovon sie eine Erinnerung behält. Alles beweiset also, daß das Gedächtniß der
Ideen, welche durch das Fühlen kommen,
stärker und dauerhafter seyn muß, als das
der Ideen, welche durch andre Sinne kommen.

§. 4. Die Ideen können mit mehr oder **Worinn die
Einbildung
der Statue
besteht.**
mindrer Lebhaftigkeit sich erneuern. Wenn
sie sachte erwachen, so erinnert sich die Statue nur, daß sie diesen oder jenen Gegenstand
berührt habe: allein wenn sie heftig erwachen,
erinnert sie sich der Gegenstände, als ob sie
sie noch berührte. Ich habe aber Einbildung
jenes lebhafte Gedächtniß genannt, welches

ab-

abwesende Dinge als gegenwärtig vorstellen kann.

Die Reflexion verbindet sich mit der Einbildung.

§. 5. Wenn wir mit dieser Fähigkeit die Reflexion, oder die Operation, welche die Ideen combinirt, verbinden, so werden wir sehen, wie sich die Statue in einem Gegenstande die Beschaffenheit wird vorstellen können, die sie bei andern wird bemerkt haben. Gesetzt sie verlange zugleich mehrere Beschaffenheiten zu besitzen, die sie noch niemals beisammen angetroffen hat; sie wird sie sich als vereinigt vorstellen, und ihre Einbildungskraft wird sie in so einen Besitz davon setzen, dergleichen sie durch das Fühlen nicht würde erhalten können.

Sinn, nach welchem man im ausgedehntesten Verstande das Wort Einbildung nehmen kann.

§. 6. Man sehe hier die Bedeutung des Wortes Einbildung im ausgedehntesten Verstande: das heißt es als den Namen einer Fähigkeit betrachten, welche die Beschaffenheiten der Gegenstände combinirt, um daraus Ganze zu bilden, wovon die Natur kein Muster darbietet. Dadurch verschafft sie Vergnügen, welche einigermaßen über die Wirklichkeit selbst gehen; denn sie ermangelt nicht in den Gegenständen, deren Genuß sie verschafft, alle die Beschaffenheiten vorauszusetzen, die man darinn zu finden wünscht.

§. 7.

§. 7. Allein der Genuß des Fühlens kann sich mit dem der Einbildungskraft vereinigen; und dieß wird sodann für die Statue das größte Vergnügen seyn, das sie kennen wird. Wenn sie einen Gegenstand berührt, so steht nichts entgegen, daß die Einbildung ihr ihn nicht manchmal mit angenehmen Beschaffenheiten vorstellt, die er nicht hat, und die auf die Seite schafft, wodurch er mißfallen könnte. Dazu wird bloß eine lebhafte Begierde erforderlich seyn die einen darinn zu finden, die andern aber daselbst nicht anzutreffen.

§. 8. Die Einbildung kann ihr von Seite der Gegenstände nicht so viele Reize darbieten, daß sie nicht oft ein Vergnügen sich zu bewegen finden soll, selbst damals, wenn ihre Glieder ermüdet sind, und anfangen ihren Begierden nicht mehr zu willfahren. Sie stellt ihr sogar, manchmal dieß Vergnügen so lebhaft vor, daß sie sie von der Ermüdung ihrer Organe abzieht. Und dann kann sie nur eine übermäßige Ermüdung zur Ruhe bringen. Ein Zustand von Ermüdung und Schmerz wird die Frucht einer Begierde seyn, der sie sich mit zu wenig Mäßigung überlassen hat; und nachdem sie darüber öftere Versuche wird angestellt haben, wird sie gegen die Reize des Vergnügens mißtrauischer, und aufmerksamer

Genuß, bei welchem das Fühlen und die Einbildung zusammentreffen.

Uebermaß, worein die Einbildung die Statue fallen macht.

famer auf die Betrachtung ihrer Kräfte mer»
den.

Zuftand des
Traumes. §. 9. Zwischen Wachen, und dem tiefen
Schlaf können wir füglich zwo Mittelzuftän»
de unterscheiden: den einen, in welchem das
Gedächtniß die Ideen nur sehr schwach er»
neuert; den andern, worinn die Einbildung
sie lebhaft darstellt, und damit so sinnliche
Combinationen anstellt, daß man die Gegen»
stände zu berühren glaubt, die man sich doch
nur einbildet.

Wenn die Statue an einem Orte einge»
schlafen ist, wo sie ohne Gefahr gehen ge»
lernt hat, kann sie sich einbilden: er sey mit
Dörnern, Kieseln bestreut, sie gehe, und
zerreisse sich bey jedem Schritte, falle, schla»
ge sich wund, und empfinde Schmerz. Ob
sie sich gleich über diese Veränderung verwun»
dert, kann sie doch darüber nicht zweifeln;
und ihr Zustand ist für sie der nämliche, als
ob sie wachte, und als wäre der Ort wirk»
lich so, wie er sie dünkt.

Ursache des
Traumes und
der Unord»
nung, in wel»
cher er die
Ideen zurück»
bringt. §. 10. Um die Ursache dieses Traumes
zu entdecken, darf man nur bedenken, daß sie
vor dem Schlafe die Ideen von einem Orte
hatte, worin sie ohne Gefahr umher spazie»
ren konnte; die von Dörnern, von Kieseln,
von Verletzungen, vom Falle, vom Schmerz;

end»

endlich die von einem Orte, worinn sie alle
diese Dinge erfahren hatte. Was ereignet
sich aber im Schlafe? dieß, daß die letzte
Idee gar nicht aufwacht. Die der Dörner,
Kiesel, Verletzungen, des Falles, Schmerzens, und des Ortes, worinn sie nichts dergleichen gekannt hat, erneuern sich mit der
nämlichen Lebhaftigkeit, als wären die Gegenstände gegenwärtig; und indem sie sich
vereinigen, so muß die Statue diesen Ort
für einen solchen halten, wie ihn ihr ihre
Einbildung vorstellt. Wenn sie sich des Ortes erinnert hätte, wo sie sich zerrissen hat,
oder wo sie gefallen ist, würde sie in diesen
Irrthum nicht gerathen seyn. Es bilden sich
demnach in den Träumen nur darum so bi-
zarre, und der Wahrheit so entgegengesetzte
Assoeiationen, weil die Ideen, welche die
Ordnung herstellen sollten, unterbrochen werden.

Es ist sich nicht zu verwundern, daß sich
sodann die Ideen in einer Unordnung reprodu-
ziren, welche die fremdesten näher bringt,
und verbindet. Gleichwie also der Schlaf die
Ruhe des Körpers ist, so ist er auch die des
Gedächtnisses, und aller Seelenfähigkeiten;
und diese Ruhe hat verschiedene Stufen. Wenn
diese Fähigkeiten gänzlich eingeschläfert sind,
so ist es ein tiefer Schlaf. Sind sie es aber
nur

nur bis auf einen gewiſſen Punkt, ſo ſind
das Gedächtniß und die Einbildung zwar
wach genug gewiſſe Ideen zu erneuern, aber
nicht aufgeweckt genug andre zu erneuern;
ſodann bilden diejenigen, die ſich darſtellen,
die auſſerordentlichſten Ganzen.

Gefühl der
Statue bei
ihrem Erwa-
chen.

§. 11. Ich ſtoße die Statúe mitten in
ihrem Traum, und erwecke ſie. Ihr erſtes
Gefühl iſt die Furcht; indem ſie ſich kaum
getraut ſich zu bewegen, ſo ſtreckt ſie die Arme mißtrauiſch aus; und ganz erſtaunt die
Gegenſtände nicht wieder zu finden, von
welchen ſie verwundet worden zu ſeyn geglaubt
hat, ſteht ſie auf und wagt es zu gehen.
Nach und nach wird ſie ſicherer; ſie weiß
nicht, ob ſie ſich wirklich täuſcht, oder ob
ſie ſich im vorhergehenden Augenblicke betro-
gen hat. Ihre Zuverſicht wächſt, und ſie
vergißt den Zuſtand, worinn ſie ſich im Traume befunden hat um einzig desjenigen zu genieſſen, worinn ſie beim Erwachen iſt.

Ihre Verle-
genheit über
den Zuſtand
des Traumes,
und den des
Erwachens.

§. 12. Indeſſen wird ihr der Schlaf
abermals nöthig. Sie überläßt ſich ihm; that
neue Träume, und beim Erwachen folgt das
nämliche Erſtaunen.

In der That müſſen ihr dieſe Täuſchun-
gen ſehr befremdend vorkommen. Sie kann
nicht vermuthen, daß ſie ſich ihr in der Zeit,

als sie schlief, dargebothen haben, weil sie
keine Idee von der Dauer des Schlafes hat.
Im Gegentheil zweifelt sie gar nicht daran
daß sie gewacht habe; denn wachen ist für sie
das Berühren, und über das Berührte reflectiren.   Ihre Träume dünken sie demnach keine Träume, und sie muß darüber nur unruhiger werden.   Sie begreift nicht, warum
sie über die nämlichen Gegenstände so verschieden urtheilt; sie weiß nicht wo der Fehler steckt: und sie geht wechselweis vom Mißtrauen, welches ihr die Träume beibringen
zur Zuversicht über, welche ihr der Zustand
des Wachens verschaft.

§. 13 Sie kann sich unmöglich aller der *Warum sie*
während des Wachens gehabter Ideen erinnern; *Träume hat,*
derer sie sich
eben so muß es sich mit denen verhalten, *erinnert, und*
andre, die sie
die sie im Schlafe gehabt hat. *vergessen hat*

Man sehe hier meine Muthmaßungen über
die Ursache, die ihr einige Ideen von ihren Träumen zurückführt.

Wenn der Eindruck davon lebhaft gewesen, und sie die Ideen in einer Unordnung
darstellten, welche auf eine auffallende Art
den Urtheilen widerspricht, die vor der Zeit
hergegangen sind, worinn sie eingeschlafen ist,
so verbindet in diesem Falle ihr Erstaunen diese Ideen mit der Kette ihrer Kenntnisse. Beim
Er-

Erwachen besteht das nämliche Erstaunen noch,
und treibt sie an Versuche zu machen, sie sich
wieder in Detaile zurückzuführen, und sie erinnert sich ihrer. Sie wird im Gegentheil keine Erinnerung von ihnen haben, wenn der
Zwischenraum vom Traume bis zum Erwachen ziemlich lang, und durch einen so tiefen
Schlaf ausgefüllt war, daß er den gänzlichen
Eindruck des Erstaunens, worin sie gewesen
ist, auszulöschen vermag. Endlich wenn ihr
nur wenig Verwunderung übriget, so wird
sie sich manchmal nur eines Theiles ihres Traumes erinnern, andremal wird sie sich nur erinnern, sehr ausserordentliche Ideen gehabt
zu haben.

Ihre Träume graben sich demnach ihrem
Gedächtnisse nun ein; weil sie sich mit Gewohnheitsurtheilen verbinden, denen sie wi-
dersprechen; und es ist die Verwunderung,
worinn sie noch bei ihrem Erwachen ist, die
sie zu ihrer Erinnerung auffordert.

Eilf-

Eilftes Hauptstück.
Vom Hauptorgane des Fühlens.

§. 1.

Die Detaile der vorhergehenden Hauptstücke beweisen hinlänglich, daß die Hand das
Hauptorgan des Fühlens sey. Sie ist wirklich
dasjenige, so sich am besten nach allen Arten
von Flächen bequemt. Die Leichtigkeit die
Finger auszustrecken, zu verkürzen, zu beu-
gen, abzusöndern, zu verbinden, macht, daß
die Hand sehr verschiedene Formen annimmt.
Wenn dieß Organ nicht so beweglich, und
gelenkig (flexible) wäre, so würde unsre
Statue eine viel längere Zeit vonnöthen haben
die Ideen von Figuren zu erwerben: und
wie sehr würde sie in ihren Kenntnissen eingeschränkt seyn, wenn sie dessen entbehren müßte!

Wenn ihre Arme z. B. sich bei der Faust
endigten, so könnte sie entdecken, daß sie einen Körper hat, und daß es andere ausser
ihr giebt; sie würde sich, indem sie sich um-
ärmt, einige Ideen von ihrer Grösse und
Form machen, allein über die Regelmässigkeit
und Unregelmässigkeit ihrer Figuren nur unvollkommen urtheilen.

Noch eingeschränkter würde sie seyn,
wenn wir ihren Gliedern alle Gelenksamkeit
(arti-

*Die Beweg-
lichkeit, und
Biegsamkeit
der Organe
sind noth-
wendig, um
Ideen durch
das Fühlen
zu erhalten.*

(articulation) nehmen. Eingeschränkt auf
das Grundgefühl wird sie sich gleichsam in einem Punkte empfinden, wenn es einförmig ist;
und wenn es abwechselnd ist, wird sie sich bloß
als mehrere Sensarten zugleich empfinden.

Mehr mehr
Beweglich-
keit, und Ge-
lenksamkeit,
als wir ha-
ben, würde
da unnütz,
oder wohl gar
entgegen seyn

§. 2. Da die Organe des Fühlens unvollkommner, und zur Fortpflanzung der Ide-
en nach Maaß, als sie weniger beweglich,
und gelenksam sind, weniger tauglich sind,
könnte man nicht schliessen, daß die Hand noch
behülflicher seyn würde, wenn sie aus zwanzig Fingern bestünde, wovon jeder mehrere
Gelenke (articulation) hätte? Und wenn sie
in unendliche Theile getheilt wäre, die alle
gleich beweglich und gelenksam sind, würde
ein dergleichen Organ nicht eine Art von einer Uuniversalgeometrie ausmachen? a)

Es

a) Herr Büffon sagt: wenn die Hand mehrere Theile
wenn sie z. B. in zwanzig Finger getheilt wäre, jeder
dieser Finger hätte mehrere Artikulationen, und Bewegungen, so ist es kein Zweifel, das Gefühl des
Fühlens würde nach dieser Einrichtung unendlich vollkommner seyn, als es ist; weil man diese Hand viel
unmittelbarer und anpassender auf die Flächen der
Körper anwenden könnte; und wenn wir annehmen,
daß sie in unendliche Theile getheilt sey, die alle beweglich und gelenksam sind, und die man insgesammt
zu gleicher Zeit auf alle die Punkte der Fläche der
Körper anwenden könnte, so würde ein dergleichen
Organ eine Art von Universalgeometrie seyn, wenn

ich

Es ist nicht genug, daß die Theile der Hand gelenkig, und beweglich seyen, die Statue muß sie auch nach einander bemerken, und sich davon genaue Ideen machen können. Was für eine Kenntniß würde sie von Körpern durch das Fühlen erhalten, wenn sie das Organ nur unvollkommen erkennen könnte, mit welchen sie sie berührt? Und was für eine Idee würde sie sich von diesem Organe machen, wenn die Theile dessen ins Unendliche giengen? Sie würde die Hand auf eine unendliche Menge von kleinen Flächen appliciren. Allein was für ein Resultat würde sich daraus ergeben? Eine so zusammengesetzte Empfindung, daß sie dabei nichts unterscheiden könnte. Das Studium ihrer Hände wäre von einem zu weitem Umfange für sie; sie würde sich ihrer bedienen, ohne sie jemals genau zu erkennen und so würde sie nur verworrene Notionen erhalten.

Ich sage noch mehr: zwanzig Finger wären ihr vielleicht nicht einmal so bequem wie

ich mich so ausdrücken darf, durch das wir selbst in dem Augenblicke der Berührung genaue und gleich Ideen von der Figur all dieser Körper, und sogar von dem unendlich kleinen Unterschied dieser Figuren haben würden. Allgemeine Naturgeschichte 3. B. S. 359. Ausgabe in 4to.

wie fünf. Es müßte das Organ, welches
ihr die Kenntniß der zusammengesetztesten
Figuren beibringen sollte, selbst wenig zusammengesetzt seyn; ohne welches es ihr schwer
würde gewesen seyn sich einen deutlichen Begriff davon zu machen, und folglich würde dieß
die Fortschritte ihrer Kenntnisse gehindert haben: in dergleichem Falle würde sie eines einfachen Organes vonnöthen haben, welches
leichter zu erkennen gewesen, und sie im
Stande gesetzt hätte sich eine Idee vom zusammengesetztesten zu machen.

§. 3. Ich glaube demnach, sie habe in
Rücksicht dessen nichts zu verlangen. In der
That, was geht ihren Händen ab? Wenn
es Ideen giebt, die sie ihr nicht unmittelbar
verschaffen, so bringen sie sie doch auf den
Weg sie zu erhalten. Wenn man annähme,
was nicht möglich ist, sie habe eine grosse
Menge sehr feiner, und gelenkiger Finger,
und entwickle alle die Eindrücke, die sie durch
sie auf einmal erhalten würde, so würde sie
darum doch die Grössen, welche der Gegenstand der Mathematiker sind, nicht besser kennen. Nur würde sie auf den Oberflächen
der Körper Ungleichheiten bemerken, die
ihr nun entwischen, allein die ihr, sobald sie
den Gesichtssinn besitzen wird, nicht mehr entgehen werden.

Es gebricht
also in Rück-
sicht dessen
unsrer Sta-
tue an nichts.

Abe

Dritter Theil.

Wie das Fühlen die andern Sinne über
äussere Gegenstände urtheilen lehrt.

Erstes Hauptstück.

Vom Fühlen mit dem Geruch.

§. 1.

Wir wollen zum Fühlen den Geruch beifü-
gen, und indem wir unsrer Statue die
Erinnerung an die Urtheile wiedergeben, die
sie gefällt hat, als sie bloß auf den ersten
dieser Sinne eingeschränkt war, so wollen wir
sie in ein mit Blumen besäetes Parterre führen; sogleich erneuern sich alle ihre Gewohnheiten, und sie hält sich für alle die Düfte,
die sie riecht.

§. 2. Erstaunt sich wieder als das zu
finden, was sie schon seit so langer Zeit zu
seyn aufgehört hat, weiß sie die Ursache davon noch nicht zu errathen. Sie weiß nicht,
daß sie ein neues Organ empfangen hat; und
wenn sie das Fühlen unterrichtet hat, daß
es anfühlbare Gegenstände giebt, so lehrt es

*Urtheile der
Statue über
die Düfte.*

*Sie bildet
sich nicht ein,
was die Ur-
sache davon
seyn könne.*

N 2   sie

ſie noch nicht, daß keines aus ihnen das Principium des Gefühles iſt, welches wir ihm gegeben haben.

Sie urtheilt vielmehr darüber nach der
Gewohnheit, worinn ſie geweſen iſt ſie als
Seynsarten zu betrachten, die ſie ſich ſelbſt
ſchuldig iſt. Es dünkt ſie ganz natürlich,
daß ſie bald dieſer bald jener Duft ſey: Es
fällt ihr nicht bei, daß die Körper dazu beitragen können, ſie kennt an ihnen nur die
Beſchaffenheiten, welche das Fühlen dabei
allein entdecken lehrt.

§. 3. Man ſehe ſie hier auf einmal als
zwei verſchiedene Weſen: das eine, ſo ſie
nicht erreichen kann, und das ihr jeden Augenblick zu entwiſchen ſcheint; das andre, ſo
ſie berührt, und welches ſie immer wieder
finden kann.

§. 4. Da ſie von ungefähr die Hand nach
Gegenſtänden ausſtreckt, die ihr aufſtoſſen,
ſo erwiſcht ſie eine Blume, die ihr in den
Fingern bleibt. Ihr ohne Abſicht bewegter
Arm hält ſie bald näher, bald weiter vom Geſichte: ſie empfindet ſich auf eine gewiſſe Art
mehr oder weniger lebhaft.

Voll Verwunderung wiederholt ſie dieſe
Erfahrung aus Abſicht. Sie nimmt, und
legt dieſe Blume verſchiedenemale weg. Sie
be-

beſtättiget ſich darinn, daß ſie eine gewiſſe
Seynsart iſt, oder zu ſeyn aufhört, je nachdem ſie die Blume nähert, oder entfernt.
Endlich geräth ſie auf die Vermuthung, daß
ſie ihr das Gefühl ſchuldig ſey, wovon ſie
modifizirt wird.

§. 5. Sie iſt auf dieſes Gefühl höchſt aufmerkſam, ſie beobachtet mit welcher Lebhaftigkeit es zunimmt, verfolgt die Stufen, vergleicht ſie mit den verſchiedenen Punkten des
Abſtandes, worinn die Blume zu ihrem Geſichte ſich befindet; und nachdem das Organ des Geruches mehr afficirt worden, da
es durch den riechenden Körper berührt worden iſt, ſo entdeckt ſie in ihr einen neuen
Sinn.

§. 6. Sie nimmt dieſe Verſuche wieder
vor: ſie nähert die Blume dieſes neuen Organs, ſie entfernt ſie: ſie vergleicht die vorhandene Blume mit dem hervorgebrachten Gefühle, die abweſende Blume mit dem erloſche-
nen Gefühle: ſie beſtättiget ſich darinn, daß
es ihr von der Blume zukömmt, und ſchließt
folglich, daß es in dieſer ſey.

§. 7. Kraft des Wiederhohlens dieſes
Urtheiles, erlangt ſie eine ſo groſſe Fertigkeit
darinn, daß ſie es in eben dem Augenblicke
fällt, in welchem ſie riecht. Daher ver-
miſcht

mischt es sich so gut mit der Empfindung,
daß sie beide nicht unterscheiden kann. Sie
begnügt sich nicht mehr mit dem Urtheile,
daß der Duft in der Blume sey, sondern sie
riecht ihn darinn.

Die Düfte
werden Ber
schaffenhei-
ten der Kör-
per.

§. 8. Sie erwirbt sich eine Fertigkeit
von eben den Schlüssen bei Gelegenheit aller der
Gegenstände, wodurch sie Gefühle dieser Art
erhält; und die Düfte sind nicht mehr ihre
eignen Modificationen: es sind Eindrücke,
welche die riechenden Körper auf das Organ
des Geruches machen; oder besser, es sind
die Beschaffenheiten dieser Körper selbst.

Wie viel Mü-
he es sie ko-
stet, sich mit
diesen Schlüs-
sen vertraut
zu machen.

§. 9. Nicht ohne Verwunderung sieht sie
sich gezwungen Urtheile zu fällen, die von
denen so sehr abstechen, welche ihr vorher so
natürlich waren, und nur erst nach vielen
Erfahrungen hebt das Gefühl die mit dem
Geruche angenommenen Gewohnheiten auf.
Es fällt ihr eben so hart die Düfte in
die Zahl der Beschaffenheiten von Gegenstände zu setzen, als es uns schwer fällt,
sie als unsre eigenen Modificationen zu betrachten.

Sie unter-
scheidet zwei
Arten von
Körpern.

§. 10 Endlich aber wird sie nach und
nach mit dieser Art von Schlüssen vertraut,
und unterscheidet die Körper, welche sie für
diejenigen hält, denen die Düfte zukommen

von

von denen, von welchen sie glaubt, daß sie
ihnen nicht angehören. Somit führt sie der
mit dem Fühlen vereinigte Geruch auf die
Entdeckung einer neuen Klasse fühlbarer Ge
genstände.

§. 11. Da sie in der Folge den näm ^(Und mehrere Arten von riechenden Körper.)
lichen Duft in mehreren Blumen bemerkt,
so betrachtet sie ihn nicht mehr als eine par
tikular Ideez sie sieht ihn vielmehr als eine
Beschaffenheit an, die mehreren Körpern ge
mein ist. Sie unterscheidet folglich eben so
viele Klassen riechender Körper, als sie ver
schiedene Düfte entdeckt, und bildet sich eine
viel grössere Menge abgesonderter, oder all
gemeiner Notionen, als da sie nur den Ge
ruchssinn hatte.

§. 12. Neugierig diese neuen Ideen ^(Unterschei dungsvermö gen welches der Sinn des Geruches er langt.)
mehr und mehr zu studieren riecht sie bald
eine Blume nach der andern; bald aber riecht
sie mehrere mitsammen. Sie bemerkt die
Empfindung, die sie abgesondert wirken,
und die sie nach ihrer Vereinigung veran
lassen. Sie unterscheidet mehrere Düfte in
einen Blumenstrauß, und ihr Geruch erwirbt
ein Unterscheidungsvermögen, das sie ohne
den Beistand des Fühlens nicht würde gehabt
haben.

Allein

Allein dieß Unterscheidungsvermögen wird Gränzen haben, wenn ihr die Düfte von einer gewissen Entfernung zukommen, wenn sie in grosser Anzahl sind, und überhaupt wenn die Vermischung davon so ist, daß sie übereinander nicht herrschen, sie werden sich in dem Eindrucke verlieren, den sie zugleich machen, und sie wird unmöglich eine davon zu erkennen im Stande seyn. Indessen kann man muthmassen, daß ihr Unterscheidungsvermögen in diesem Betracht weiter gehen wird, als das unsrige: denn indem die Düfte für sie anzüglicher als für uns sind (da wir zwischen den Vergnügen der andern Sinne getheilt sind) so wird sie sich destomehr üben ihren Unterschied zu entwickeln.

Diese zween Sinne bringen demnach vermög der Uebung, die sie sich gegenseitig verschaffen, und indem sie vereinigt sind, Kenntnisse und Vergnügen hervor, die sie abgesondert nicht gaben.

Urtheile die sich mit den Empfindungen vermischen.

§. 13. Um unmerklich wahrzunehmen, wie sich die Urtheile von Empfindungen unterscheiden, oder darinn verlieren, wollen wir Körper parfumiren (derer wenig zusammengesetzte Figur unsrer Statue bekannt ist) und wollen ihr sie in dem ersten Augenblicke darbieten, als wir ihr den Sinn des Geruches

ches geben. Es sey z. B. ein gewisser Duft immer in einem Dreiecke, ein andrer in einem Vierecke; jeder wird sich mit der Figur verbinden, die ihm besonders eigen ist; und sodann wird die Statue weder von der einen noch andern mehr frappirt werden können, sobald als sie sich nicht ein Dreieck, oder Viereck darstellt: sie wird wähnen eine Figur in einem Duft zu riechen und einen Duft in einer Figur zu berühren.

Sie wird bemerken, daß, wenn es Figuren giebt, die keinen Duft haben, es keinen Duft gebe, der nicht beständig eine Figur mit sich bringe; und sie wird dem Geruche Ideen beilegen, die nur dem Fühlen zugehören. Um mit der Zeit alle diese Begriffe umzustürzen, dürfte man nur Körper von der nämlichen Figur mit verschiedenen Düften und Körper von verschiedener Figur mit dem nämlichen Duft parfumiren.

§. 14. Das Urtheil, welches eine drei- eckigte Figur mit einem Duft verbindet, kann sich schnell wiederhohlen, so oft als sich Gelegenheit dazu darbietet, weil es nur Ideen die wenig zusammengesetzt sind, zum Gegenstand hat. Daher ist es geschickt sich mit der Empfindung zu vermischen. Wenn aber die Figur com-

Urtheile die sich dabey nicht vermischen.

complicirt wäre, so würde dazu eine gröſſere
Anzahl von Urtheilen erfordert werden um
ſie mit dem Duft zu verbinden. Die Statue
würde ſie ſich nicht mehr ſo leicht vorſtellen;
ſie würde nicht mehr urtheilen, daß die Figur, und der Duft ihr durch den nämlichen
Sinn bekannt werden.

Wenn ſie z. B. eine Roſe durch Fühlen
unterſucht, ſo verbindet ſie den Duft mit
dem Blätterwerk, ihrem Baue, und mit allen den Beſchaffenheiten, wodurch ſie das
Fühlen von andern ihr ſchon bekannten Blumen unterſcheidet. Dadurch macht ſie ſich davon einen complexen Begriff, der eben ſo viele Urtheile vorausſetzt, als ſie Beſchaffenheiten
dabei bemerkt, die geſchickt ſind ihr ſie kennbar
zu machen. In der That wird ſie manchmal
beim erſten Eindrucke, den ſie empfinden wird,
indem ſie die Hand darnach ausſtreckt, ein
Urtheil darüber fällen. Allein ſie wird ſich
dabei ſo oft täuſchen, daß ſie bald wahrnehmen wird, daß ſie zur Vermeidung alles
Irrthums ſich die deutlichſte Idee darſtellen
muß, die ihr das Fühlen verſchaft hat, und
daß ſie zu ſich ſelbſt ſagen muß: Die Roſe
unterſcheidet ſich von der Nelke, weil ſie
ſo gebildet, ſo gewebt iſt u. ſ. w. da aber
dieſer Urtheile viele ſind, ſo kann ſie unmöglich

alle-

ålle in dem Augenblicke wiederhohlen, als sie
diese Blume riecht. Statt also die fühlbaren
Beschaffenheiten in dem Duft zu empfinden, wird sie wahrnehmen, daß sie sich ihrer
nur nach und nach erinnere und so fällt sie
nicht mehr in den Irrthum dem Geruche
Ideen beizulegen, die sie nur vom Fühlen
erhält.

Ihre Irrthümer sind sehr auffallend,
wenn sie bei Gelegenheit von Gerüchen ohne
es zu bemerken Urtheile wiederhohl't, wovon
sie eine Fertigkeit erworben hat. Sie wird be-
rer machen, die es viel weniger seyn werden,
wann wir ihr den Gesichtssinn geben.

Zweites Hauptstück.

Vom Gehöre, dem Geruche, und dem Fühlen, wenn sie vereinigt sind.

§. I.

Unsre Såtue wird wie in vorhergehenden
Hauptstück sich verwundern, sich wieder als
das zu finden, was sie gewesen ist, wenn
sie in dem Augenblicke, wo wir ihr zum
Geruche, und dem Fühlen das Gehör beifü-
gen, alle die Gewohnheiten wieder aufnimmt,
welche sie mit dem letzten dieser Sinne gehabt
hat. Hier ist sie das Gesang der Vögel,
dort

Zustand der
Statue in
dem Augen-
blicke, wo wir
ihr das Gehör
geben.

dort das Getöse eines Wasserfalles, weiter
weg das Säuseln der Bäume, eine Minute
später das Krachen des Donners, oder eines
schrecklichen Ungewitters.

Gänzlich diesen Gefühlen überlassen läßt
sie ihr Fühlen, und ihren Geruch ohne
Uebung. Es erfolge plötzlich eine tiefe Stille,
sie wird sich ausser sich versetzt dünken. Sie
ist einige Zeit ohne den Gebrauch ihrer ersten
Sinne wieder zu erlangen. Nachdem sie endlich nach und nach wieder zu sich selbst ge-
kommen, fängt sie an sich wieder mit fühlbaren, und riechenden Gegenständen zu beschäftigen.

§. 2. Sie findet, was sie nicht suchte:
denn indem sie einen tönenden Körper ergreift,
erschüttert sie ihn ohne die Absicht zu haben:
und nachdem sie ihn zufälligerweise nacheinander dem Ohr genähert und entfernet hat,
so reicht dieß zu sie zu bestimmen ihn öfters
zu nähern, oder zu entfernen. Durch die
verschiedenen Stufen des Eindruckes gelenkt
aplicirt sie ihn an das Organ des Ohres;
und nachdem sie diesen Versuch wiederhohlt
hat, so schließt sie, daß die Töne in diesem
Theile seyen, so wie sie geschlossen hat, daß
die Düfte in einem andern sind.

Sie entdeckt
in sich das Or-
gan des Ge-
hörs.

§. 3.

§. 3. Indessen beobachtet sie, daß ihr Ohr nur bei Gelegenheit dieses Körpers modifizirt wird: sie hört Töne, wenn sie ihn erschüttert, hört nichts mehr, wenn sie aufhört ihn zu erschüttern. Sie schließt demnach daß sie diese Töne von ihm erhalte. *Sie schließt, daß die Töne in den Körpern seyen.*

§. 4. Sie wiederhohlt dieses Urtheil, und bekömmt eine solche Geläufigkeit darinn, daß sie keinen Zwischenraum mehr zwischen dem Moment, wo diese Töne auf ihr Ohr wirken, und dem bemerkt, worinn sie schließt, daß sie in diesem Körper seyen. Diese Töne hören, und schließen, sie seyen ausser ihr, sind zwei Operationen, die sie nicht mehr unterscheidet. Anstatt sie demnach als Seynsarten ihrer selbst wahrzunehmen, nimmt sie solche als Seynsarten des tönenden Körpers wahr; kurz sie hört sie in diesem Körper. *Sie hört sie darinn.*

§. 5. Lassen wir sie den nämlichen Versuch über andre Töne anstellen, sie wird abermals so urtheilen, und ihre Urtheile mit der Empfindung vermischen. In der Folge wird ihr diese Empfindungsart sogar so natürlich werden, daß ihr Ohr keines Unterrichtes vom Fühlen vorher benöthiget seyn wird. Es wird sie dünken, jeder Ton komme ihr von aussen zu, selbst bei der Gelegenheit, wo sie die Körper, die ihn fortpflanzen, nicht wird berüh= *Sie macht sich eine Gewohnheit von dieser Art zu hören.*

rühren können: denn, wenn ein Urtheil aus Gewohnheit mit einer Empfindung vermischt wird, so muß es sich mit allen den Empfindungen von der nämlichen Art vermischen.

Unterscheidungsvermögen ihres Ohrs.

§. 6. Wenn mehrere Töne, welche die Statue studiert hat, zugleich wiederhallen, wird sie sie unterscheiden, nicht bloß, weil ihr Ohr im Stande ist den Unterschied derselben bis auf einen gewissen Punkt zu bemerken, sondern weil sie eine Gewohnheit erworben hat sie in Körper zu versetzen, die sie unterscheidet. So trägt also das Fühlen zur Vermehrung des Unterscheidungsvermögens des Gehöres bei. Folglich je mehr sie sich des Fühlens zur Unterscheidung der Töne bedienen wird, desto mehr wird sie ihren Unterschied lernen. Allein sie wird sie so oft vermischen, als die Körper, die sie hervorbringen, aufhören werden sich durch das Fühlen zu unterscheiden.

Das Unterscheidungsvermögen des Gehöres hat also Gränzen, weil es Fälle giebt, wo selbst das Fühlen nicht zureicht alles zu unterscheiden. Ich rede nicht von Gränzen, die zur Ursache einen Defekt der Bildung haben.

Sie urtheilt nach dem Gehöre über Entfernungen und Lagen.

§. 7. Die Gegenstände, welche die Statue mit der Hand erreichen kann, sind es, bei denen sie Versuche zu machen beginnt. Den

ge-

gemäß dünkt es sie, daß sie bei jedem Getöse,
so ihr Ohr erschüttert, nur die Hand nach
dem Körper ausstrecken darf, von welchem
es herkömmt: denn noch hat sie nicht gelernt es
für entfernt zu halten. Allein da sie sich dabei getäuscht sieht, wagt sie zuerst einen, dann
einen zweiten Schritt, und nach Maaß als
sie vorrückt, bemerkt sie die Vermehrung des
Getöses bis zu dem Punkte, wo der Körper,
der es hervorbringt, ihr so nahe ist als möglich seyn kann.

Durch diese Versuche lernt sie nach und
nach verschiedene Entfernungen dieses Körpers
beurtheilen; und nachdem ihr diese Urtheile einmal geläufig geworden, so wiederhohlten sie sich
so schnell, daß sie sich mit der Empfindung
selbst vermengen, und sie endlich die Entfernungen aus dem Gehöre erkennt. Auf eben
diese Art wird sie kennen lernen, ob ein Körper ihr zur Rechten, oder Linken sey. Kurz
sie wird die Entfernung und Lage eines Gegenstandes aus dem Gehöre abnehmen, so oft
als sowohl die eine als die andre bis nämlichen
seyn werden, wie die in dem Falle, wobei
sie Gelegenheit gehabt hat viele Versuche anzustellen. Wenn sie sogar in Ermanglung
des Fühlens kein anders Mittel hat sich davon
zu versichern, so wird sie sich dessen so oft

be-

bedienen, daß sie manchmal eben so sicher
schliessen wird, als wir selbst mit den Augen
urtheilen.

Sie läuft aber dabei Gefahr sich zu ir-
ren so oft als sie Körper hören wird, wovon
sie die Verschiedenheit der Töne noch nicht nach
der Abwechslung der Lagen und Distanzen
durchstudiert hat. Sie muß sich also gewöhnen eben so viele verschiedene Urtheile zu fällen
als es Arten tönender Körper, und Umstände
giebt, worinn sie sich hören lassen.

Irrthum zu
welchem man
sie verleiten
könnte.

§. 8. Wenn sie niemals den nämlichen
Ton gehört hätte, ausser sie hätte die nämliche Figur berührt und so gegenseitig, so
würde sie glauben die Figuren brächten die
Ideen von Tönen, und die Töne brächten
die Ideen von Figuren mit sich; und sie wür-
die Ideen unter Fühlen und Gehör nicht einzutheilen wissen, wie sie jedem Sinne angehören. Gleichfalls wenn jeder Ton beständig von einem gewissen Dufte und jeder
Duft von einem gewissen Tone begleitet worden wäre, so würde es ihr unmöglich seyn
die Ideen zu unterscheiden, die sie dem Dufte
und welche sie dem Gehöre zu verdanken hat.
Diese Irrthümer gleichen denjenigen worinn
wir sie in dem vorhergehenden Hauptstück gerathen liessen; und sie dienen zur Vorbereitung

des

deſſen, was wir bei dem Geſichte unternehmen
werden.

Drittes Hauptſtück.

Wie das Aug die Entfernungen die Lage, Figur, Gröſſe, und Bewegung der Körper ſehen lernt.

§. 1.

Die Verwunderung unſrer Statue, in dem
Moment, wo wir ihr das Geſicht wiedergeben, iſt abermals das erſte Ding, ſo wir
zu bemerken haben. Allein es iſt wahrſchein-
lich, das die Verſuche, welche ſie mit ben
Empfindungen des Geruches, des Gehöres,
und Fühlens angeſtellt hat, ſie bald auf die
Vermuthung bringen werden, dasjenige, was
ihr nun Seynsarten von ihr ſelbſt ſcheine,
könnten Beſchaffenheiten ſeyn, die ſie mittelſt
eines neuen Sinnes zu entdecken in Stand
geſetzt werde.

§. 2. Wir haben geſehen, daß, da ſie
nur das Fühlen hatte, ſie von Gröſſen, Lagen, Entfernungen mittelſt zweier Stöcken
nicht urtheilen kunnte, derer Länge und Richtung ihr unbekannt waren. Es ſind aber die
Stralen ihren Augen das, was die Stöcken

Randnoten:
Zuſtand der Statue, da ſie das Geſicht wieder bekömmt.

Warum das Aug nur durch Fühlen kann unter-richtet wer-den.

ihren Händen ſind; und man kann das Aug
als ein Organ anſehen, welches einigermaſſen
unendliche Hände hat um unendliche Stöcken
zu faſſen. Wenn es durch ſich ſelbſt die
Länge, und Richtung der Stralen zu kennen
vermöchte, könnte es wie die Hände auf ei=
ne Extremität das beziehen, was ſie an der
andern empfinden würde, und von Gröſſen,
Diſtanzen, und Lagen urtheilen. Allein weit
davon, daß ſie das Gefühl, ſo ſie erfährt,
die Länge und Richtung der Stralen lehren
ſoll, es lehrt ſie nicht einmal, ob es deren
giebt. Das Aug empfindet den Eindruck nur
wie die Hand den des erſten Stöckens, wel=
chen ſie bei einem aus beiden Enden berührt.

Wenn wir unſrer Statue auch eine voll=
kommene Kenntniß von der Optik einräumen
wollten, ſo würde ſie damit doch nicht weiter
fortkommen. Sie würde wiſſen, daß die
Stralen überhaupt gröſſere oder kleinere Win=
kel nach Maaß der Gröſſe und Entfernung
der Gegenſtände ausmachen. Allein unmög=
lich würde ſie dieſe Winkel meſſen können.
Wenn, wie es wahr iſt, die optiſchen Grund=
ſätze zur Erklärung des Sehens nicht zurei=
chend ſind, ſo ſind ſie es noch weniger uns
ſehen zu lehren.

Beinebens lehrt dieſe Wiſſenſchaft die
Art

Art nicht, wie man die Augen bewegen soll. Sie setzt bloß voraus, daß sie verschiedener Bewegungen fähig sind, und nach den Umständen Form ändern müssen.

Das Aug bedarf demnach des Beistandes des Fühlens, um sich eine Gewohnheit zu Bewegungen zu machen, die zum Sehen taugen, um sich anzugewöhnen ihre Empfindungen auf die Extremität der Stralen, oder beiläufig zu beziehen, und um dadurch Distanzen, Größen, Lagen und Figuren zu beurtheilen. Es ist hier um die sichersten und geschicktesten Versuche zu thun sie zu unterrichten.

§. 3. Zufall oder Schmerz, der durch zu lebhaftes Licht verursacht worden, mögen die Statue verleiten, daß sie mit der Hand über ihre Augen fährt; augenblicklich verschwinden die Farben; sie zieht die Hand zurück, die Farben erscheinen wieder. Sogleich hört sie auf sie für ihre Seynsarten zu nehmen. Es däucht sie, sie empfinde etwas unangreifbares auf der Oberfläche ihrer Augen, gleichwie sie an ihren Fingerspitzen die Gegenstände fühlt, die sie berührt.

Sie empfindet die Farben auf der Oberfläche ihrer Augen

Allein wie wir gesehen haben, so ist jede eine einfache Modifikation, die an sich selbst keine Idee von Ausdehnung verschafft. Eine Farbe kann also dem zufolge nur denen

Augen Ausmessungen (dimensions) darstellen, welche gelernt haben sie auf alle Theile
der Oberfläche zu beziehen. So beträchtlich
auch die sie reflektirende Oberfläche seyn mag,
so werden sie doch nur den Durchschnitt einer Linie sehen, wenn sie mehr zu sehen nicht
gelernt haben. Sie werden gar nichts sehen,
wenn sie nicht gelernt haben aussenher zu sehen; sie werden sich nur auf eine gewisse Art
modificirt fühlen. Das Fühlen macht, daß
sie die Gewohnheit annehmen eine Färbe,
hauptsächlich eine Fläche zu beurtheilen, wie
es selbst das Warme und Kalte beurtheilt.
Diese letztern Empfindungen aber bringen
keine Idee von Ausdehnung mit sich: sondern
sie dehnen sich nach allen den Dimensionen
der Körper aus, auf die wir sie beziehen.

Sie sieht,
wie sie sich ei-
ne ebene Flä-
che bilden.

§. 4. Da die Farben unsrer Statue entzogen werden, wenn sie die Hand vor die
äusserliche Fläche des Gesichtsorgans hält;
so wähnet sie, daß es eben diese Fläche sey,
worauf sie sie erscheinen und wieder verschwinden sieht: von da beginnt sie ihnen Ausdehnung beizulegen.

Wenn sich die Körper nähern, oder entfernen, so urtheilt sie doch noch nicht von
ihrer Entfernung, oder ihrer Bewegung. Sie

nimmt

nimmt bloß Farben wahr, die mehr oder weniger erscheinen, oder plötzlich verschwinden.

§. 5. Diese lichthelle Fläche ist gleich
der äusseren Oberfläche des Auges : folglich
ist sie sehr wenig ausgedehnt. Allein dieß
ist alles, so die Statue sieht; und da ihre
Augen weiter hinaus nichts wahrnehmen, so
bildet sie sich nicht ein, wie ihr etwas grösser oder kleiner vorkommen könnte. Sie unterscheidet also dabei keine Grenzen, sie sieht
sie unermeßlich.

§. 6. Alles ist verworren auf dieser Fläche. Indem die Farben die Ihre von Ausdehnung nicht mit sich bringen, so kann das
Aug dabei Grössen, Figuren, Lagen nur in
so weit unterscheiden, als sie diese auf Gegenstände anwendet, derer Grösse, Figur,
Lage sie durch irgend einen andern Weg erkannt hat. Es hat aber keine Kenntniß von
diesen Dingen, wenn es die Farben nur noch
als eine Oberfläche sieht, welche es unmittelbar berührt: das Fühlen muß es lehren
sie von sich zu entfernen, und sie auf Gegenständen zu sehen, deren Grösse, Figur und
Lage es selbst kennt.

§. 7. Entweder aus Neugierde, oder
aus Unruhe fährt die Statue fort ihre Hand
vor die Augen zu halten: sie entfernt, nähert

Diese Ober-
fläche kömmt
ihr unermeß-
lich vor.

Alles ist da-
rauf verwor-
ren abgemalt

Die Statue
hält diese
ebene Fläche
für weit von
ihr entfernt.

hert ſie; und die Fläche iſt dabei entweder hel-
ler, oder dunkler. Sogleich ſchließt ſie, daß
die Bewegung der Hand die Urſache dieſer
Veränderungen ſey; und da ſie weiß, daß
ſie ſie in einer gewiſſen Entfernung bewegt,
ſo muthmaſſet ſie, daß dieſe Fläche ihr nicht
ſo nahe ſey, als ſie geglaubt hat.

Sie ſieht die Farben auf den Körpern. §. 8. Sodann berührt ſie von ungefähr
einen Körper, den ſie vor Augen hat, und
indem ſie ihn mit der Hand verdeckt, ſo ſub-
ſtituirt ſie eine Farbe einer andern. Sie
läßt die Arme ſinken, die erſte Farbe erſcheint wieder. Es ſcheint ihr alſo, ihre
Hand mache in einer gewiſſen Entfernung,
daß dieſe zween Farben auf einander folgen.

Ein andermal fährt ſie mit der Hand
über eine Fläche hin, und da ſie eine Farbe
ſieht, die ſich über eine andre hinbewegt,
deren Theile wechſelſeitig erſcheinen, und
verſchwinden, ſo hält ſie dafür, die Farbe
auf dem Körper ſey unbeweglich, und die
Farbe auf ihrer Hand beweglich. Dieſes
Urtheil wird ihr geläufig; und ſie ſieht die
Farben ſich von ihren Augen entfernen, und
ſich auf ihre Hand und die Gegenſtände übertragen, welche ſie berührt.

§. 9. Ueber dieſe Entdeckung erſtaunt
ſucht ſie rund um ſich her, ob ſie nicht alles

be-

berühre, was sie sieht. Ihre Hand stößt auf einen Körper mit einer neuen Farbe, ihr Auge nimmt eine andre Fläche wahr, und die nämlichen Versuche führen sie zu den nämlichen Schlüssen.

Neugierig zu entdecken, ob es mit allen Empfindungen dieser Art so sey, fährt sie mit der Hand über alle die Gegenstände, welche sie umgeben; und da sie einen buntbemalten Körper berührt, so erwirbt sich ihr Auge die Fertigkeit sie auf einer Fläche zu unterscheiden, die sie für entfernt hält.

Ungezweifelt geschieht es durch eine Aufeinanderfolge sehr angenehmer Gefühle für sie, daß sie in diesem Chaos von Licht und Farben herumsieht. Angelockt durch das Vergnügen wird sie nicht müde mit dem nämlichen Versuchen wieder anzufangen, und neue zu machen. Sie gewöhnt ihre Augen nach und nach Gegenstände festzuhalten, die sie berührt; sie erlangen eine Fertigkeit in gewissen Bewegungen; und bald dringen sie wie durch eine Wolke, um in der Entfernung die Gegenstände zu sehen, die sie greift, und über die ihre Hand Licht und Farben zu verbreiten scheint.

§. 10. Indem sie wechselseitig ihre Hand von ihren Augen auf die Körper und von die- *Sie sieht die Gegenstände in der Entfer-*

sen

sen auf die Augen hält, mißt sie die Distanzen ab. Sie nähert in der Folge diese nämlichen Körper, und entfernt sie wechselweise.
Sie studirt die verschiedenen Eindrücke, die
ihr Aug jedesmal empfängt; und indem sie
gewöhnt ist diese Eindrücke mit den durch das
Fühlen bekannten Distanzen zu verbinden;
so sieht sie die Gegenstände bald näher, bald
entfernter, weil sie sieht, wo sie sie berührt.

Sie lernt ei-
ne Kugel se-
hen.
§. 11. Das erstemal als sie ihre Hand
auf eine Kugel hält, stellt der Eindruck, den
sie davon empfängt, nur einen flachen Zirkel
mit Licht und Schatten untermischt vor.
Noch sieht sie also keine Kugel; sie unterscheidet nicht einmal einen Zirkel; denn ihr
Auge hat noch nicht gelernt seine Bewegungen einzurichten um das Ganze einer Figur
zu fassen. Allein sie berührt die Kugel, und
indem sie ihr Gesicht nach der Hand über die
ganze Fläche führt, urtheilt sie, daß die
Farbe, welche sie sieht, sich ausdehne, rund,
und erhaben werde.

Sie wiederholt diesen Versuch, und fällt
wieder dieß nämliche Urtheil. Dadurch verbindet sie die Ideen von Rundung, und Con-
vexität mit dem Eindrucke, welchen auf sie
ein gewisses Gemisch von Schatten und Licht
macht. In der Folge versucht sie es über
eine

eine Kugel zu urtheilen, die sie noch nicht
berührt hat. Anfänglich findet sie sich dabei
ungezweifelt in einiger Verlegenheit, allein das
Fühlen hebt die Ungewißheit auf; und durch
die Gewohnheit, die sie sich macht zu schliessen, daß sie eine Kugel sehe, bildet sie dieses
Urtheil mit so einer Fertigkeit und Zuversicht,
und verbindet die Idee von dieser Figur mit
einer Fläche, worauf Schatten und Licht in
einem gewissen Verhältniß vertheilt sind, daß
sie endlich jedesmal nur das sieht, was sie sich
so oft gesagt hat, daß sie sehen soll.

§. 12. Sie wird ebenfalls einen Würfel
sehen lernen, wenn ihre Augen ein Studium
aus den Eindrücken machen, die sie in dem Augenblicke empfangen, als ihre Hand die Winkel, und Flächen (faces) dieser Figur empfindet, und wenn sie sich eine Fertigkeit
erwirbt bei den verschiedenen Abstuffungen
des Lichtes die nämlichen Winkel, und Flächen zu bemerken; nur erst sodann wird
sie eine Kugel von einem Würfel unterscheiden.

*Sie unter-
scheidet sie
von einem
Würfel.*

§. 13. Das Aug lernt also nur darum
eine Figur deutlich sehen, weil die Hand es
lehrt das ganze derselben zu fassen. Sie muß
sie also, indem sie es auf die verschiedenen
Theile eines Körpers richtet, anfänglich auf

*Wie hiebei
ihre Augen
durch das
Fühlen gelei-
tet werden.*

einen,

einen, dann auf zwei, nach und nach auf mehrere, und zu gleicher Zeit auf die verschiedenen Eindrücke des Lichtes aufmerksam machen. Wenn es nicht jeden Theil insbesondere studirte, würde es niemals eine Figur ganz sehen; und wenn es nicht Acht gäbe, mit welcher Verschiedenheit das Licht einwirkt, würde es nur platte Flächen sehen. Sohin lernt die Statue so viele Dinge nur darum auf einmal sehen, weil sie sie besonders bemerkt hat, und sich in einem Augenblicke aller der Urtheile erinnert, die sie nacheinander gefällt hat.

§. 14. Unsre Erfahrung kann uns überzeugen, wie nothwendig das Gedächtniß sey, wenn man das Ganze eines sehr zusammengesetzten Gegenstandes fassen will. Im ersten Augenblick, den man auf ein Gemälde thut, sieht man es nur sehr unvollkommen: allein man besieht eine Figur nach der andern, und betrachtet sogar nicht einmal eine einzige ganz. Je mehr man sie starr ansieht, je mehr schränkt sich die Aufmerksamkeit auf einen einzigen Theil ein: man nimmt z. B. nur den Mund wahr.

Daburch erlangen wir die Gewohnheit alle die Detaile eines Gemäldes schnell zu durchgehn; und wir sehen es gänzlich, weil das Gedächtniß zugleich alle die Urtheile darstellt, die wir successive gefällt haben.

Allein

Hülfe, die sie vom Gedächtnisse erhält.

Allein dieß ist in Betracht unser noch
sehr eingeschränkt. Wenn ich z. B. in einem
grossen Kreise (cercle) eintrete; so habe
ich anfänglich nur einen schwankenden Begriff von der Menge. Ich weiß nicht, daß
ich mitten von zehn oder zwölf Personen bin,
ausser nachdem ich sie gezählt habe, das
heißt, nachdem ich sie einzeln durchgegangen
mit einer Langsamkeit, welche mich auf die
Reihe meiner Urtheile aufmerksam macht.
Wenn ihrer nur drei gewesen wären, würde
ich sie nichts destoweniger durchgegangen seyn;
allein so geschwind, daß ich es nicht wahrgenommen haben würde.

Wenn unsre Augen eine Menge von
Gegenständen nur mittelst des Gedächtnisses
umfassen, so werden die Augen unsrer Statue der nämlichen Hülfe bedürftig seyn um das
Ganze von der einfachsten Figur zu fassen.
Denn da sie ungeübt sind, so ist diese Figur
für sie noch sehr zusammengesetzt.

§. 15. Die Hand ist es, welche das
Gesicht successive auf die verschiedenen Theile
einer Figur aufmerksam macht, und sie alle
in das Gedächtniß eingräbt: sie ist es, welche so zu sagen den Pinsel führt, wann die
Augen anfangen von aussen das Licht und
die

*Sie urthei-
len von den
Lagen.*

Farben zu verbreiten, die sie anfänglich in sich selbst fühlten. Sie nehmen sie dort wahr wo das Fühlen sie lehrt, daß sie seyn sollen: sie sehen hoch, was in die Höhe, nieder, was für nieder zu halten ist: kurz sie sehen die Gegenstände in der nämlichen Lage, wie das Fühlen sie vorstellt.

Die Verkehrung des Bildes macht da bei kein Hinderniß, weil es für sie eigentlich weder hohes, noch tiefes giebt, so lange sie nicht unterrichtet sind. Das Fühlen, so dieese Verhältnisse zu entdecken allein im Stande ist, kann auch nur allein sie unterrichten, wie sie darüber urtheilen sollen.

Da sie nebstbei nur von aussenher sehen, weil sie die Farben auf die Gegenstände beziehen, welche die Hand berührt, so müssen sie nothwenbiger Weise übereinkommen die nämlichen Urtheile über die Lagen zu fällen, wie das Fühlen.

Sie sehen nicht doppelt.

§. 16. Jedes firirt den Gegenstand, welchen die Hand ergreift; jedes bezieht die die Farbe auf den nämlichen Abstand, den nämlichen Ort; und wie die Verkehrung des Bildes sie nicht hindert einen Gegenstand in seiner wahren Lage zu sehen, so verhindert das nämliche Bild obschon doppelt sie nicht ihn einfach zu sehen. Die Hand zwingt sie nach dem zu urtheilen, was sie selbst empfindet.

In-

Indem sie sie verbindet, die Empfindungen
ausser sich zu versetzen, die sie an sich selbst
erfahren, so macht sie, daß ein jedes sie auf
den einzigen Gegenstand bezieht, den sie berührt und selbst an den Ort hin, wo sie ihn
berührt. Es ist demnach nicht natürlich, daß
sie ihn doppelt sehen.

§. 17. Aus eben diesem Grunde lehrt
sie sie in dem nämlichen Augenblicke von Grössen urtheilen. Sobald sie ihnen die Farben
auf dem, was sie berührt, sichtbar macht,
so unterrichtet sie sie, daß sie jede auf alle
die Theile übertragen, von welchen sie ihnen
zukommen; sie zeichnet vor ihnen eine Fläche
ab, deren Gränzen sie bemerkt.

*Sie urthei-
len von Grös-
sen.*

Sie mag also einen Gegenstand entfernen, oder nähern, so kömmt er ihnen immer
groß vor, obgleich das Bild sich vergrössert,
oder verkleinert, gleichwie er ihnen einfach
und in seiner Lage schien, obgleich das Bild
doppelt und umgekehrt war.

§. 18. Endlich läßt sie ihnen die Bewegung der Körper sehen, weil sie sie gewöhnt,
den Gegenständen zu folgen, die sie von einem Raum zum andern schreiten läßt.

*Und von der
Bewegung.*

§. 19. Bisher hat die Statue dem Gesichte nach nur die Gegenstände studirt, welche sie mit der Hand erreichen kann: denn da-

*Sie sehen
noch nicht
weiter als
die Hand
reicht.*

mit

mit muß sie nothwendigerweise anfangen. Sie hat also noch nicht gelernt weiter hinauszusehen, und sieht sich gleichsam in einem kurzen Raum eingeschlossen. Zwar hat sie durch die Uebersetzung ihres Körpers gelernt, daß der Raum viel größer seyn müsse: allein sie bildet sich nicht ein, wie er es ihren Augen scheinen kann. Vergeblich wird sie sich sagen, es giebt eine Ausdeßnung außer der, welche ich sehe: ein dergleichen Urtheil kann sie ihr nicht sichtbar machen. Sohin da sie nur so weit als ihre Hand reicht, sieht, weil sie zur nämlichen Zeit und zu wiederholten malen die Gegenstände gesehen und berührt hat, welche in diesem Raume sind, so hat sie die Urtheile des Fühlens mit den Empfindungen des Lichtes so stark verbunden, daß hören und sehen auf einmal geschieht, und daß sie sich vermischen: sie wird weiter hinaus nichts sehen, außer wenn neue Erfahrungen sie veranlassen werden mit diesen nämlichen Empfindungen die Urtheile zu vermischen, die sie über andre Gegenstände fällen wird.

Sie nimmt also einen Raum wahr, der sich beiläufig zwei Schuh um sie her ausdehnt. Ihr Aug vom Fühlen unterrichtet mißt seine Theile, bestimmt die Figur und Größe der Gegenstände, die darinn enthalten sind, stellt

sie

sie in verschiedene Entfernungen, urtheilt von ihrer Lage, von ihrer Bewegung und ihrer Ruhe.

§. 20. Was die betrifft, welche entfernter sind, so sieht sie alle auf der Extremität des Umfanges, der ihr Gesicht begrenzt. Sie nimmt sie gleichsam auf einer hellen, hohlen, und unbeweglichen Fläche wahr. Sie scheinen ihr gestaltet (figurés) zu seyn, weil die Versuche, welche sie mit denen angestellt hat, die ihre Hand erreichen kann, zu diesem Effekt hinlänglich sind. Wenn sie sich horizontalmässig bewegen, so sieht sie sie von einem Theile der Fläche zur andern übergehen: wenn sie sich von ihr entfernen oder ihr näher rücken, so sieht sie sie bloß auf eine sehr merkliche Art kleiner oder grösser werden. Allein sie urtheilt von ihrer wahren Grösse nicht; denn sie hat die Gegenstände, welche in dem kurzen für sie allein sichtbaren Raume eingeschlossen sind, bloß nach dem Gesichte kennen gelernt, weil das Gefühl sie verschiedene Ideen von Grösse mit den verschiedenen Eindrücken verbinden machte, welche auf ihre Augen wirkten. Diese Eindrücke aber ändern sich nach Verhältniß der Distanzen, weil die Bilder nach eben diesem Maaße sich vergrössern oder verkleinern. Da sie also gar keinen Versuch gemacht hat diese Eindrücke mit den Grössen

zu

Wie sich ihnen Gegenstände zeigen, die ausserhalb sind.

zu verbinden, die auf einige Schritte von ihr
sind, so kann sie von entfernten Gegenständen
nur nach den Fertigkeiten urtheilen, die sie
erworben hat. Der Eindruck, welcher durch
kleine Bilder gewirkt worden, muß dem zufolge sie ihr klein darstellen, und der durch
grosse Bilder gewirkte Eindruck muß sie ihr
groß zeigen: denn so urtheilt sie von denen,
welche das Fühlen ihren Augen erreichbar gemacht hat. Die Verbindungen, welche sie
gemacht hat nach dem Gesichte Grössen zu
beurtheilen, welche auf zwei, drei Fusse
sind, reichen nicht zu diejenigen zu beurthei-
sen, die darüber hinaus sind. Sie müssen
sie bei diesem Stoffe nothwendig irreführen.

Diese ebene Fläche, wodurch ihr Gesicht
begrenzt wird, ist genau eben das Phänomen,
wie das der Himmelsdecke, an welcher alle
die Gestirne angeheftet scheinen, und die von
allen Seiten auf denen Extremitäten des Ho-
rizontes aufzuliegen scheinen, wohin ihre Augen reichen. Sie sieht sie unbeweglich, so
lange sie es selbst ist: sie sieht sie vor ihr
weichen, oder ihr nachfolgen, wenn sie ihren Platz ändert. So geschieht es, daß es
uns scheint, der Himmel bewege sich am Horizont.

§. 21.

§. 21. Indeſſen ſtreckt ſie die Arme aus um das zu ergreifen, was ſie ſieht. In der Verwunderung, daß ſie nichts berührt, geht ſie vorwärts. Endlich ſtößt ſie auf einen Körper: ſogleich ſtimmen die Urtheile des Geſichtes mit denen des Fühlens ein. Einen Augenblick darnach zieht ſie ſich zurück: der Gegenſtand ſcheint anfänglich nicht weiter entfernt zu ſeyn. Allein indem ſie es verſucht die Hand darnach auszuſtrecken, und ihn nicht erreichen kann, geht ſie wieder zu ihm; und indem ſie zu wiederholtenmalen ſich entfernt, und nähert, gewöhnt ſie ſich nach und nach ihn entfernter, als ihre Hand reicht, zu ſehen.

Sie lernen weiter ſehen als ihre Hand reicht.

Die Bewegung, die ſie gemacht hat ſich davon zu entfernen, giebt ihr nach und nach eine Idee vom Raume, den ſie zwiſchen ſich und ihm läßt: ſie weiß, wie groß er war, als ſie ihm berührte; und wenn ſie das Fühlen gelehrt hat ihn auf zwei Schritte in einer gewiſſen Gröſſe zu ſehen, ſo lehrt ſie die Erinnerung, welche ihr von dieſer Gröſſe übrig bleibt, ſie ihm auch in einer gröſſern Entfernung beizubehalten.

Sodann kann ſie aus dem Geſichte urtheilen, ob er ſich entfernt, oder nähert, oder aber in einer andern Richtung bewegt; denn ſie ſieht davon die Bewegung in den Verän-

derungen, die in den Eindrücken vorgehen,
so auf ihre Augen geschehen. Es ist wahr,
diese Veränderungen sind die nämlichen, sie
mag sich nun zu ihm begeben, oder er sich zu
ihr fügen, sie mag vor ihm in einer gewissen Richtung vorübergehen, oder er mag
vor ihr in gegengesetzter Richtung vorbeige-
hen: allein das Gefühl, welches sie von
ihrer eignen Bewegung oder ihrer eignen
Ruhe hat, läßt es nicht zu, daß sie sich
täusche.

Sie gewöhnt sich demnach verschiedene Ideen von Distanz, Grösse, und Bewegung mit den verschiedenen Eindrücken des
Lichtes zu verbinden. Sie weiß wirklich
nicht, daß die Bilder, welche sie im Hinter-
grund des Auges abmalen, nach Maaß der
Distanzen kleiner werden. Sie weiß nicht,
einmal ob es dergleichen Bilder giebt. Allein
sie erfährt verschiedene Empfindungen, und
da sich die Urtheile, wovon sie sich nach den
Umständen eine Gewohnheit erworben hat,
mit diesen Empfindungen vermischen, so sind
es nicht mehr ihre Augen, worinn sie das
Licht, und die Farben empfindet; sie empfindet sie an der Extremität der Stralen, wie
sie die Festigkeit, Flüssigkeit, und der-
glei-

gleichen an der Spitze des Stöckens empfindet, womit sie die Körper berührt.

Je mehr sich also ihre Augen in ihren
Urtheilen nach dem Unterrichte des Fühlens
richten werden, desto tiefer wird ihnen der
der Raum zu werden scheinen. Sie nimmt
das Licht, und die Farben wahr, welche, über
die Gegenstände verbreitet, ihre Grösse, ihre Figur entwerfen, ihr Bewegung in dem Raum
abzeichnen; kurz sie sieht sie, wo sie glaubt,
daß sie seyn sollen.

§. 22. Indessen was sie auch immer für
eine Erinnerung von der Grösse eines Gegenstandes haben mag, so kann sie doch nicht
hindern, daß er sich nach Maaße seiner Entfernung von ihr, nicht vermindern soll. Man
sehe hier den Grund dieser Erscheinung.

Warum ihr
die Gegen-
stände die sich
entfernen,
sich allmählig
zu vermin-
dern schei-
nen.

Ein Gegenstand ist nur in so ferne sichtbar, als der Winkel, welcher die Ausdehnung seines Bildes auf der Markhaut bestim-
met, eine gewisse Grösse behält. Ich nehme
an, daß er wenigstens eine Minute haben
müsse; allein dieß bloß um unsre Ideen zu
fixiren; denn das Ding muß nach den Augen
sich ändern.

Bei dieser Hypothese kann man leicht
begreifen, daß ein Gegenstand, welchen man
auf eine gewisse Entfernung deutlich sieht,

P 2   sich

sich nicht entfernen könne, ohne daß die Winkel welche die feinsten Theilchen sichtbar machten, kleiner werden, und mehrere nur eine Minute ausmachen.

Bei Einigen müssen sich sogar die Seiten so zusammenziehen, daß sie auf dem Punkte stehen, sich in eine einzige Linie zu verlieren. Somit wird sich aus mehreren Winkeln einer bilden, dessen Seiten sich abermals in einander verlieren werden, wenn der Gegenstand fortfährt sich zu entfernen. Es wird demnach Theile geben, welche aufhören werden sich auf der Markhaut abzuzeichnen. Sie werden sich sammeln mit denen, die sich noch abmalen, in eins zusammenbrängen, und in einander verlieren; und die Extremitäten des Gegenstandes werden sich nähern. Man wird z. B. das Bild eines menschlichen Hauptes sehen, ohne die Züge zu unterscheiden.

Durch das Fühlen lehrt das Aug aber nur darum die Gegenstände in ihrer wahren Größe sehen, weil es gelehrt wird die Theile zu unterscheiden, und sie ausser einander wahrzunehmen. Dieses aber kann es nur in so ferne thun, als sie auf der Markhaut deutlich abgezeichnet sind. Denn die Augen könnten in ihren Empfindungen nicht etwas bemerken so nicht darinn wäre. Sie müssen also einen

Ge

Gegenstand für zusammengedrängter und kleiner halten, wenn er in einer Entfernung ist,
worinn eine Menge Züge seines Bildes sich
verlieren. Folglich mag ein Gegenstand in
was immer für einer Entfernung seyn, so
scheint er doch immerfort gleich groß, solan-
ge als die Verminderung der Winkel das
Bild nicht merklich verändert, welches sich
auf der Markhaut abmalt; und eben darum
weil diese Veränderung durch unmerkliche Grade geschieht, scheint ein Gegenstand, der
sich entfernt, nur unmerklich abzunehmen.

§. 23. Die Augen der Statue unterscheiden nicht nur die Gegenstände, welche sie
nicht mehr berühren; sie unterscheiden auch diejenigen, welche sie noch nicht berührt haben,
wenn sie von diesen nur ähnliche oder beiläufig solche Empfindungen erhalten. Denn nachdem das Fühlen einmal verschiedene Urtheile
mit verschiedenen Eindrücken des Lichtes verbunden hat, so können diese Eindrücke ohne die
Wiederholung der Urtheile, und ohne sich mit
diesen zu vermengen, nicht wiederhervorge-
bracht werden. So gewöhnt sie sich also nach
und nach ohne die Beihilfe des Fühlens zu
sehen.

Wie sie der Behülfe des Fühlens ent-behren ler-nen.

§. 24. Indessen werden doch die Erfahrungen, mittelst welcher sie die Distanz, die

Warum sie sich täuschen werden:

Grös-

Gröſſe, und Figur eines Körpers ſehen gelernt hat, nicht immer zureichen ſie auch die
Diſtanz, Gröſſe, und die Figur jedes andern
ſehen zu lernen. Sie muß eben ſo viele Beobachtungen anſtellen, als es Gegenſtände
giebt, welche das Licht verſchiedentlich reflek-
tiren; ſie muß ſogar bei jedem Gegenſtande
ihre Beobachtungen nach den verſchiedenen
Abſtufungen der Diſtanz vermehren; und dennoch wird ſie ſich mit allen dieſen Vorbeu-
gungen oft über die Gröſſen, die Entfernungen,
und Figuren täuſchen.

Demnach wird ſie nur erſt nach vielem
Studieren anfangen die Urtheile ihres Geſichtes ſicherer zu ſtellen; allein unmöglich wird
ſie allen Irrthum ſchlechterdings vermeiden
können. Oft wird ſie durch die Erfahrungen ſelbſt getäuſcht werden, denen ſie ſicher
trauen zu müſſen glauben wird. Wenn ſie
z. B. ſich angewöhnt hat die Idee der Nähe mit der Lebhaftigkeit des Lichtes, und die
Idee der Entfernung mit ſeiner Dunkelheit
zu verbinden, ſo werden ihr manchmal lichte
Körper näher als ſie ſind, und weniger lichte Körper entfernter ſcheinen als ſie ſind.

Sie werden
mit dem Füh-
len im Kon-
traſt ſtehen.

§. 25. Es kann ſich ſogar ereignen,
daß ihre Augen mit dem Fühlen in Contraſt
kommen, ſo zwar, daß ſie mit dieſem nicht

mehr

mehr die nämlichen Urtheile fällen können.
Sie werden z. B. Erhabenheit (convexité)
auf einem gemalten Relief sehen, wo die
Hand nur eine ebene Fläche wahrnehmen
wird. Ungezweifelt wird sie sich darüber verwundern, und nicht wissen, welchem von beiden Sinnen sie glauben soll ; umsonst rügt
das Fühlen den Irrthum des Gesichtes ; die
Augen, welche nun gewohnt sind, für sich
selbst zu urtheilen, ziehen ihren Lehrmeister
nicht mehr zu Rathe. Nachdem sie von diesem auf eine Art sehen gelernt haben, können sie nicht wieder verschieden sehen lernen.

Und wirklich haben sie eine Gewohnheit
angenommen, die ihnen nicht wieder kann entzogen werden, weil die Urtheile natürlich geworden, wodurch sie in einem gewissen Eindruck von Schatten und Licht Erhabenheit
(convexité) sehen lernten. Denn nachdem
sie öfters gefällt worden, so wiederhohlen sie
sich plötzlich, und vermengen sich mit der
Empfindung so oft, als der nämliche Eindruck
von Schatten und Licht Statt hat.

Wenn man die Dinge dergestalt ordne-
te, daß sich unter den Gegenständen, welche
unsre zu berühren Gelegenheit hat, eben so
viel gemalte Reliefe auf ebenen Flächen vor-
fänden, als wirklich erhabene (confexe)
Kör-

Körper da wären, so würde sie höchst verlegen seyn mittelst des Gesichtes diejenigen zu unterscheiden, die wirklich convex sind, und die es nicht sind. Sie würde sich dabei so oft getäuscht sehen, daß sie ihren Augen nicht mehr trauen; und bloß ihrem Fühlen glauben würde.

Ein Spiegel (glace) würde diese beiden Sinne ebenfalls in Widerspruch bringen. Die Statue würde nicht zweifeln, daß es hinter diesem noch einen grossen Raum gebe. Sie würde sich sehr verwundern durch einen festen Körper aufgehalten zu werden, und noch mehr, wenn sie anfangen würde die Gegenstände zu erkennen, die er darstellt. Sie bildet sich nicht ein, wie sich die Gegenstände bei dem Gesichte verdoppeln; und sie weiß nicht, ob sie sich nicht auch beim Fühlen verdoppeln könnten.

Und mit sich selbst.

§. 26. Das Gesicht wird nicht nur mit dem Fühlen, sondern sogar mit sich selbst in in Widerspruch stehen. Die Statue schließt z. B. ein Thurm sey rund, und sehr klein, wenn sie in einer gewissen Entfernung davon steht. Sie nähert sich ihm, und sieht Ecken hervorragen, sieht ihn vor ihren Augen grösser werden. Täuscht sie sich, oder wird sie getäuscht? Dieß ists, was sie nicht wissen wird, bis

sie

den Thurm wird erreichen können. Somit
kann nur allein das Fühlen, wodurch sie
sehen gelernt hat, ihr die Gelegenheiten
zeigen, bei welchen sie auf das Zeugniß ihrer
Augen rechnen darf.

§. 27. Allein wenn die Statue diese Sie schliessen
Hülfe nicht hat, so wird sie sich aller ihrer auf die Entfernung aus
erworbenen Kenntnisse bedienen. Nun wird der Grösse.
sie von der Entfernung durch die Grösse urtheilen. Scheint ihr ein Gegenstand mittelst
des Gesichtes eben so groß, wie durch das
Fühlen, so sieht sie ihn nahe; scheint er ihr
klein, so sieht sie ihn entfernt: denn sie hat
bemerkt, daß die Anscheine von Grössen sich
nach der Entfernung richten.

§. 28. Ein andermal bestimmt sie die Aus der
Distanzen nach dem Grade der Klarheit (Rei- Klarheit der
nigkeit netteté) der Figuren, die sich ihren Bilder.
Augen darbieten. Indem sie oft bemerkt hat,
daß sie die entfernten Gegenstände verworren,
jene aber deutlicher sieht, welche näher sind,
so verbindet sie die Idee der Entfernung mit
dem verworrenen Sehen einer Figur, und die
Idee der Nähe mit dem deutlichen Sehen.
Sie nimmt demnach die Gewohnheit an einen
Gegenstand in der Ferne zu sehen, wenn sie
ihn nur undeutlich sieht, und ihn nahe zu
sehen, wenn sie seine Theile besser ausnimmt.

§. 29.

Sie schließt
auf die Gröſſe
aus der Ent-
fernung.

§. 29. Wenn ſie nun aber auf die Gröſſe
aus der Entfernung ſchlieſſen, ſo wie ſie bei
andern Gelegenheiten auf die Entfernung aus
der Gröſſe ſchließt, ſo ſieht ſie das für gröſſer an, was ſie für entfernter hält. Zween
Bäume z. B. welche ihr Bilder von gleichem
Umfange und Ausdehnung darſtellen, werden
ihr nicht gleich, auch nicht in der nämlichen
Entfernung ſcheinen, wenn ſich einer ver-
worrener als der andre abmalt: ſie wird denjenigen für gröſſer und entfernter halten, wobei ſie weniger unterſcheidet. Eine Fliege
wird ihr in der Entfernung wie ein Vogel
vorkommen, wenn ſie ſchnell vorüberfliegt,
und nur ein dunkles Bild, das dem eines
entfernten Vogels gleicht, wahrnehmen läßt.

Dieſe Grundſätze weiß jedermann, und
die Mahlerei beſtättiget ſie: Ein Pferd, das
auf dem Grund den nämlichen Raum wie
ein Hamel einnimmt, wird gröſſer, und in
der Vertiefung (enfoncement) erſcheinen,
wenn es nur undeutlicher gemalt iſt.

So leiſten ſich demnach die Ideen von
Diſtanz, Gröſſe und Figur, die man anfangs durch das Fühlen erworben hat, in der
Folge Hülfe, um die Schlüſſe des Geſichtes
ſicherer zu machen.

§. 30.

§. 30. Unſre Statue, welche ſieht, daß
ſich der Raum vor ihren Augen vertiefe, hat
noch ein Mittel, um mit mehr Beſtimmtheit
die Diſtanzen und folglich die Gröſſen zu
kennen. Dieß iſt, daß ſie ihren Blick auf
die Gegenſtände richte, welche ſich zwiſchen
ihr und dem Gegenſtande befinden, den ſie
anſieht. Sie ſieht ihn entfernter, und gröſſer, wenn Felder, Waldungen, Flüſſe ſie
davon abſöndern. Denn da ſie den Umfang
der Felder, Waldungen, und der Flüſſe
kennt, ſo iſt dieß für ſie ein Maßſtab, welcher beſtimmt, wie weit ſie davon entfernt
ſey. Allein wenn ihr eine Anhöhe die zwi-
ſchenliegenden Gegenſtände verbirgt, ſo wird
ſie nur in ſoferne von ihrer Entfernung urtheilen, als ſie ſich durch irgend einen Umſtand an die Gröſſe deſſelben erinnern wird.
Ein unbewegliches Pferd z. B. kann ihr ziemlich groß und nahe vorkommen. Es bewegt
ſich: ſie erkennt es durch ſeine Bewegungen:
ſogleich ſchließt ſie, daß es die gewöhnliche
Gröſſe habe, und nimmt es in der Entfernung wahr.

Sie wähnt es anfänglich ziemlich klein,
und nahe, weil kein dazwiſchenliegender Gegenſtand ihr die Entfernung ſehen läßt, und
kein Umſtand ſie von dem, was ſeyn könne,
ur-

unterrichtet. Allein sobald sie es aus der Bewegung erkennen lernt, so sieht sie es beinahe so groß, als sie weiß, daß dieß Thier
zu seyn pflegt; und sie sieht es von ihr entfernt, weil sie schließt, die Entfernung sey
die einzige Ursache, welche es ihren Augen
so undeutlich (verworren) darstellen konnte.

§. 31. Mit diesen Hilfsmitteln unterscheidet sie durch das Aug die Distanzen sehr wohl:
allein sobald sie ihr fehlen, so vermag sie es
nicht mehr; und ihr Auge ist dort begrenzt
wo sie aufhört Mittelgegenstände zu sehen,
und wo sie nur Körper wahrnimmt, derer
Größe ihr das Fühlen nicht beigebracht hat.
Die Himmel dünken sie ein Gewölb zu bilden,
welches sich nicht über die Berge erhebt, und
sich nicht weiter über die Erde erstreckt, als
ihr Auge sieht. Man lasse sie andre Gegenstände über diese Berge, und diesen Horizont hinaussehen, dieses Gewölb wird höher
und weiter ausgedehnt scheinen. Allein es
würde minder hoch, und ausgedehnt geschienen haben, wenn man die Berge niedrer,
und den Horizont in engere Grenzen eingeschrenkt angenommen hätte. Der Wipfel eines Baumes würde ihr den Himmel zu berühren geschienen haben.

Fall, wobei sie
nicht m. hr
von Größen,
und Distan-
zen urthei-
len.

Die-

Dieses Phaenomen ist daher, wie wir gesagt haben, das nämliche, wie das, welches ihr Gesicht auf zween Fuß von ihr einschränkte: und indem sie kein Mittel hat von der Entfernung der Gestirne zu urtheilen, und ihr alle gleich entfernt scheinen, so ist dieß ein Beweis, daß, bei der Hipothese, die wir weiter oben angenommen haben, ihr alle die Gegenstände so vorkommen mußten, als könne sie sie mit der Hand reichen.

§. 32. Indessen werden ihr die Größen bekannter, sie vergleicht sie; und diese Vergleichung hat Einfluß auf die Urtheile, die sie darüber fällt. Anfänglich hält sie einen Gegenstand weder für schlechterdings klein; allein sie schließt darüber nach Verhältniß zu den Größen, welche ihr bekannter sind, und in Rücksicht ihrer den Maaßstab zu allen andern ausmachen. Sie hält z. B. alles für groß, was höher als sie, und klein, was niedriger ist. Diese Vergleichungen geschehen in der Folge so geschwind, daß sie sie gar nicht mehr bemerkt; und somit werden die Größe, und die Kleine für sie absolute Ideen. Eine Pyramide von zwanzig Schuhen, die sie an der Seite einer andern von zehen schlechterdings für groß halten wird, wird ihr schlech-

Effekte, welche sich aus verglichenen Größen erzeben.

tere

terdings Nein scheinen an der Seite einer von
vierzig Schuhen; und sie wird nicht einmal
wähnen, daß dieß die nämliche sey.

Uibrigens bedarf man zu diesen Versuchen nicht einmal, daß die Gegenstände gleichen Raum einnehmen; es ist genug, wenn
das Aug Gelegenheit hat Grösse mit Grösse
zu vergleichen. Daher werden ihr in einer
sehr weiten Ebene die nämlichen Gegenstände viel kleiner als in einem seitwärts eingeschränkten Felde vorkommen.

Diese Art die Grössen zu vergleichen ist
auch noch eine Ursache, welche beiträgt sie
in ihren Augen zu verkleinern, je nachdem
sie entfernter und hauptsächlich erhöhter sind
Denn das Aug kann einen Gegenstand nicht
verfolgen, welcher vor ihm weicht, oder sich
in die Luft verliert wenn es ihn nicht mit einem grösseren Raume nach Verhältniß, als
es ihn in weiterer Entfernung sieht, vergleicht.

§. 39. Dieses sind die Mittel, wodurch
die Statue aus dem Gesichte Raum, Distanzen, Lagen, Figuren, Grössen, und Bewegung wird beurtheilen lernen. Je mehr sie
die Augen braucht, desto bequemer wird ihr
der Gebrauch davon werden. Sie bereichern
das Gedächtniß mit den schönsten Ideen, er-
setz-

*Der vollkom-
mene Ge-
brauch des
Gesichtes
schadet der
Sagacität
der andern
Sinne.*

ſetzen die Unvollkommenheit andrer Sinne,
beurtheilen Gegenſtände, die ihnen unzugäng-
lich ſind, und verlieren ſich in einen Raum,
zu welchen nur die Einbildungskraft noch etwas beiſetzen kann. Daher verbinden ſich
auch ihre Ideen ſo ſtark mit allen andern,
daß es der Statue beinahe nicht mehr möglich iſt riechende, tönende, oder fühlbare
Gegenſtände zu denken, ohne ſie ſogleich mit
Licht und Farbe zu bekleiden. Durch die Fertigkeit, die ſie erwerben ein einzig Ganzes
zu faſſen, wohl gar mehrere dergleichen zu
überſehen, und über ihre Verhältniſſe zu urtheilen, erlangen ſie eine ſo erhabene Un-
terſcheidungskraft, daß ſie die Statue vor-
zugsweiſe zu Rathe zieht. Sie verwendet
ſich daher weniger die Lagen, und Diſtanzen
aus dem Schall zu erkennen, die Körper durch
die Nüanzen von Düften, die ſie aushauchen,
oder durch die Differenzen zu unterſcheiden,
welche ihre Hand auf den Flächen entdeken kann.
Das Gehör, der Geruch, und das Fühlen werden folglich weniger geübt. Nach und nach
werden ſie träger, hören auf in den Körpern
alle die Differenzen zu bemerken, die ſie vorher darinn unterſchieden, und verlieren von
ihrer Feinheit nach Maaß, als das Geſicht
ſich verſchärft.

Vier-

Viertes Hauptſtück.

§. 1.

Es iſt uns ſo zur Natur geworden aus dem Geſichte Gröſſen, Figuren, Diſtanzen, und Lagen zu beurtheilen, daß man vielleicht ſehr viele Mühe haben wird ſich zu überreden, daß dieß bloß eine durch die Erfahrung erhaltene Gewohnheit ſey. Alle dieſe Ideen ſcheinen ſo innig mit den Empfindungen von Farbe verbunden zu ſeyn, daß man ſich nicht einbildet daß ſie jemals ſollten abgeſondert geweſen ſeyn. Man ſehe hier nach meiner Meinung die einzige Urſache, welche das Vorurtheil erhalten kann. Allein man darf nur Suppoſitionen machen, dergleichen wir gemacht haben, um es plößlich zu vertilgen.

§. 2. Unſre Statue würde ohne Zweifel glauben, die Düfte, und Töne kämen ihr durch die Augen zu, wenn wir ihr zugleich das Geſicht, Gehör, und den Geruch geben und annehmen wollen, daß dieſe drei Sinne ſtets miteinander geübt würden; dergeſtalt, daß ſie bei jeder Farbe, welche ſie ſehen würde einen gewiſſen Duft empfände, und einen gewiſſen Ton hörte, und daß ſie, ſobald ſie

nichts

nichts mehr sehen würde, aufhörte zu empfinden, und zu hören.

Sie unterscheidet also nur darum so gut was dem Gehöre, und Geruche gehört, weil sich die Düfte, und Töne, ohne sich mit den Farben zu vermischen, fortpflanzen. Allein, da der Gesichtsinn und der des Fühlens, zur nämlichen Zeit wirken, der eine um uns die Ideen des Lichtes und der Farbe, der andere um uns die Ideen von Grösse, Figur, Distanz, und Lage zu geben, so unterscheiden wir so hart, was jedem dieser Sinne eigen sey, und legen einem einzigen das bei, was wir unter beide vertheilen sollen.

Sonach bereichert sich das Gesicht auf Kosten des Fühlens, weil er nur mit diesem oder zufolge des Unterrichtes, welchen er von diesem erhalten hat, wirkt, und seine Empfindungen sich mit den Ideen vermischen, welche er jenem schuldig ist. Das Fühlen hingegen wirkt oft allein, und erlaubt uns nicht zu denken, daß die Sensationen des Lichtes und der Farbe ihm angehören.

Allein wenn die Statue immer nur die Körper sähe, die sie berühren würde, und niemals einige berührte, als die sie sehen würde, so könnte sie unmöglich die Empfindungen des Gesichtes von denen des Fühlens unterscheiden.

Sie würde nicht einmal vermuthen, daß sie Augen habe. Es würde ihr scheinen, ihre Hände sähen und berührten zugleich.

Es sind also Gewohnheitsurtheile, welche uns verleiten dem Gesichte Ideen beizulegen, die wir bloß vom Fühlen haben.

§. 3. Es dünkt mich, man sey neugierig nach einer gemachten Entdeckung zu wissen, was die Philosophen zuerst vermutheten, und welche Reflexionen jene vorzüglich anstellten, die am Punkte standen die Wahrheit zu erhaschen.

Ich glaube, Mallebranche hat zum ersten gesagt: daß sich in unsre Empfindungen auch Urtheile einmischen. Er bemerkt dabei, daß vielen Lesern diese Meinung anstößig seyn werde. Dieß wird sie ihnen hauptsächlich seyn, wenn sie seine Erklärung davon lesen werden. Denn er weicht einem Vorurtheile aus, um sich in einem Irrthum zu verlieren. Da es ihm unbegreiflich ist, wie diese Urtheile von uns gebildet werden, so schreibt er sie Gott zu: eine sehr bequeme Art zu schließen, meistentheils die Hülfsquelle der Philosophen.

„Ich halte mich für befugt anzumerken, „sagt er, daß nicht unsre Seele die Urtheile „von Distanz, Größe u. d. g. bildet, sondern

daß

„daß dieß Gott thut mittelst der Vereinigungs-
„gesetze der Seele und des Leibes. Darum
„habe ich dergleichen Urtheile natürliche ge-
„nannt anzudeuten, daß sie in uns, ohne uns
„und wider unsre Willen bilden. Gott allein
„kann uns in einem Wink von der Grösse,
„der Figur, der Bewegung und Farben
„von Gegenständen die uns umgeben, unter-
„richten.‟

In einer Erläuterung über die Optik N. 26 und 45.
erklärt er nach der Länge nach, wie er sich
vorstelle, daß Gott statt uns diese Urtheile
bilde.

Locke war nicht im Stande dergleichen Sy-   *Locke.*
steme zu schmieden. Er sah ein, daß wir convexe Figuren nur kraft eines Urtheiles sehen,
das wir selbst bilden, und wovon wir uns
eine Gewohnheit gemacht haben. Allein der
Grund welchen er hievon angiebt, ist nicht zurei-
chend genug.

Er sagt, „da wir uns durch den Ge-   Philos. Versuch. B. 2.
H. 9. §. 8
brauch angewöhnt haben zu unterscheiden,
„was für eine Art von Bild die convexen
„Körper gewöhnlichermassen in uns hervor-
„bringen, und was für Veränderungen in der
„Reflexion des Lichtes nach der Verschieden-
„heit der fühlartigen Figur von Körpern vor-
„gehen, so setzen wir sogleich an der Stelle

„des-

„deſſen, was uns ſcheint, die Urſache vom
„Bilde ſelbſt, das wir ſehen, und dieß kraft
„eines Urtheiles, welches uns die Gewohnheit
„geläufig gemacht hat; dergeſtalt, daß wir
„uns durch die Verbindung eines Urtheiles
„mit dem Sehen, (. womit wir jenes ver-
„miſchen) die Idee einer convexen Figur
„bilden.

Kann man annehmen, daß die Menſchen
die Bilder welche convexe Körper in ihnen
hervorbringen, und die Veränderungen kennen, welche in der Reflexion des Lichtes nach
der Verſchiedenheit der fühlbaren Figuren der
Körper vorgehen.

Molineux   Molineux, indem er ein Problem vor-
legte, ſo zur Entdeckung alles deſſen, was
das Geſicht betrifft, Gelegenheit gab, ſcheint
nur einen Theil der Wahrheit gefaßt zu
haben.

Locke läßt ihn ſprechen; „ laſſet uns
„einen blindgebornen, und ſchon erwachſenen
„Menſchen annehmen , welcher mittelſt des
„Fühlens eine Kugel, und einen Würfel vom
„nämlichen Metalle, und gleicher Dicke un-
„terſcheiden gelernt hat — — Es frägt
ſich, ob er ſie auch ſehend wird unterſcheiden
können.

Die

Die Bedingniſſe, daß beide Körper vom gleichen Metall, und gleich dick ſeyn ſollen, ſind überflüſſig; und die letzte ſcheint vorauszuſetzen, das Geſicht könne ohne Beihülfe des Fühlens verſchiedene Ideen von Gröſſe verſchaffen. Dieß angenommen ſieht man nicht ein, warum Locke, und Molineux läugnen, es könne ganz allein die Figuren unterſcheiden.

Ferner hätten ſie über die Diſtanzen, Lagen, und Gröſſen wie über die Figuren raiſonniren, und ſchlieſſen ſollen, daß ein Blindgeborner, in dem Augenblicke, als er ſehend wird, nichts von allen den Dingen unterſcheiden werde: denn ſie ſind alle im Kleinen in der Perception der verſchiedenen Theile einer Kugel, und eines Würfels vorhanden. Es heißt ſich widerſprechen, daß ein Auge, welches die Lagen, Gröſſen, und Diſtanzen unterſcheiden würde, nicht die Figuren ſollte unterſcheiden können.

Der Doctor Barklai iſt der erſte, welcher gedacht hat, daß das Auge für ſich über keines von allen dieſen Dingen urtheilen würde.

Eine andere Folge, welche Locken nicht hätte entgehen ſollen, iſt, daß Augen ohne Erfahrung nur in ſich ſelbſt das Licht, und

die

Barklai.

die Farben sehen würden, und das Fühlen allein sie unterrichten könne ausserher zu sehen.

Endlich hätte Locke auch bemerken sollen, daß sich in alle unsre Empfindungen Urtheile mischen, durch was immer für Organe sie zur Seele fortgepflanzt werden. Allein er sagt gerade das Gegentheil.

§. 9.

Alles dieß beweist, daß man viele Zeit manche mislungene Versuche, und schiefe Blicke braucht, bevor man zur Wahrheit gelangt. Manchmal ist man ihr ganz nahe, und weiß sie nicht zu packen.

Fünftes Hauptstück.

Von einem Blindgebornen, welchem der Staar gestochen worden.

§. 1.

Der Blindgeborne wollte sich der Operation nicht unterwerfen.

Phil. Trans. act. N. 402 von J. 1728.

Herr Cheselden ein berühmter Wundarzt zu London hatte öfters Gelegenheit Blindgeborne zu beobachten, welchen er den Staar gestochen hatte. Da er bemerkt hat, daß ihm alle beinahe das nämliche sagten, so begnügte er sich nur von dem Rechenschaft abzulegen, welcher ihm die meisten Detaile ansagte.

Es war ein Knabe von 13 bis 14 Jahren. Er konnte sich sehr schwer zur Operation

tion entschließen, weil ihm nicht einfiel, daß
ihm etwas abgehen könnte. Er sagte zu sich
selbst, werde ich dadurch meinen Garten besser kennen? Werde ich freier darinn umher-
spaziren? Habe ich nebstbei nicht vor andern
den Vortheil bei der Nacht sicherer zu gehen?
So ließen ihn also die Compensationen, die
er in seinem Zustande fand, vermuthen, daß
es mit ihm eben so gut, wie mit uns stehe.
Und wirklich konnte er ja nach keinem Gute sich sehnen, so er nicht kannte.

Da man ihm antrug sich den Staar stechen zu lassen um seine Spaziergänge abwechselnder zu machen, so schien es ihm bequemer an dem Orte zu bleiben, das ihm vollkommen bekannt war; denn er konnte nicht
begreifen, daß er mittelst des Auges an Oertern, wo er nicht gewesen, eben so leicht sollte gehen können. Er würde daher in die
Operation nicht eingewilliget haben, hätte er
nicht gewünscht lesen, und schreiben zu lernen. Dieser einzige Beweggrund bestimmte ihn; und man fieng an ihm den Staar auf
einem Auge zu stechen.

§. 2. Man muß dabei bemerken, daß *Zustand sei-*
er nicht gar so blind war, daß er Tag und *ner Augen*
Nacht nicht hätte unterscheiden können. Er *vor der Ope-*
unterschied sogar bei grosser Helle das Wei- *ration.*

ße

se, Schwärze, und Rothe. Allein seine Empfindungen waren nachgehends so sehr von diesen unterschieden, daß er sie nicht wieder erkennen konnte.

§. 3. Da er anfieng zu sehen, so kam es ihm vor, als berührten die Gegenstände die äussere Oberfläche eines Auges. Der Grund hiervon ist begreiflich.

Bevor man ihm den Staar gestochen hatte, bemerkte er oft, daß er aufhörte das Licht zu sehen, sobald er mit der Hand seine Augen bedeckte. Er gewöhnte sich also an, das Licht ausser sich zu sehen. Allein, weil es nur ein schwacher und dunkler Schimmer war, so unterschied er die Farben nicht deutlich genug um die Körper zu entdecken, von welchen sie herkamen. Er hielt sie also nicht auf einen gewissen Abstand entfernt; es war also nicht möglich dabei Tiefen zu unterscheiden: und folglich musten sie den Anschein haben, als ob sie unmittelbar seine Augen berührten. Die Operation aber konnte keine andre Wirkung hervorbringen, als das Licht lebhafter, und deutlicher zu machen. Dieser junge Mensch muste demnach fortfahren das Licht da zu sehen, wo er es bisher wahrzunehmen sich eingebildet hat, das ist an seinem Auge.

Nach der Operation erschienen ihm die Gegenstände auf der Oberfläche des Auges.

Folg.

Folglich nahm er nur eine Oberfläche wahr, die der Größe des Organs gleichte.

§. 4. Allein er bestättigte die Wahrheit der Beobachtungen, die wir angestellt haben: Und sehr groß. denn alles was er sah, schien ihm von einer Theil 2.C. 2. §. 5. erstaunlichen Größe zu seyn. Da sein Auge noch keine Größen mit einander verglichen hat, so konnte er in derer Anbetracht noch keine relativen Ideen haben. Er muste also noch keine Gränzen von den Gegenständen anzugeben; und es mußte ihm die Oberfläche welche ihn berührte, so wie der Statue unermeßlich scheinen. So versichert man uns auch, daß er einige Zeitlang, ohne etwas ausser dem was er sah, zu begreifen gewesen sey.

§. 5. Er nahm alle Gegenstände unter- Er unterscheidet sie weder einander gemischt, und in größter Unordnung aus der Form wahr, und unterschied sie nicht, so verschie- noch aus der Größe. ben auch ihre Form, und Größe seyn mochte. Dieß dessentwegen, weil er noch kein Ganzes mittelst des Auges zu fassen gelernt hat; und die Augen die Figuren nur dann unterscheiden, wenn sie die Farben auf entfernte Gegenstände anzuwenden wissen.

Allein nach Maaß als er sich gewöhnte dem Lichte Tiefe beizulegen, und so zu sagen, einen Raum vor seinen Augen zu verschaffen,

ver-

verſetzt er jedem Gegenſtand auf verſchiedene
Diſtanzen, wies jedem den Platz an, den
er einnehmen ſollte, und fieng an aus dem
Geſichte ihre Form, und relative Gröſſe zu
beurtheilen.

Er kan ſich nicht vorſtellen, wie nach dem Auge eines kleiner als das andere ſeyn könne.

§. 6. So lange er ſich noch nicht mit
dieſen Ideen familiariſirt hat, verglich er ſie
nur ſchwer, und war weit entfernt ſich einzubilden, wie die Augen von den Verhältniſſen
der Gröſſe urtheilen könnten. Daher ſagte
er, da er ſein Zimmer noch nicht verlaſſen
hatte, daß er nicht begreifen könne, wie ihm
dieß kleiner als das Haus, von dem er wußte daß es gröſſer wäre, dem Geſichte nach
ſcheinen könne. Wirklich hatte ſein Auge bisher dieſe Art von Vergleichungen nicht angeſtellt. Und eben darum ſchien ihm ein Daumen, welchen man ihm vor das Aug hielt
eben ſo groß, als das Haus.

Er lernt nur kraft des Studirens ſehen.

§. 7. So neue Empfindungen, und in
welchen er jeden Augenblick Entdeckungen
machte, muſten ihn nothwendig neugierig
machen alles zu ſehen, und nach dem Auge
zu ſtudiren. Sohin beobachtete er die Gegenſtände, die man ihm zeigte, und er aus dem
Fühlen erkannte, ſehr ſorgfältig, um ſie ein
andersmal mittelſt des Geſichtes wiederzukennen. Er war darauf um ſo aufmerkſamer,

als

als er sie anfangs weder aus ihrer Form
noch aus ihrer Gröſſe erkannte; allein er hatte ſo viele Dinge zu behalten, daß er die
Art vergaß einige Gegenſtände zu ſehen,
nach Maaß als er andere ſehen lernte. Ich
lerne, ſagte er, tauſend Dinge im Tage durch,
und vergeſſe eben ſoviele.

§. 8. Bei dieſer Lage muſten ihm die
Gegenſtände, welche mehr Licht reflectiren,
und derer Ganzes ſich leichter faſſen ließ,
beſſer als andre gefallen. Dergleichen ſind
die polirten, und regelmäſſigen Körper. Und
daher verſichert man uns auch, daß ſie ihm
die angenehmſten ſchienen; allein er wuſte hievon keinen Grund anzugeben. Sie gefielen
ihm ſchon damals mehr, als er noch nicht zu
ſagen wuſte, wie ſie ausſehen. a)

§. 9.

a) Ich halte mich für verpflichtet zu erinnern, daß dieß
nicht genau der Bericht des H. Cheſelden iſt. Denn zur
nämlichen Zeit als er ſagt, daß dieſer junge Menſch die
Gegenſtände, ſo verſchieden auch ihre Form, und Gröſſe war, nicht unterſcheiden konnte, verſichert er, daß
er die regelmäſſigen angenehmer fand. Dieß nun dünkt
mich geradezu ein Widerſpruch; und Cheſelden hat ſich
nicht ſorgfältig erklärt. Es war natürlich, daß dieſer
junge Menſch im erſten Augenblick als er ſah, nicht ſogleich Form, und Gröſſe unterſcheiden konnte; allein es
würde ihm nicht möglich geweſen ſeyn mehr Vergnügen
an regelmäſſigen Gegenſtänden zu finden, wenn ſein

Seine Ver-
wunderung,
als er ein ge-
maltes Relief
ansichtig
wurde.

§. 9. Da das Relief der Gegenstände in der Malerei nicht so sichtbar, als in der Wirklichkeit ist, so sah dieser junge Mensch einige Zeit durch die Gemälde als verschieden colorirte Flächen an: nur erst nach zween Monaten schienen sie ihm feste Körper vorzustellen; und diese Entdeckung schien er plötzlich zu machen. Uber dieß Phänomen verwundert besah er sie, berührte sie, und fragte; welcher Sinn täuscht mich? Ist es das Gesicht, oder das Fühlen?

Uber den An-
blick eines
Portrait in
Miniatur.

§. 10 Ein Wunder für ihm war das Portrait seines Vaters. Dieß schien ihm eben so ausserordentlich, als wenn man seinen Eimer in einen Maaßkrug steckte, dieß war sein Ausdruck. Die Ursache seiner Verwunderung war die Gewohnheit, welche sein Aug angenommen hatte die Form mit der Größe eines Gegenstandes zu verbinden. Noch hatte er sich an das Urtheil nicht gewöhnt, daß diese beiden Dinge abgesondert seyn können.

§. 11.

Gesicht immer so verworren geblieben wäre. Er könnte sie also nur dann für angenehmer halten, als er anfieng Formen und Größen zu unterscheiden. Es fiel ihm unbezweifelt schwer seinen Beobachtern die Differenzen zu erklären, welche er sodann bemerkte: und darum urtheilet man vielleicht, daß er sie bis auf diesen Augenblick nicht bemerkt habe.

§. 11. Wir haben einen Hang zur Vorliebe (prevention) vermög welcher wir gar
zu gerne in einem Gegenstande, der uns einerseits gefällt, alles gut finden wollen. Somit war auch dieser junge Mensch sehr erstaunt, als er sah, daß die Personen, welche ihm die liebsten waren, nicht ebenfalls die
schönsten, und die Speisen, welche ihm am
meisten schmeckten, nicht die angenehmsten
fürs Auge waren.

Vorliebe wo-
rinn er war.

§. 12. Je mehr er sein Gesicht übte,
desto mehr freute er sich darüber, daß er ein-
gestimmt sich den Staar stechen zu lassen: und
er sagte: jeder Gegenstand sey für ihn eine
neue Wollust. Hauptsächlich schien er bezau-
bert zu seyn, als man ihn nach Epsom führ-
te, wo die schönste, und größte Aussicht ist.
Er nannte dieß Schauspiel eine neue Art zu
sehen. Er hatte nicht unrecht; denn es giebt
in der That so viele Arten zu sehen als sich
verschiedene Urtheile in das Gesicht einmen-
gen; und wie viele dergleichen müssen sich
einstreuen bei dem Anblick einer weiten, und
abwechselnden Gegend! Er empfand es besser
als wir, weil er sie leichter machte.

Es gab für
ihm mehrere
Schauen.

§. 13. Man merkte an, daß ihm das
Schwarze unangenehm war, und daß er sogar erschrack, als er zum erstenmal einen Me-

ger

Das Schwar-
ze war ihm
unangenehm.

ger sah.- Vielleicht geschah dieß, weil ihn
diese Farbe auf seinen ersten Zustand erinnerte.

Wie er sah
als man ihm
am andern
Aug operirte.

§. 14. Endlich nach mehr als einem Jahre
operirte man ihn eben so glücklich auch am andern Auge. Er sah mit diesem Auge alles
im Grossen, aber doch kleiner, als mit dem
ersten. Ich glaube den Grund hievon entwickeln zu können. Dieser junge Mensch war
eingenommen von dem, daß er mit diesem
Auge eben so sehen müßte, wie mit dem ersten, er vermischte demnach mit den Empfindungen, die er durch dieses empfieng, die Urtheile, wovon er sich eine Gewohnheit mittelst des Auges gemacht, womit man die
Operation angefangen hatte. Allein da er
beim ersten Anblicke nicht die nämliche Precision hineinbringen konnte, so sah er mit diesem Auge die Gegenstände noch zu groß. Die
nämliche Prevention konnte ihn auch verleiten die Gegenstände weniger verworren zu sehen, als es mit dem ersten Auge geschah.
Allein man erwähnte nichts davon.

Da er anfieng einen Gegenstand mit beiden Augen zu sehen, wähnte er ihn noch einmal so groß zu sehen. Dieß darum, weil
es viel natürlicher war, daß das Aug, womit er im Kleinen sah, zu den Grössen, die
er wahrnahm, etwas zusetzte, als daß das

Aug

Aug, womit er im Grossen sah, etwas davon wegnahm.

Allein seine Augen sahen nicht doppelt, weil das Fühlen (welches das Aug, so sich dem Lichte öfnete, die Gegenstände unterscheiden lehrte) sie diese da sehen ließ, wo sie das andre Aug sah.

§. 15. Schließlich bemerkt Cheselden, Schwierig-keit, die er fand seine Augen zu rich-ten. daß die Blindgebornen, denen er den Staar gestochen, immer sehr verlegen waren, wenn sie ihre Augen auf die Gegenstände richten sollten, die sie sehen wollten. Dieß mußte seyn: denn da sie bisher sie zu bewegen nicht nöthig hatten, so konnten sie sich auch keine Fertigkeit erwerben sie zu dirigiren.

Es ist nicht wohl möglich, daß man bei Beobachtungen nicht etwas vermischen soll, welche man zum erstenmal über Erscheinungen anstellt, wobei es tausenderlei Detaile giebt, die sehr schwer zusammenzufassen sind In deßen dienen sie doch wenigstens dazu Winke zu geben, um ein andersmal mit besserem Erfolge zu beobachten. Ich werde im folgenden Hauptstücke meine Meinungen wagen.

Sech-

Sechstes Hauptstück.

Wie man einen Blindgebornen beobach-
ten könnte, dem man den Staar
stechen wollte.

§. 1.

**Welche Vor-
sicht man da-
bei zu nehmen
habe.** Eine Vorsicht, die man nehmen müßte, bevor
man ihm den Staar stäche, wäre, daß man
ihn veranlaßte über alle Ideen nachzudenken,
die er durch das Fühlen erhalten hat ; dergestalt, daß er darüber Rechenschaft geben,
und versichern könnte, ob sie ihm das Gesicht
darstelle ; auch müste er von sich selbst sagen, was er sieht, so daß man ihn beinahe
gar nicht darüber befragen dürfte.

**Welche Beo-
bachtungen
zu machen.** §. 2. Nach gestochenem Staar wäre es
nothwendig ihm den Gebrauch seiner Hände
zu untersagen, bis daß man diejenigen Ideen
erkannt hätte, bei welchen das Fühlen un-
nüß ist. Man müste beobachten, ob ihm das
Licht, welches er wahrnimmt, sehr ausgedehnt vorkomme ; ob es ihm möglich die
Grenzen davon anzugeben ; ob es so verworren, daß er dabei nicht mehrere Modificationen unterscheiden kann.

Nachdem man ihm zwo Farben abgesondert gezeigt hat, müsse man sie ihm mitei-
an-

ander zeigen, und fragen, ob er etwas von
dem wieder kenne, so er gesehen hat. Bald
müßte man ihm mehrere nacheinander vor Augen halten, bald sie zusammen darstellen, und
untersuchen, wie viel er derer auf einmal unterscheiden kann; hauptsächlich müßte man darauf sehen, ob er die Größen, Figuren, Lagen, Distanzen, und die Bewegung unter-
scheide? Allein man müßte ihn sehr geschickt
fragen, und alle Suggestivfragen vermeiden.
Ihn fragen, ob er ein Dreieck, oder Viereck
sehe, hieß ihm sagen, wie er sehen soll, und
seine Augen unterrichten.

§. 3. Eines der sichersten Mittel Erfah- *Was für Mit-*
rungen anzustellen, die alle Zweifel zerstreuen, *tel anzuwen-*
wäre, wenn man den Blinden, welchem man *den.*
den Staar gestochen, in ein gläsernes Kämmerchen (loge de glace) einsperrte. Denn
entweder wird er die Gegenstände, welche
aussenher sind, sehen, und von ihrer Form,
und Größe urtheilen, oder er wird nur den
Raum wahrnehmen (der durch die Seiten
seines Kämmerchens eingeschrenkt ist) und
alle diese Gegenstände für verschiedentlich gefärbte Flächen halten, die sich auszudehnen
scheinen werden nach Maaß, als er seine
Hand darnach ausstrecken wird.

Im ersten Falle wird es ein Beweis seyn, daß das Aug ohne irgend eine Beyhülfe des Fühlens urtheilet; im zweiten, daß es nur mittelst dessen urtheilt.

Wenn, wie ich dafür halte, dieser Mensch nicht ausser seinem Kämmerchen sieht, so folgt daraus, daß der Raum, den er durch das Aug entdeckt, weniger beträchtlich seyn wird nach Maaß, als sein Kämmerchen minder groß ist: er wird einen, einen halben Schuh, oder noch weniger ausmachen. Dadurch wird man überzeugt werden, daß er die Farben ausser seinen Augen nicht würde haben können, wenn ihn nicht das Fühlen unterrichtet hätte sie an den Seiten seines Kämmerchens zu sehen.

Siebentes Hauptstück.

Von der Idee, welche das Gesicht, vereinigt mit dem Fühlen, von der Dauer verschafft;

§. 1.

Verwunde-
rung der Sta-
tue, da sie zum
erstenmal den
Übergang
vom Tage zur
Nacht und
von dieser
zum Tage be-
merkt.

Wann die Statue das Licht zu genießen anfängt, weiß sie noch nicht, daß die Sonne der Grund hievon ist. Um davon zu urtheilen muß sie die Beobachtung gemacht haben, daß es fast eben so geschwind Tag zu seyn aufhör-

hört, als dieß Gestirn verschwunden ist. Diese Begebenheit überrascht sie gewiß sehr, wenn
sie sich das erstemal eräugnet. Sie wähne,
die Sonne sey für immer verschwunden. Von
dicken Finsternissen umgeben besorgt sie den
Verlust aller Gegenstände, welche die Sonne
beleuchtet hat: kaum wagt sie es, sich von
der Stelle zu regen; es dünkt sie, die Erde
schwinde unter ihren Schritten. Allein in
eben dem Augenblicke, als sie sie durch das
Fühlen wiederzuerkennen bemüht ist, heitert
sich der Himmel auf, der Mond scheint, eine
Menge Sterne flimmern am Firmament.
Durch dieß Schauspiel in Erstaunen gesetzt,
weiß sie nicht, ob sie ihren Augen trauen soll.

Bald darauf ladet das feierliche Schwei-
gen der ganzen Natur sie zur Ruhe ein: eine
wollüstige Stille setzt ihre Sinne ausser Thätigkeit: ihre Augen werden schwer: ihre Ideen
fliehen, verschwinden, sie schläft ein.

Wie sehr erstaunt sie bey ihrem Erwachen, da sie das Gestirn wiederfindet, welches sie für immer verloschen hielt? Sie zweifelt, ob es verschwunden, und weiß nicht,
was sie von dem darauffolgenden Schauspiele denken soll?

H. L. Indessen sind diese Revolutionen
doch zu häufig, als daß sie noch länger dar-

Bald kom-
men ihr diese
Revolutionen
natürlich vor

R 2   über

über zweifeln soll. Sie schließt, daß die Sonne erscheinen und wieder verschwinden werde,
weil sie ihre öftere Erscheinung und aberma-
liges Verschwinden bemerkt hat; und sie schließt
darüber desto zuversichtlicher, weil sie durch
den beständigen Erfolg darinn gestärkt worden ist. Die Aufeinanderfolge von Tag und
Nacht werden dann in Rücksicht ihrer etwas
ganz Natürliches. Sohin haben ihre Ideen
von Möglichkeit bei der Unwissenheit, worin
sie ist, bloß nur Gewohnheitsurtheile zum
Grunde. Dieß haben wir schon beobachtet,
und es muß nothwendig zu vielen Fehlern
verleiten. Etwas so z. B. heut unmöglich ist,
weil der Zusammenfluß von Ursachen, die es
einzig hervorbringen können, nicht Statt hat,
wird ihr möglich scheinen, weil es sich gestern
zugetragen hat.

§. 3. Die Revolutionen der Sonne machen sie immer aufmerksamer. Sie beobachtet ihren Auf- und Untergang; betrachtet ihren Lauf; und schließt aus ihrer Ideenfolge,
daß es einen Zwischenraum zwischen dem Auf-
und Untergang, und einen andern zwischen
dem Unter- und Aufgang dieses Gestirnes gebe.

So also wird der Lauf der Sonne ihr
Zeitmaß, und bezeichnet die Dauer jedes Zustandes, den sie durchgegangen ist. Vorher

konnte

*Der Son-
nenlauf wird
der Maßstab
ihrer Dauer.*

konnte zwar die nämliche Idee, die nämliche
Empfindung, welche sich nicht veränderte,
bestehen, es war aber für sie nur ein untheil-
barer Augenblick; und so ungleich auch die
Augenblicke ihrer Dauer gewesen, so waren
sie doch in Rücksicht ihrer alle gleich: sie
machten eine Folge aus, wobei sie weder
Langsamkeit noch Geschwindigkeit bemerken
konnte. Itzt aber, da sie wirklich ihre eigne
Dauer durch den Raum abmißt, welchen die
Sonne durchgeloffen ist, scheint sie ihr langsamer, oder geschwinder: Nachdem sie also
auf diese Weise Sonnenrevolutionen durch ihre Dauer beurtheilt hat, so schließt sie auf
ihre Dauer durch die Sonnenrevolutionen;
und dieß Urtheil wird ihr so natürlich, daß
sie nicht einmal mehr vermuthet, daß sie die
Dauer durch ihre Ideenfolge erkannt hat.

§. 4. Je mehr sie auf die verschiedenen
Revolutionen der Sonne, die Begebenheiten
(evenements, Ereugnisse) derer sie sich erinnert, und diejenigen, die sie vorzusehen gewohnt ist, zurückführen wird, desto mehr
wird sie ihre ganze Folge übersehen. Sie
wird daher das Vergangene, und das Zukünftige besser einsehen.

Sie erlangt dadurch eine deutlichere Idee von der Dauer.

Und in der That, man nehme uns alles
Zeitmaaß, so daß wir weder eine Idee vom

Jahre,

Jahre , Monate , Tage , noch von der
Stunde haben, wir wollen sogar die Namen
davon vergessen; und alsdann bloß auf unsre Ideenfolge eingeschränkt seyn; in diesem
Falle wird sich die Dauer uns nur sehr undeutlich zeigen. Aus welchem sich also ergiebt,
daß wir diesen Maaßstäben unsre deutlichsten
Ideen zu verdanken haben.

Beim Geschichtsstudium z. B. zeigt uns
die Folge von Begebenheiten die Zeit nur dunkel an; die Eintheilung der Dauer in Jahrhunderte, Jahre, und Monate, giebt uns
eine deutlichere Idee; die Verbindung endlich
einer jeden Begebenheit mit ihrem Jahrhun-
dert, Jahre, und Monate setzt uns in Stand
sie nach der Ordnung zu durchgehen. Dieser Kunstgriff besteht hauptsächlich darinn,
daß man sich geschickte Epochen macht; man
begreift wohl, daß sich unsere Statue welche
machen kann.

Uibrigens ist es nicht nöthig, daß die
Revolutionen die zum Maaßstab dienen sollen,
von gleicher Dauer sind, die Statue darf
dieß nur voraussetzen. Wir selbst schliessen
nicht anders davon.

§. 5. Drei Dinge also fliessen bei den
Urtheilen, die wir fällen, zusammen: erstens,
unsere Ideenfolge; zweitens die Kenntniß

der

der Sonnenrevolutionen; und drittens end=
lich die Verbindung der Begebenheiten mit
diesen Revolutionen.

§. 6. Daher scheinen dem gemeinen
Manne Tage so lang, und Jahre so kurz,
und einigen Wenigen Tage kurz, und Jah=
re lang zu seyn.

*Warum Tä=
ge lang, und
Jahre kurz,
und Jahre
lang, undTä=
ge kurz schei=
nen.*

Die Statue, befinde sich einige Zeit in
einem Zustande, dessen Einförmigkeit Lange=
weile macht, sie wird genau die Zeit bemer=
ken, in welcher die Sonne über dem Hori=
zont verweilt, und jeder Tag wird ihr uner=
träglich lang scheinen. Durchgeht sie solcher=
gestalt ein Jahr, so sieht sie, daß alle ihre
Tage einander gleichen, und da ihr Gedächt=
niß die Folge nicht durch eine Menge von
Begebenheiten auszeichnet, so scheinen sie ihr
erstaunlich geschwind verflossen zu seyn.

Wenn hingegen ihre Tage in einem ihr
angenehmen Zustande verflossen, und jeder
aus ihnen die Epoche einer sonderbaren Be=
gebenheit seyn könnte, so würde sie die Zeit
kaum bemerken, worinn die Sonne über den
Horizont verweilt, und die Tage würden ihr
ungemein kurz vorkommen. Hingegen würde
ihr ein Jahr lang scheinen, weil sie sich des=
sen, als einer Reihe von einer Menge Tage
erinnern würde, von denen jeglicher durch

eine

eine Reihe von Begebenheiten ausgezeichnet
war.

Man sehe hier die Ursache, warum sich
die Müßiggänger über die langen Tage, und
die kurzen Jahre beklagen. Und warum dem
Geschäftsmanne im Gegentheil die Tage kurz,
und die Jahre lang scheinen: die Tage kurz,
weil man bei der Beschäftigung auf die Zeit
nicht aufmerksam ist, wovon die Sonnenrevolutionen der Maaßstab sind; die Jahre
lang; weil man sich ihrer mittelst einer Reihe von Dingen erinnert, die eine beträcht-
liche Dauer voraussetzt.

Achtes Hauptstück.

Wie das mit dem Fühlen vereinigte Gesicht einiges Kenntniß von der Dauer,
und dem Schlafe giebt, und den
Zustand des Träumens vom Wachen
unterscheiden lehrt.

§. 1.

Wie das Ge-
sicht die Dau-
er des Schla-
fes zu erken-
nen giebt.
Wenn unsre Statue mit dem Aufgange
der Sonne eingeschlafen und bei ihrem Untergange erwacht, so wird sie schließen: daß
ihr Schlaf eine gewisse Dauer gehabt habe;

und

und wenn sie sich keines Traumes erinnert, wird sie wähnen, das sie ohne zu denken gedauert habe. Allein dieß könnte leicht ein Irrthum seyn: denn vielleicht war der Schlaf nicht tief genug um die Fähigkeiten der Seele ganz ausser Thätigkeit zu setzen.

§. 2. Wenn sie sich hingegen auf Träume erinnert, so hat sie ein Mittel mehr sich von der Dauer ihres Schlafes zu versichern. Aber woraus wird sie die Täuschung der Träume erkennen? Aus der auffallenden Art wodurch sie mit den Kenntnissen abstechen, die sie vor dem Einschlaffen hatte, und in denen sie sich bei ihrem Erwachen bestättiget.

Und die Täuschung der Träumme kennbar macht.

Gesetzt, z. B. sie habe während dem Schlafe ausserordentliche Dinge zu sehen geglaubt, und es dünkte sie in dem Augenblicke, bevor sie erwacht, sie sey an einem Orte, wo sie noch nicht gewesen ist. Sie wird sich ungezweifelt sehr verwundern, wenn sie sich bei ihrem Erwachen nicht daselbst findet; wenn sie die Stätte erkennt, wo sie eingeschlaffen; wenn sie die Augen eröfnet, als wären sie dem Lichte lange Zeit verschlossen gewesen, und wenn sie endlich den Gebrauch ihrer Glieder erhält, als stünde sie aus einer vollkommen Ruhe auf. Sie weiß noch nicht, ob sie sich getäuscht hat, oder wirklich täuscht.

Es

Es scheint, sie habe gleich viel Grund zu
wähnen, daß sie den Platz verändert, als
daß sie ihn nicht verändert habe. Allein
nachdem sie endlich öfters Träume gehabt
hat, so bemerkt sie dabei eine Unordnung, wobei ihre Ideen sowohl mit denen des darauffolgenden Zustandes des Wachens, als mit
denen ihres vorhergehenden Zustandes im Wi-
derspruche stehen; und schließt also, daß sie
nur Täuschungen sind. Denn indem sie gewöhnt ist ihre Empfindungen außer sich zu
versetzen, so findet sie darinn keine Wirklichkeit außer nur in so ferne, als sie Gegenstände entdeckt, auf die sie sie nochmals zurückführen kann.

Neuntes Hauptstück.

Von der Kette der Kenntnisse, der Abstraktionen, und Begierden, nachdem das Gesicht mit dem Fühlen,
Gehöre und Geruch verbunden ist.

§. 1.

Grundidee, womit sich die Gesichts- empfindun- gen verbin- den. Wir haben bewiesen, daß es Urtheile sind,
wodurch die Empfindung des Lichtes und der
Farbe mit den Ideen des Raumes, der Grös-

se

se, und Figur verbunden werden. Anfänglich entstehen diese Urtheile nur bei Gelegenheit von Körpern, die zugleich auf das Gesicht, und das Fühlen wirken; in der Folge
werden sie der Statue so geläufig, daß sie sie
auch sogar damals wiederholt, wenn der
Gegenstand nur auf das Aug allein einwirkt,
und sich die nämlichen Iden bildet, als ob
das Gesicht, und das Fühlen noch miteinander fortwirkten.

Dadurch werden das Licht, und die Farben Beschaffenheiten der Gegenstände, und
verbinden sich mit dem Begriffe der Ausdehnung, der Grundlage aller der Iden, woraus das Gedächtniß besteht.

Die Kette der Erkenntniße wird demnach dadurch erweiterter, die Kombinationen
werden abwechselnder, und die unterbrochenen
Iden veranlassen im Schlafe tausenderlei
verschiedene Associationen. Die Statue wird,
obschon im Finstern, die Gegenstände eben
so beleuchtet, und mit den nämlichen Farben bemalt sehen wie am hellen Tage.

§. 2. Sie wird einen allgemeineren Begriff von dem haben, was wir Empfindung
(Sensation) nennen. Denn indem sie weiß,
daß sie das Licht und die Farben durch ein
besonderes Werkzeug erhält, so wird sie sie

Seit der Ver-
einigung des
Gesichtes mit
dem Fühlen
ist die Idee
der Empfin-
dung allge-
meiner.

U 1

unter diesem Verhältniß betrachten, und vier
Arten von Empfindungen unterscheiden.

Jede Farbe wird eine abstrakte Idee. §. 3. Da sie nur bloß das Gesicht hatte,
ware eine Farbe nur eine besondere Modifi-
kation ihrer Seele. Nun wird jede Farbe eine abstrakte, und allgemeine Idee; denn sie
beobachtet sie auf mehreren Körpern. Dadurch
erhält sie ein Mittel mehr, die Gegenstände
in verschiedene Klassen einzutheilen.

Das Gesicht wird wirksam (activ.) §. 4. Da das Gesicht der einzige Sinn
unserer Statue war, so war es beinahe,
leidend, seit dem es aber mit dem Fühlen
vereinigt ist, wird es wirksamer. Denn es
hat die Kraft anwenden gelernt, die ihm gegeben worden, die Gegenstände zu fixiren.
Es wartet nun nicht mehr auf die Einwirkung sondern kömmt dieser zuvor.

Es wird sichtbarer der Sitz der Begierde. §. 5. Indem das Gesicht wirksamer wird
so wird es sichtbarer der Sitz der Begierde.
Wir haben gesehen, daß die Begierde die
Wirksamkeit von Fähigkeiten ist, die durch
die Unruhe, welche aus der Beraubung des
Vergnügens entsteht, rege gemacht worden
sind.

Die Einbildung strengt sich nicht mehr so an die Farben vorzustellen. §. 6 Somit wird auch die Einbildung
aufhören, die Farben mit der nämlichen Leb-
haftigkeit vorzustellen, denn je leichter man
sich die Empfindungen selbst verschaffen kann,

desto

desto weniger giebt man sich mit der Einbildung derselben ab.

§. 7. Da die Statue endlich durch das Gesicht, so wie durch die andren drei Sinne der Aufmerksamkeit fähig wird, so kann sie sich der Töne, und Gerüche entheben, und sich einzig auf die Betrachtung eines gefärbten Gegenstandes verwenden. So haben also die Sinne eben die Herrschaft über einander, welche die Einbildung über alle hat.

Herrschaft der Sinne über einander.

Zehntes Hauptstück.

Von dem mit den Fühlen vereinigten Geschmacke.

§. 1.

Der Sinn des Geschmackes unterrichtet sich so geschwind, das man kaum wahrnimmt, daß er eines Unterrichtes bedarf. Dieß mußte aber auch seyn, weil er vom ersten Augenblicke unsrer Geburt an zu unsrer Erhaltung nothwendig ist.

Dieser Sinn bedarf beinahe keines Unterrichtes.

§. 2. Wenn die Statue zum erstenmal den Hunger empfindet, so kann dieser noch keinen bestimmten Gegenstand haben: weil sie die eigentlichen Mittel ihn zu stillen noch gar nicht kennt. Sie verlangt daher kein

Der Hunger, welchen die Statue zum erstenmal empfindet, hat keinen bestimmten Gegenstand.

bes

beſtimmtes Nahrungsmittel, ſondern nur einen Zuſtand zu verlaſſen, der ihr unangenehm iſt. In dieſer Abſicht überläßt ſie ſich allen ihr bekannten Empfindungen.

Dieß iſt das einzige Mittel davon ſie Gebrauch machen kann, und welches ſie einigermaſſen in ihrem Schmerz zerſtreut.

Sie greift ohne Unterſchied nach allem, was ſich darbietet.

§. 3. Indeſſen vermehrt ſich die Unruhe, verbreitet ſich durch alle Theile ihres Körpers, und geht auf eine ganz beſondre Art über ihre Lippen in ihren Mund. Sodann bringt ſie alles unter die Zähne, was vorkömmt, beißt Steine, Erde, frißt Gras, und ihre erſte Wahl iſt ſich von Dingen zu nähren, die ihren Kräften am wenigſten widerſtehen. Mit der Nahrung, die ſie geſättiget hat, zufrieden denkt ſie nicht daran, eine beſſere aufzuſuchen. Sie kennt noch kein anders Vergnügen zu eſſen, als nur das, den Hunger zu ſtillen.

Die Statue entdeckt Nahrungsmittel, die für ſie taugen.

§. 4. Allein da ſie bei einer andern Gelegenheit Früchte antrift, derer Farben, und Wohlgerüche ihre Sinne reizen, ſo greift ſie darnach. Die Unruhe, die ſie bei jedesmaliger Wiederauflebung des Hungers empfindet, treibt ſie natürlicher Weiſe an alle die Gegenſtände zu ergreifen, die ihr gefallen können. Dieſe Frucht bleibt ihr in der Hand,

Hand, sie betrachtet sie genau, und fühlt sie
lebhafter. Ihr Hunger nimmt zu, sie beißt
darein ohne etwas anders als die Stillung
dessen zu erwarten. Aber wie sehr wird sie
entzückt! mit welcher Wollust schlürft sie
nicht diese angenehmen Säfte hinein! und
kann sie wohl der Versuchung davon immer
mehr und mehr zu essen widerstehen?

§. 5. Nachdem sie diesen Versuch zu wie- *Sie macht
derhohltenmahlen angestellt (b), erkennt sie *sie zum Ge-*
ein neues Bedürfniß, entdeckt, durch was *genstande ih-*
für ein Organ sie es befriedigen kann, und *rer Begier-*
lernt, welche Gegenstände dazu tauglich sind. *den.*
Nun ist der Hunger schon nicht mehr, wie
zuvor ein Gefühl, das keinen bestimmten
Gegenstand hat, sondern er bietet allen Gegenständen auf, den Genuß dessen zu verschaffen, was ihn stillen kann.

Eis-

(b) Das ist der Kunstgriff der Natur uns dahin zu
vermögen für Bedürfnisse zu sorgen, deren Wirkungen wir noch nicht einsehen können. Er äussert sich
wunderbar an einem neugebornen Kinde. Die Unruhe steigt aus dem Magen, auf die Backen, in den
Mund; weiß es an, die Brust zu nehmen, so wie
es jedes andre Ding würde genommen haben; macht
seine Lippen auf alle Arten beweglich, bis sie endlich
das Mittel gefunden die zur Nahrung bestimmte
Milch heraus zu pressen. Sodann wird das Kind
durch das Vergnügen gereizt diese nämliche Bewegung
zu wiederhohlen, und so thut es alles, was zu seiner
Erhaltung nöthig ist.

Eilftes Hauptstück.

Allgemeine Bemerkungen über die Vereinigung der fünf Sinne.

§. 1.

Mit dem Nahrungsbedürfniße wird unsre Statue der Gegenstand vieler Beobachtungen. Allein bevor wir uns in das Detail aller Umstände, die dazu Gelegenheit geben werden, einlaßen, muß man sehen, was jeder Sinn gemeinschaftliches bei der Vereinigung mit dem Fühlen habe.

§. 2 Mit dem Besitz des Fühlens, und des Geruches bemerket sie die Beschaffenheiten der Körper durch die Verhältniße die sie zu diesen zween Sinnen haben, und bildet sich die Generalideen zwoer Arten von Empfindungen; von Empfindungen des Fühlens, Empfindungen des Geruches: denn sie kann Eindrücke, die auf so verschiedene Organe wirken, nicht in eine Klaße versetzen.

Eben so verhält es sich, wenn wir zu diesen zween Sinnen noch das Gehör, das Gesicht, und den Geschmack hinzufügen. Sie erkennt also in sich fünf Arten von Empfindungen.

Wenn

(Marginalie:) Allgemeine Idee, die sich die Statue von ihren Empfindungen macht.

Wenn wir nun annehmen, daß, wenn sie
über Körper nachdenkt, sie blos ihre Beschaffenheiten ohne Rücksicht auf die fünf verschiedenen Arten, nach welchen sie auf die Organe wirken, betrachtet, so wird sie den allgemeinen Begriff von Empfindung haben;
das heißt, sie wird nur eine Klasse von allen
den Eindrücken machen, wodurch die Körper
auf sie wirken. Und diese Idee ist allgemei-
ner, wenn sie drei, als wenn sie nur zwei
Sinne; wenn sie vier, als wenn sie nur drey
Sinne hat u. s. w.

§. 3. Da sie das Fühlen nicht hatte, *Wie ihre Ein-*
vermochte sie für sich selbst keinen andren *bildungskraft*
von ihrer
Sinn zu üben; und konnte sich den Genuß *Thätigkeit*
verliert.
eines Duftes, Tones, einer Farbe, und eines schmackhaften Gegenstandes nur in so ferne verschaffen, als ihre Einbildungskraft lebhaft genug wirkte ihr sie als gegenwärtig
vorzustellen. Nun aber ist ihr die Kenntniß riechender, tönender, fühlbarer, und
schmackhafter Gegenstände, und die Leichtigkeit ihrer habhaft zu werden, ein so beque-
mes Mittel, daß ihre Einbildungskraft sich
nicht mehr so sehr anstrengen darf.

Je leichter sie folglich diese Körper erlangen kann, desto weniger wird ihre Einbildungskraft auf die Empfindungen einfliessen.

wovon sie ihr die Kenntniß beigebracht haben. Sie wird also von ihrer Thätigkeit (Wirksamkeit) verlieren: allein da der Geruch, das Gehör, das Gesicht, und der Geschmack mehr Uebung erhalten, werden sie auch eine feinere, und mehr erweiterte Unterscheidungskraft erlangen. Was demnach die Sinne der Statue durch die Vereinigung mit dem Fühlen gewinnen, hält sie hinlänglich für den Verlust von Seite der Imagination schadlos.

Verbindung aller Empfindungsarten in dem Gedächtniße.

§. 4. Nachdem nun ihre Empfindungen in Rücksicht auf sie zu Beschaffenheiten der Gegenstände selbst erwachsen sind, so kann sie sich ihrer nicht erinnern, sie sich einbilden u. s. w. ohne sich Körper vorzustellen. Dadurch kommen alle einigermaßen in irgend eine Sammlung, welche sie aus Anleitung des Fühlens gemacht hat, werden Eigenschaften der Ausdehnung, verbinden sich geradezu mit der Kette von Kenntnissen mittelst der nämlichen Grundidee, wie die Empfindungen des Fühlens; und so werden sowohl das Gedächtniß als auch die Einbildungskraft reicher, als sie vor dem Gebrauche all ihrer Sinne waren.

Wirksamkeit welche die Statue durch die Vereinigung des Fühlens mit den andern Sinnen erhält.

§. 5. Wir haben bemerkt, da wir dem Geruch, das Gehör, das Gesicht, und den Geschmack einzeln betrachteten, daß sich unsre Statue in Rücksicht der Eindrücke, die

sie

sie auf sie fortpflanzten, bloß leidend verhielt
Nun aber kann sie in Anbetracht dessen bei
manchen Gelegenheiten wirksam seyn, weil
sie Mittel in sich hat sich den Eindrücken der Körper entweder zu überlassen, oder zu entziehen.

§. 6. Wir haben ebenfalls bemerkt, daß Wie ihre Begierden die
Aktion aller
Fähigkeiten
in sich fassen. die Begierde nur in der Wirkung (action)
der Seelenfähigkeiten bestehe, welche sich
auf einen Geruch bezogen, wovon einiges
Andenken übrigblieb. Allein seit der Vereinigung des Geruches mit dem fühlen kann
sie nebstbei die Wirkung aller Fähigkeiten in
sich fassen, die tauglich sind ihr den Genuß
eines riechenden Körpers zu verschaffen. Somit wenn sie eine Blume verlangt, geht die
Bewegung vom Geruchsorgane in alle Theile
des Körpers über und ihre Begierde wird die
Wirkung aller Fähigkeiten, derer sie fähig ist.

Eben das hat man bei den andern Sinnen zu beobachten. Denn nachdem sie das
Fühlen unterrichtet hat, fährt es fort mit
ihnen zu wirken, so oft, als es ihnen helfen
kann. Es nimmt an jedem Interesse Theil,
lehrt sie wechselseitige Hülfe, und ist dasjenige Organ, welchem alle übrige Organe und
alle unsere Fähigkeiten die Gewohnheit schuldig sind nach den Gegenständen zu streben,
die für unsre Erhaltung taugen.

Ab-

Vierter Theil.

Von den Bedürfnissen, der Industrie, und
den Ideen eines einzelnen Menschen,
der alle seine Sinne hat.

Erstes Hauptstück.

Wie dieser Mensch seine Bedürfnisse mit
der Auswahl befriedigen lernt.

§. 1.

Die Statue ohne Bedürfnisse. Wenn wir annehmen, daß die Natur die
Dinge dergestalt anordne, um allen Be-
dürfnissen der Statue zuvorzukommen, daß
sie, wenn sie sie berühren will, alle die Vorsicht einer Mutter anwendet, welche ihre Kinder zu verletzen besorgt, daß sie sogar die
mindeste Unruhe von ihr entfernet, und sich
allein die Sorge für ihre Erhaltung zu wachen
vorbehält; so wird uns dieses vielleicht ein
beneidungswürdiger Zustand scheinen. Nichts-
destoweniger was würde ein so beschaffener
Mensch seyn? Ein Thier, das in einer tie-

fen

fen Schlaffucht dahinliegt. Er existirt zwar,
allein er bleibt, wie er ist; kaum empfindet
er sich. Er kann weder die Gegenstände bemerken, welche ihn umgeben, noch das, so
in ihm selbst vorgeht, beobachten, seine Seele theilt sich ohne Unterschied in alle die Perceptionen, für welche seine Sinne Empfäng-
lichkeit haben. Er gleicht einigermaffen einem Spiegel, welcher unaufhörlich neue
Bilder aufnimmt, aber keines jemals davon behält.

Und was für eine Gelegenheit würde
dieser Mensch haben sich mit sich selbst, oder
mit dem zu beschäftigen, was auffer ihm ist.
Die Natur hat alles über sich genommen,
und ist seinen Bedürfniffen so sehr zuvorge-
kommen, daß sie ihm nichts zu verlangen
übrig läßt. Sie wollte von ihm jede Unruhe, jeden Schmerz entfernen: allein indem
sie besorgte ihn unglücklich zu machen, schrenkt
sie ihn auf Empfindungen ein, derer Werth
er nicht zu schätzen weiß, und die wie ein
Schatten verschwinden.

§. 2. Ich fordere demnach, daß sie weniger mit Bedürf-
besorgt scheine den Uibeln vorzubeugen, die niffen, welche
ihm bevorstehen können, daß sie sich etwas friedigen sind
mehr auf ihn verlaffe, und sich begnügen ihm
alle Dinge an die Hand zu geben, die für seine Bedürfniffe nothwendig sind.   Bei

Bei diesem Uiberflusse entstehen in der Statue Begierden, allein sie kann sie auch augenblicklich befriedigen. Noch scheint die ganze Natur für sie zu wachen: kaum giebt sie zu, daß sie in ihrer Ruhe in etwas gestört werde, so scheint sie es schon wieder zu bereuen, und wendet alle mögliche Sorgfalt an einer grösseren Unruhe vorzubeugen.

Durch diese Wachsamkeit stellt sie sie zwar vor vielen Uibeln sicher, allein sie beraubt sie auch vieler Vergnügen. Die Unruhe ist nur klein, die darauf folgende Begierde schwach, der geschwinde Genuß läßt kein Bedürfniß beträchtlich zunehmen, und das Vergnügen, so dessen ganzen Werth ausmacht, ist der Schwäche des Bedürfnisses angemessen.

Da die Ruhe unsrer Statue sehr wenig gestört wird, so erhält sich das Gleichgewicht in allen ihren körperlichen Theilen fast immer gleich, und ihr Temperament leidet fast keine Veränderung. Sie muß sich demnach lange erhalten, allein ihr Leben besteht in einem sehr schwachen Grad, welcher zu ihrem Daseyn nur das Wenigstmöglichste beiträgt.

Die schwer zu befriedigen sind.

§. 3. Wir wollen die Scene verändern, und annehmen, die Statue habe Hindernisse zu besiegen, um den Genuß ihrer Begierde zu

er-

erhalten. Sodann beſtehen die Bedürfniſſe lange Zeit, bevor ſie befriediget werden. Die Unruhe, welche nur ſchwach in ihrem Urſprunge iſt, wird allmählig lebhafter; ſie verändert ſich in Unzufriedenheit, und endigt manchmal beim Schmerz.

So lange die Unzufriedenheit ſchwach iſt, hat die Begierde wenig Kraft: die Statue empfindet keinen Trieb nach Genuß: eine lebhafte Empfindung kann ſie zerſtreuen, und ihren Schmerz auf eine Zeit ſtillen. Allein die Begierde nimmt mit der Unzufriedenheit zu: es kömmt ein Augenblick, wo ſie ſo heftig wirkt, daß man nur im Genuße Mittel dafür findet: ſie wandelt ſich in Leidenſchaft um.

§. 4. Das erſtemal, wenn die Statue ein Bedürfniß befriedigt, erräth ſie noch nicht, daß es wieder kommen kann. Sie überläßt ſich nach befriedigtem Bedürfniſſe ihrer vorigen ruhigen Stimmung. Somit denkt ſie nur an das Gegenwärtige ohne für die Zukunft zu ſorgen; ſie trachtet den Schmerz, welchen ein Bedürfniß erzeugt, nur für den Augenblick zu entfernen, worin ſie leidet.

Die Statue iſt noch ohne Vorſicht.

§. 5. In dieſem Zuſtande verbleibt ſie beiläufig ſo lange, als ihre Bedürfniſſe ſchwach, in kleiner Anzahl vorhanden, und

Wie ſie derſelben fähig wird.

we‐

wenig Hinderniſſe ſind, die ſie in der Befrie-
digung derſelben hinderten. Indem ſie ihre
Begierden nach dem Intereſſe einzurichten gewohnt iſt, welches aus dem Contraſte von
Vergnügen, und Schmerzen entſpringt, ſo
kann ſie auch nur die Erfahrung von Uibeln,
die ſie leidet, dahin bringen, daß ſie ihr Au-
genmerk auch über ihre gegenwärtige Lage
hinauserſtreckt. Das Vergangene allein kann
ſie für die Zukunft aufmerkſam machen.

Sie kann demnach ihre oftmaligen Bedürfniſſe, und die Schmerzen, welche ſie jedesmal ausgeſtanden, als ſie ihnen nicht zeitlich
genug abgeholfen hat, nicht bemerken, ohne
ſich zugleich eine Gewohnheit zu erwerben ſie
vorzuſehen, ihnen vorzubeugen, oder ſie bei
Zeiten zu befriedigen. Selbſt zur Zeit, worin ſie nicht die geringſte Unruhe hat, erinnert ſie die Einbildungskraft an die Uibel, denen ſie preis gegeben war, und ſtellt ſie ihr
ſo vor, als wären ſie bereit ſie noch einmal
zu überfallen. Sogleich empfindet ſie eine Unruhe von der nämlichen Art, wie diejenige,
welche das Bedürfniß hervorbringen könnte;
ſie leidet im voraus ſchon etwas dem ähnli-
ches, ſo ſie leiden würde wenn das Bedürfniß wirklich vorhanden wäre.

Wie unglücklich würde ſie nicht die Ein-
bil-

bildungskraft machen, wenn sie da stehen blie-
be! allein sie stellt ihr sogleich die Gegenstände vor, die ihren Bedürfnissen abzuhelfen
schon öfters gedient haben. Somit läßt sie
sie beinahe die nämlichen Vergnügen schmecken, wie der Genuß selbst; und man könnte sagen, sie habe sie nur wegen eines entfernten Uibels unruhig gemacht, um ihr einen Genuß
zu verschaffen, der von der Zukunft anticipirt.

Während dem sie also die Furcht mit
Uibeln, dergleichen sie schon ausgestanden
hat, bedroht, schmeichelt ihr die Hofnung
ihnen vorzubeugen, und abzuhelfen: beide
entziehen ihr in die Wette den gegenwärtigen Augenblick um sie mit einer Zeit zu beschäftigen, die noch gar nicht existirt, oder
vielleicht niemals existiren wird; und aus diesen beiden Leidenschaften entspringt das Bedürfniß der Fürsorge, und der Geschicklichkeit sie zuzunehmen. Sie geht nach einander von einer zur andern über, nachdem die
Gefahren wieder vorkommen, und leichter,
oder schwerer zu vermeiden sind; diese Leidenschaften werden täglich stärker. Sie fürchtet oder schmeichelt sich bei jeder Gelegenheit.
Bei der Hofnung räumt die Einbildungskraft
alle Hindernisse weg, zeigt ihr die Gegenstände von den glänzendesten Seiten, und

schmei-

schmeichelt ihr mit dem Genuße derselben: eine Täuschung die sie oft glücklicher als der Genuß macht. Bei der Furcht sieht sie alle Uibel auf einem Haufen; sie drohen ihr, sie kömmt zu dem Augenblicke, wo sie davon soll überfallen werden, sie weiß kein Mittel ihnen zu entgehen, und vielleicht wäre sie weniger unglücklich, wenn sie sie empfände.

So stellt ihr daher die Einbildungskraft alle die Gegenstände vor, die einigermaßen Bezug auf die Hofnung, oder Furcht haben. Bald herrscht diese, bald jene Leidenschaft; und manchmal halten sie sich so gut das Gleichgewicht, daß man nicht bestimmen kann welche vorzieht. Indem sie bestimmt sind die Statue erfindsamer über die zu ihrer Erhaltung nothwendigen Maasregeln zu machen, scheinen sie darüber zu wachen, daß sie weder zu glücklich, noch zu unglücklich werde.

Fortgang ihrer Vernunft in Anbetracht dessen.

§. 6. Nachdem sie durch die Erfahrung die Mittel kennen gelernt hat, womit sie ihren Bedürfnissen vorbeugen, oder sie befriedigen kann, so denkt sie über die Wahl derselben nach. Sie untersucht die Vortheile, und Nachtheile der Gegenstände, die sie bisher vermieden; oder aufgesucht hat. Sie erinnert sich der Fehltritte welche sie gemacht, wenn sie sich oft zu geschwind entschloßen,

und

und dem ersten Triebe ihrer Leidenschaften
blindlings nachgegeben hat. Sie bedauert es,
daß sie sich dabei nicht besser benommen habe.
Sie empfindet, daß es jedesmal nur von ihr
abhänge sich nach den Einsichten zu richten,
welche sie sich erworben: und indem sie sich
gewöhnt davon Gebrauch zu machen, so lernt
sie nach und nach ihren Begierden zu wieder-
stehen, und sie wohl gar zu besiegen. So
kömmts also, daß sie, interessirt den Schmerz
zu vermeiden, die Herrschaft der Leidenschaften vermindert um die Herrschaft zu erweitern (welche die Vernunft über ihren Willen haben muß) und um frey zu werden.

§. 7. In dieser Lage studirt sie die Ge- Die Ordnung
ihrer Studien
genstände um so viel mehr, welche zu ihren wird durch
ihre Bedürf-
Vergnügen, oder Schmerzen beitragen kön- nisse be-
nen; welche sie ausgestanden zu haben weiß, stimmt.
weil sie ihr nicht hinlänglich bekannt waren;
und worüber sie die Erfahrung belehrt, daß
es nur von ihr abhängt sie besser zu kennen.
So also wird die Ordnung ihrer Studien
durch ihre Bedürfnisse bestimmt. Die lebhaftesten und öftesten sind demnach diejenigen, die sie zu den ersten Untersuchungen ein-
laden, welche sie gemacht hat.

§. 8. Ein dergleichen Bedürfniß ist das Und haupt-
sächlich durch
der Nahrung als das nothwendigste zu ihrer das Nah-
rungsbedürf-
Er- niß.

Erhaltung. Durch die Stillung ihres Hungers erneuert sie ihre Kräfte; und sie fühlt
die Wichtigkeit dieser Erneuerung zum Gebrauche aller Fähigkeiten. Alle ihre übrigen
Bedürfnisse weichen diesem. Das Gesicht,
das Fühlen, das Gehör, und der Geruch
scheinen nur gemacht zu seyn um das zu entdecken, und zu verschaffen, was den Geschmack schmeicheln kann. Sie nimmt neu-
en Antheil an allem, was die Natur ihren
Blicken darbeut. Ihre Neugierde begnügt
sich nicht mehr damit die Farbe der Gegenstände, ihren Duft, ihre Figur u. b.
zu unterscheiden, wenn sie sie durch diese Beschaffenheiten studirt, so geschieht es hauptsächlich diejenigen kennen zu lernen, welche
zur Nahrung taugen. Sie sieht, berührt,
riecht demnach keine Frucht ohne zu beurtheilen ob sie eines übeln oder guten Geschmackes
sey. Dieses Urtheil vermehrt das Vergnügen, welches sie hat wenn sie ihn anschaut,
berührt, oder riechet; und dieser Sinne trägt
bei ihr die andern werther zu machen. Er
hat hauptsächlich viel Analoges mit dem Geruche. Der Wohlgeruch von Früchten inte-
ressirte sie viel weniger, bevor sie das Organ
des Geschmackes hatte; und dieser Geschmack
würde vieles von seiner Feinheit verlieren,

sie

wenn sie den Geruch nicht hätte. Sobald sie aber diese beiden Sinne hat, so verlieren sie sich in einander, und werden desto köstlicher.

Sie reichet ihre Ideen nun ganz anderst als bevor sie diese Sinne hatte, weil das Bedürfniß so ihre Fähigkeiten bestimmt, selbst von denen ganz verschieden ist, welche sie bisher bewogen haben. Sie verwendet sich nun mit Theilnehmung auf Gegenstände, auf die sie noch gar nicht geachtet hatte: und diejenigen, wovon sie sich nähren kann, sind auch die, welche sie in mehrere Klassen eintheilt. Sie bildet sich davon complexe Ideen, wenn sie sie unter einer solchen Farbe, einen solchen Duft, solcher Form, und solcher Geschmack zugleich betrachtet, und wieder bei Gelegenheit macht sie sich abstrackte, und allgemeine Begriffe, wenn sie auf die Beschaffenheiten acht giebt, die mehreren zukommen. *Urtheile, welche dieß Bedürfniß erweitern.*

§. 9. Sie vergleicht sie mit einander, und verlangt anfänglich diejenigen Früchte vorzüglich zur Nahrung, von welchen sie sich erinnert daß sie ihr am besten gefielen. In der Folge gewöhnt sie sich nach und nach an diese Nahrung: und die Gewohnheit welche sie sich daraus macht, wird manchmal so groß, daß sie auf ihre Wahl eben soviel Einfluß hat, als das Vergnügen selbst.

Es

Es mengten sich demnach sogleich Urtheile zum Vergnügen, als sie von diesen
Gebrauch zu machen findet. Wenn sich keine
beimischten, so würde sie nur essen um sich
zu nähren. Allein das Urtheil: es ist gut
es ist treflich, es ist besser als jedes andre,
macht ihr ein Bedürfniß aus der Empfindung, welche eine Frucht hervorbringen kann.
Was sodann zu ihrer Nahrung hinreicht,
ist nicht hinlänglich zu ihren Vergnügen.
Sie hat zwei Bedürfnisse, das eine, welches aus der Vermissung der Nahrung entsteht,
das andre aus der Vermissung eines schmackhaften Gegenstandes, welcher den Vorzug
verdient: und dieses letzte ist ein Hunger,
der sie manchmal täuscht, und sie reizt mehr
als nothwendig ist, zu essen.

Uebermaaß,
worinn die
Statue ver-
fällt.

§. 10. Indessen nützt sich ihr Geschmack
für gewisse Früchten ab: sodann ekelt ihr
entweder plötzlich davor; oder wenn sie noch
davon zu essen verlangt, so geschieht nur aus
Gewohnheit. In diesem letzten Fall nährt
sie sich mit in der beständigen Hofnung davon zu verkosten, wie sie es vorher gethan
hat. Sie ist so sehr daran gewöhnt, daß
sie sich beständig einbildet, sie finde ein Vergnügen dabei, für das sie nicht mehr gemacht
ist; und diese Idee trägt zur Unterhaltung
ihrer Begierde bei.

In ihrer Hofnung vereitelt wird ihre
Begierde nur heftiger. Sie macht neue
Versuche, und macht ihrer so viele, daß sie
nicht mehr fortfahren kann. So also haben
oft die Excessen, worinn sie geräth, eine
angenommene Gewohnheit, und den Schatten
eines Vergnügens zur Ursache, welches ihr
die Einbildungskraft immer vormalt, und
das ihr beständig entwischt.

§. 11. Sie wird dafür gestraft. Der
Schmerz warnt sie bald, daß der Endzweck
des Vergnügens nicht einzig der ist, sie für
einen Augenblick glücklich zu machen, sondern
auch sie zu erhalten; oder vielmehr ihre Kräfte herzustellen, um ihr den Gebrauch ihrer
Fähigkeiten zu geben; denn sie weiß nicht,
was das heißt sich erhalten.

*Sie wird da-
für gestraft.*

§. 12. Wenn die Natur aus Zuneigung
für sie mit diesen Wirkungen nur angenehme Gefühle verbunden hätte, so hätte sie sie
hintergangen, und sich selbst getäuscht: die
Statue hatte geglaubt ihr Glück zu suchen,
und wäre ihrem Untergange zugelaufen.

*Wie noth-
wendig es
war sie durch
den Schmerz
zu warnen.*

Allein diese Warnungen können nicht
öfter eintrefen, ohne daß sie endlich lernt
ihre Begierden zu bezähmen. Denn nichts ist
so natürlich, als daß man etwas als eine Fol-

ge

ge eines Dinges ansehe, welches beständig
darauf erfolgt.

Sie wird somit keine dergleichen Begierden mehr hegen, daß ihr nicht sogleich
die Einbildungskraft alle die Uebel vorstelle,
die sie ausgestanden hat. Dieser Blick macht
sie so besorgt, daß sie sogar die Gegenstände, welche ihr vorzüglich gefallen, fürchtet;
und sie befindet sich in einem Zustande, wo-
worinn sie von beiden Seiten beruhiget wird.

Wenn die Idee von Schmerzen nur mit
weniger Lebhaftigkeit aufwacht, so wird die
Furcht nicht stark seyn, und wenig Widerstand leisten. Ist sie lebhaft, so wird die
Furcht stärker, und längere Zeit anhalten.
Endlich kann auch diese Idee auf so einen
Punkt kommen, worin sie plötzlich die Begierde erstickt, und für einen Gegenstand,
den man brünstig gewünscht hat, Eckel ein-
flößt.

So also wird sie sich mit mehr Wahl
nähren lernen, weil sie zugleich Vergnügen
und Gefahr bei dem Vorzuge von Früchten,
die sie hauptsächlich liebt, einsieht; und indem sie mehrere Hindernisse antrift ihre Begierden zu befriedigen, so wird sie auch mehreren Bedürfnissen ausgesetzt seyn. Denn
es ist nicht genug der durch das Nahrungs-

be-

bedürfniß erregten Unruhe abzuhelfen, sie
muß auch die Unruhe stillen welche die Vermissung des Vergnügens hervorbringt, und
die sie ohne Gefahr stillet.

Zweites Hauptstück.

Vom Zustande eines Menschen, der sich
selbst überlassen ist, und wie die Zufälle, welchen er ausgesetzt ist, zu
seinem Unterrichte dienen.

§. 1.

Wenn die Statue einmal die Gegenstände
kennt, die ihr zur Nahrung dienen können,
so wird sie nach Maaß der Hindernisse die sie
wird zu besiegen haben, sich mehr oder minder mit der Nahrungssorge beschäftigen. Wir
können also annehmen, sie befinde sich in einem Aufenthalte, wo sie gänzlich diesem
Bedürfnisse überlassen keine andre Kenntnisse
erhalten kann.

*Umstand, wo-
bei sich die
Statue nicht
mehr mit
dem Studio
der Gegen-
stände be-
gnügt, wel-
che ihr zur
Nahrung
taugen,*

Wenn wir die Hindernisse vermindern,
so würden sie sogleich die Vergnügen, welche sich ihr für jeden Sinn darbieten, an sich
locken. Sie wird an allen Theil nehmen,
was sie afficiert. Folglich wird alles ihre

Neugierde unterhalten, rege machen, und vermehren; sie wird nach einander vom Studium der Gegenstände, die sie nähren können, zum Studium alles dessen übergehen, was sie umgiebt.

Sie studirt
sich.

§. 2. Nun treibt sie die Neugierde an sich selbst zu studieren. Sie beobachtet ihre Sinne, die Eindrücke, welche sie durch sie empfängt; ihre Vergnügen, ihre Schmerzen, ihre Bedürfnisse, die Mittel ihnen abzuhelfen; und entwirft eine Art eines Plans über das, so sie zu vermeiden, oder aufzusuchen hat.

Sie studirt
die Gegen-
stände.

§. 3. Ein andersmal studirt sie besonders die Gegenstände, welche ihre Aufmerksamkeit erregen. Sie theilt sie in verschiedene Klassen nach den darinn bemerkten Abstufungen; und die Anzahl ihrer abstrakten Begriffe wächst nach Verhältniß als ihre Neugierde durch das Vergnügen zu sehen, zu riechen, zu schmecken, zu hören, oder zu betasten rege gemacht wird.

Verleitet sie die Neugierde ihren Blick auf die Thiere zu heften; so sieht sie, daß sie sich bewegen und nähren so wie sie; daß sie Organe haben, das was ihnen zusteht, zu packen; Augen sich zu lencken; Waffen sowohl zum Angriff, als zur Vertheidigung; Geschwindigkeit, oder Geschicklichkeit

der

der Gefahr zu entrinnen; Induſtrie Fall-
ſtricke zu legen: ſie unterſcheidet ſie durch
die Figur, die Farben, und hauptſächlich
durch die Beſchaffenheiten, die beſonders
in Verwunderung ſetzen.

Erſtaunt über die Kämpfe, die ſie einander liefern, iſt ſie es noch mehr, wenn
ſie ſieht, daß die ſchwächſten von den Stär-
kern zerriſſen werden, ihr Blut vergieſſen,
und alle Bewegung verlieren. Dieſer Anblick malt ihr allmählig den Uebergang vom
Leben zum Tode vor: allein es fällt ihr nicht
bei, daß ſie zu eben ſo einem Schickſale beſtimmt ſeyn könne. Das Leben ſcheint ihr
etwas ſo natürliches, das ſie ſich nicht einbildet, wie ſie deſſelben jemals könnte beraubt
werden. Sie weis bloß, daß ſie Schmerzen
ausgeſetzt iſt; das es Körper giebt, die ſie
verletzen, zerreiſſen können. Allein die Erfahrung hat ſie gelehrt, wie ſie ſie kennen
und vermeiden ſoll.

Sie lebt demnach in der gröſten Sicherheit mitten unter den Thieren, welche ſich
bekriegen. Das Univerſum iſt eine Schau-
bühne worauf ſie bloß Zuſchauerinn iſt; und
ſie ſieht nicht vor, daß ſie jemals die Scene
mit ihrem Blute beflecken ſoll.

§. 4. Indeſſen kömmt ein Feind zu ihr.
Da ſie die ihr drohende Gefahr nicht kennt,
denkt ſie auch nicht daran ihn zu vermeiden,
und macht durch ihn eine grauſame Erfahrung. Da ſie zum Glücke ſtark genug iſt einige
Streiche zu vereiteln, die ihr ſollten beigebracht
werden, ſo entrinnt ſie; nachdem ſie nur eine
leichte Wunden empfangen. Allein die Idee
von dieſem Thiere iſt ihr immer im Gedächtniße;
ſie verbindet ſich mit jedem Umſtande, wo ſie
angefallen worden. Iſt's in einem Gebüſche?
ſo wird ihr der Anblick eines Baumes, das
Rauſchen der Blätter das Bild der Gefahr
vor Augen halten; ſie fühlt einen lebhaften
Schrecken, weil ſie ſchwach iſt; ſie nimmt
wahr, daß er ſich erneure, weil ſie noch
die Vorbeugungsmittel nicht kennt, welche
ihre Lage erfordet, alles wird für ſie ein Gegenſtand des Schreckens, weil die Idee der
Gefahr mit allem, was ihr aufſtößt, ſo genau verwebt iſt, daß ſie nicht mehr zu unterſcheiden weiß, was ſie zu fürchten hat.
Ein Hammel erſchreckt ſie, und ſie hat um
ihn anzugreifen, einen Muth vonnöthe, welchen ſie noch nicht haben kann.

Nachdem ſie aus ihrer erſten Verwirrung zurückgekommen iſt, ſo iſt ſie beinahe
erſtaunt Thiere vor ihr fliehen zu ſehen.

Sie

Sie sieht sie noch immer fliehen, und über=
zeugt sich endlich, daß sie nichts mehr zu
befürchten habe.

Kaum aber fangt sie an sich ihrer Un=
ruhe zu entledigen, als ihr erster Feind wie=
der zum Vorschein kömmt, oder wohl gar
von einem andern angefallen wird. Sie
entwischt nocheinmal aber nicht ohne alle Ver=
letzung.

§. 5. Dergleichen Zufälle beunruhigen, *Wie sie sich*
verwirren sie, nachdem als sie sich vermehren, *dagen schützen*
und ihre Folgen trauriger sind. Der Schre= *lernt.*
cken, den sie hat, verursacht in ihrem gan=
zen Körper Schauder. Die Gefahren gehen
vorüber, allein das Schaudern dauert fort,
oder erneuert sich jedem Augenblick mit der
Vorstellung des Bildes.

Da sie die Umstände nicht unterscheiden
kann, die es mehr, oder minder wahrschein=
lich machen, daß sie dergleichen Zufällen Preis
sey, so beunruhiget sie eine entfernte Gefahr
eben so, wie eine nahe: oft wird sie über
jene noch unruhiger. Sie weicht beiden auf
gleiche Art aus, weil sie ihre ganze Schwä=
che fühlt, wenn sie sich zu verwahren zu lan=
ge gezaudert hat. Da auf diese Weise ihre
Furcht wirksamer als ihre Hofnung wird,
so folgt sie mehr den Bewegungen derselben,

und

und nimmt weit mehr Maaßregeln wider die
Uebel, als um die Güter zu erhalten, derer
sie genießen kann. Sie läßt es sich also an-
gelegen seyn jene Thiere zu kennen, die sie
bekriegen; sie flieht die Oerter, wo sie sich
aufzuhalten scheinen; sie schließt aus den
Streichen, welche sie jene die eben so schwach
als sie sind, beibringen sieht, auf das, was
sie zu fürchten hat. Der Schrecken dieser
letztern verdoppelt den ihrigen; ihre Flucht,
ihr Geschrei verständiget sie der ihr bevorste-
henden Gefahr. Bald studiert sie sie durch
Geschicklichkeit abzuwenden; bald aber ergreift sie zu ihrer Vertheidigung alles, was
ihr der Zufall darbietet; ersetzt durch Industrie, obgleich langsam, den Abgang der
Waffen, welche ihr die Natur versagt hat;
lernt sich allmählig vertheidigen; kömmt sieg-
reich aus dem Streit; und fängt an, durch
den guten Erfolg geschmeichelt, in sich einen
Muth zu empfinden, der sie zuweilen über
die Gefahr hinaussetzt, oder wohl gar verwe-
gen macht. Alles bekömmt sodann für sie eine
neue Gestalt; sie hat neue Aussichten, neues Interesse; ihre Neugierde wechselt Gegenstände; und oft ist sie mehr mit ihrer Vertheidigung, als der Nahrungssorge beschäfti-

get,

get,) sie verwendet sich nur um vortheilhaft zu kämpfen.

§. 6. Bald ist sie andern Uebeln aus- 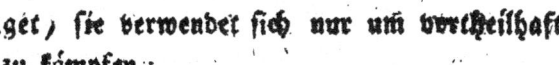gesetzt. Die Jahrszeit ändert sich beinahe plötzlich die Pflanzen verdorren, die Erde trocknet aus, sie athmet eine Luft, die sie von allen Seiten verletzet; sie lernt sich kleiden mit allem, was ihre Wärme unterhalten kann, und sich in Derter flüchten, wo sie vor dem Ungestüm des Himmels gesichert ist.

Da sie indessen oft lange Zeit aus Mangel von allerhand Nahrung Leiden ausgesetzt ist, so bedient sie sich sodann der Ueberlegenheit, welche ihr die Geschicklichkeit, oder die Stärke über einige Thiere einräumt: sie fällt sie an, fängt und frißt sie. Wenn sie kein ander Mittel mehr hat sich zu nähren, so erfindet sie Fallstricke, Waffen; und ist in dieser Kunst um so glücklicher, als ihr der Kampf eben so wesentlich, als die Nahrung wird. Hier sehe man sie also in Streit wider alle Thiere, entweder sie anzufallen, oder sich zu vertheidigen.

So erhält sie also Unterricht von der Erfahrung, den sie ihr oft mit ihrem Blute bezahlen läßt. Allein konnte sie wohl mit weniger Kösten unterrichtet werden?

§. 7.

Beschluß.   §. 7. Sich nähren, wider jeden Zufall
vorsehen, oder sich vertheidigen und ihre Neugierde befriedigen: dieß sind alle die natürlichen Bedürfnisse unsrer Statue. Sie bestimmen nach der Reihe ihre Fähigkeiten, sind
das Prinzipium der Kenntnisse, welche sie
erwirbt. Nun ist sie über die Umstände erhaben, und läßt ihren Begierden freyen Lauf;
ein andermal unterliegt sie ihnen, und stürzt
sich selbst ins Unglück. Wenn die Erfolge
durch widrige Eräugnisse hinterkreuzt werden;
so werden diese wieder durch glückliche ersetzt;
und diese Gegenstände scheinen sich nach der
Reihe zu ihren Schmerzen, oder Vergnügen
zu verbinden. Sie schwanket demnach zwischen Zuversicht, und der Ungewißheit, und
Hofnung, und Furcht niemals verlassen, so
steht sie alle Augenblicke an ihrem Glücke,
oder Verderben. Nur die Erfahrung stellt
sich unvermerkt vor den Gefahren sicher, erhebt sie zu den für ihre Erhaltung nothwendigen Kenntnissen, und lehrt sie alle die
Gewohnheiten (Fertigkeiten) die sie leiten
müssen. Allein gleichwie es ohne Erfahrung
keine Kenntnisse gäbe, so würde es ohne Bedürfnisse keine Erfahrung, und keine Bedürfnisse ohne die Abwechslung von Vergnügen
und Schmerzen geben. Alles ist demnach der

Frucht

Furcht des Prinzipiums, das wir beim Eingange dieses Werkes festgesetzt haben.

Wir kommen nun auf die Urtheile, welche die Statue von Gegenständen fällt nach dem Urtheile, den sie zu ihren Vergnügen, oder Schmerzen haben.

Drittes Hauptstück.

Von den Urtheilen eines Menschen über Güte und Schönheit der Dinge, wenn er sich selbst überlassen ist.

§. 1.

Die Wörter **Güte** und **Schönheit** drücken Beschaffenheiten aus, durch die uns die Dinge gefallen. Diesem Zufolge hat jedes empfindsame Wesen Ideen von einer Güte, und Schönheit, die zu ihm relativ sind.

Wirklich heißt man das Gut, was dem Geruche, oder Geschmacke gefällt; und Schön, was dem Auge, dem Gehöre, oder Fühlen angenehm ist.

Das Gute und Schöne sind ferner relativ zu den Leidenschaften, und dem Geiste. Was den Leidenschaften schmeichelt, ist gut; was dem Geiste behagt, ist schön; und was sowohl den Leidenschaften als dem Geiste zugleich gefällt, ist gut und schön zusammen.

§. 2.

Bestimmung der Wörter: Güte und Schönheit.

Die Statue hat Ideen vom Guten und Schönen.

§. 2. Unsre Statue kennt angenehme Düfte, und schmackhafte Gegenstände, welche ihrem Leidenschaften schmeicheln. Sie kennt ebenfalls Gegenstände, die sie sieht, hört, betastet, und die ihr Geist mit Vergnügen faßt: sie hat also ferner Ideen des Schönen.

Es giebt kein absolutes Gutes und Schönes.

§. 3. Eine Folgerung, die sich darbietet, ist, daß das Gute und Schöne nicht absolut sind: sie sind relativ zum Charakter und zur Art der Organisation desjenigen, welcher darüber urtheilt. (a)

Sie leisten sich gegenseitigen Beistand.

§. 4 Das Schöne und Gute leisten sich gegenseitigen Beistand. Eine Pfirsich, welche die Statue sieht gefällt ihr vermög der lebhaften Farben sie ist in ihren Augen schön. Sogleich erneuert sich auch in ihrer Einbildung der Geschmack derselben; sie sieht sie mit mehr Vergnügen, sie ist darum schöner.

Die Statue ißt diese Pfirsich; sodann verbindet sich das Vergnügen sie zu sehen mit dem sie zu verkosten: sie ist daher besser.

§. 5.

(a) Man muß den Titel dieses Hauptstückes nicht aus dem Gesichte verlieren. Wir betrachten einen einsam lebenden Menschen, und lassen uns in die Untersuchung nicht ein, was die Güte und Schönheit der Dinge sey; wir beschäftigen uns bloß mit dem, wie er darüber urtheilen würde. Es wird nicht alles moralisch gut, oder wirklich schön seyn, was er dafür halten wird.

§. 5. Die Nutzbarkeit trägt sowohl zur Güte als Schönheit der Dinge bei. Die Früchten, welche durch das bloße Vergnügen sie zu sehen, und zu verkosten, gut und schön sind, werden bei dem Gedanken, daß sie unsre Kräfte wieder herstellen können, besser, und schöner.

§. 6. Auch die Neuigkeit, und Seltenheit tragen dazu bei: denn die Verwunderung, welche ein an sich selbst schon guter und schöner Gegenstand erregt, verbunden mit der Schwierigkeit seines Besitzes, vermehrt das Vergnügen seines Genußes.

§. 7. Die Güte und Schönheit der Dinge besteht entweder in einer einzigen Idee, oder in mehreren, die unter sich gewisse Verhältniße haben. Ein einziger Geschmack, ein einziger Duft kann gut seyn: das Licht ist schön; ein Ton für sich allein genommen kann schön seyn.

Allein wenn es mehrere Ideen giebt, so ist ein Gegenstand besser, oder schöner nach Maaß, als sich die Ideen mehr entwickeln, und man die Verhältniße besser wahrnimmt: denn man genießt mit mehr Vergnügen. Eine Frucht, wobei man mehrere Geschmacksarten, die gleich angenehm sind, erkennt, ist besser als wo ein einziger Geschmack sich

vorfindet: ein Gegenstand, dessen Farben
sich wechselseitigen Glanz leihen; ist schöner
als das Licht allein.

Die Organe können nur eine gewisse
Anzahl von Empfindungen deutlich fassen: der
Geist kann auf einmal nur eine gewisse Zahl
von Ideen vergleichen: eine zu grosse Menge
macht verwirrt. Sie beeinträchtiget demnach
das Vergnügen, und schadet folglich auch der
Güte und Schönheit der Dinge.

Eine kleine Anzahl von Empfindungen vermischt sich ebenfalls, wenn eine über die andern Meister ist. Zur grösten Schönheit,
und grösten Güte wird also eine Vermischung
erfordert, welche nach gewissen Verhältnissen
gemacht wird.

§. 8. Unsre Statue hat es der Uebung
ihrer Organe, und ihres Geistes zu verdanken, daß sie mehrere Ideen, und Verhältniße
umfassen kann. Das Schöne und Gute sind
daher auch relativ zum Gebrauche, den sie
von ihren Fähigkeiten machen gelernt hat.
Ein Ding, das zu einer Zeit sehr gut, und
schön war, wird es zu seyn aufhören; während dem ein anders, auf das sie nicht geachtet hat, die gröste Güte, oder Schönheit
werden wird.

Sowohl bei diesem als jeden andren Dinge wird sie nur nach Verhältniß zu sich urtheilen. Nun greift sie ihre Muster aus
den Gegenständen, die unmittelbarer zu ihrem Glücke beitragen; in der Folge beurtheilt sie andre Gegenstände durch diese Muster, und sie scheinen ihr schöner, wenn sie ihnen
mehr gleichen. Denn nach dieser Vergleichung
findet sie ein Vergnügen, sie zu sehen, welches
sie bisher nicht geschmeckt hat. Ein Baum
z. B. der Früchten trägt, gefällt ihr, und
macht ihr den Anblick eines andern angenehm,
welcher zwar keine Früchten trägt, aber doch
einige Aehnlichkeit mit ihm hat.

§. 9. Man kann sich unmöglich alle die
Urtheile denken, die sie nach der Verschiedenheit der Umstände fällen wird: beinebens wür-
be dieß auch eine fruchtlose Untersuchung seyn.
Es ist hinlänglich, wenn man bemerkt, daß
es für sie so wie für uns entweder eine wirkliche oder willkührliche Güte, und Schönheit
giebt; und wenn sie bei diesem Stoffe weniger Ideen hat, so hat sie auch weniger Bedürfnisse, weniger Kenntnisse und Leidenschaften.

*Warum sie in
Rücksicht die-
ses Stoffs
weniger Ide-
en als wir hat*

Vier-

Viertes Hauptstück.

Von Urtheilen, die ein Mensch, welcher sich selbst überlassen ist, über Gegenstände fällen kann, von denen er abhängt.

§. 1.

Die Statue glaubt, alles was auf sie einwirkt, wirke mit Absicht

Die Statue empfindet in jedem Augenblicke die Abhängigkeit, worinn sie sich von allem dem befindet, so sie umgiebt. Wenn die Gegenstände manchmal ihren Wünschen entsprechen, so geschieht es fast eben so oft, daß sie ihnen entgegen sind: sie machen sie unglücklich, oder gestatten ihr nur einen Theil des Glückes, nachdem sie sich sehnet.

Da sie überzeugt ist, daß sie nichts thut ohne die Absicht zu haben es zu thun, so glaubt sie überall eine Absicht zu entdecken, wo sie irgend eine Einwirkung gewahr wird. In der That kann sie nur nach dem schließen, was sie in sich selbst bemerkt; und sie hätte manche Beobachtungen vonnöthen, um ihre Urtheile besser einrichten zu können. Sie denkt daher, das, was ihr gefällt, habe die Absicht ihr zu gefallen; und was sie beleidiget, wolle sie mit Absicht beleidigen. Dadurch werde ihre Liebe, und ihr Haß um so viel

hef-

heftigere Leidenschaften als die Absicht ihr
Glück oder Unglück zu befördern, aus dem
sichtbarer ist, so auf sie einwirkt.

§. 2. Schon ist sie nicht mehr bloß mit *Aberglaube,*
dem Verlangen des Genußes der Vergnügen, *worein sie die-*
ses Vorur-
welche ihr die Gegenstände verschaffen können, *theil stürzt.*
und der Entfernung der Schmerzen zufrieden,
womit sie ihr drohen; sie wünscht, sie möchten die Absicht haben sie mit Wohlthaten zu
überhäufen, und von ihrem Scheitel allerhand Uebel abzuwenden: mit einem Worte
sie wünscht, sie möchten ihr günstig seyn,
und dieser Wunsch ist eine Art von Gebete.

Sie wendet sich einigermaßen an die
Sonne; und weil sie glaubt, daß sie, indem sie ihr leuchtet, und sie erwärmt, die
Absicht habe ihr zu leuchten, und sie zu erwärmen, so bittet sie diese, sie wolle sie noch
ferner erleuchten, und erwärmen. Sie wendet sich zu den Bäumen, und bittet sie um
Früchte, da sie nicht zweifelt, daß es nur
von ihnen abhänge, welche zu tragen, oder
nicht. Kurz, sie wendet sich an alle Dinge,
wovon sie abzuhängen glaubt.

Leidet sie ohne die Ursache in dem zu
entdecken, was ihren Sinnen weh thut, so
wendet sie sich an den Schmerz, wie an einen
unsichtbaren Feind, den sie nothwendig be-

sänffänftigen muß. So erfüllt sie also das Universum mit sichtbaren und unsichtbaren Wesen, welche sie bittet, daß sie an ihrer Wohlfahrt arbeiten möchten.

Dieß sind ihre ersten Ideen, wenn sie über ihre Abhängigkeit nachzudenken anfängt. Andre Umstände werden andre Urtheile bei ihr veranlaßen, und ihre Irrthümer vermehren. Ich habe anderstwo gezeigt, in was für Abwege man durch den Aberglauben gerathen kann: ich verweise aber die Leser auf die Werke aufgeklärter Philosophen, um sich über die Entdeckungen zu belehren, welche eine gut geleitete Vernunft über diesen Gegenstand machen kann.

Fünftes Hauptstück.
Von der Ungewißheit unsrer Urtheile über die Existenz fühlbarer Beschaffenheiten.

§. I.

Unsre Urtheile über die Existenz fühlbarer Beschaffenheiten könnten schlechter, dinge falsch seyn.

Ich nehme an, unsre Statue erinnere sich, daß sie selbst Ton, Geschmack, Duft, Farbe gewesen sey: sie weiß, wie viel Mühe es ihr gekostet hat, sich anzugewöhnen, diese Empfindungen außer sich zu setzen. Giebt es

dann

dann also in den Gegenständen Töne, Schmack-
haftes, Düfte, Farben? Wer kann sie versichern? Gewißlich weder das Gehör, noch
der Geruch, weder der Geschmack, noch das
Gesicht: diese Sinne können sie für sich selbst,
nur von den Modifikationen unterrichten, die
sie erfährt. Sie empfand anfänglich nur ihr
Seyn in den Eindrücken, für die sie empfänglich sind; und wenn sie ihr sie nun in den
Körpern fühlbar machen, so kömmt es von der
Gewohnheit her, die sie angenommen darüber nach dem Zeugniße des Fühlens zu urtheilen. Giebt es also nicht wenigstens Ausdehnung? Was nimmt sie wohl anders wahr
bei der Empfindung des Fühlens, wenn es
nicht ihre eignen Modifikationen sind? Das
Fühlen ist also nicht glaubwürdiger als jeder
andre Sinn: und indem man weiß, daß die
Töne, das Schmackhafte, die Düfte und die
Farben nicht in den Gegenständen existiren,
so könnte es wohl seyn, daß auch die Ausdehnung nicht darinn existirte. b)

§. 6.

b) Man wird vielleicht sagen, wenn es keine Ausdehnung giebt, so giebt es keine Körper. Ich sage nicht,
es gebe keine Ausdehnung; sondern bloß, daß wir sie
nur in unsern eignen Empfindungen wahrnehmen.
Woraus erhelle, daß wir die Körper an sich selbst
sehen. Vielleicht sind sie ausgedehnt, und sogar
schmackhaft, tönend, gefärbt, riechend. Vielleicht

§. 2. Die Statue wird sich wahrscheinlicher Weise mit diesen Zweifeln nicht lange
abgeben. Vielleicht lassen es ihre Urtheile, die
sie zu fällen gewöhnt ist, nicht einmal zu,
daß sie dergleichen Zweifel bilde. Indessen
wäre sie dazu geschickter, als wir, weil sie
besser weiß, wie sie sehen, hören, riechen,
schmecken, betasten gelernt hat. Mags doch
seyn, eine grössere Gewißheit in Anbetracht
des-

sind sie nichts von allen dem. Ich behaupte keines
von beiden: und warte auf den Beweis, daß sie entweder das sind, was sie scheinen, oder daß sie etwas
ganz anders sind.

Gäb es keine Ausdehnung, so würde dieß doch kein
Grund seyn die Existenz der Körper zu läugnen. Alles
was man daraus billig folgern und schliessen könnte,
wäre, daß die Körper Wesen seyen, welche in uns Empfindungen veranlassen, und Eigenschaften haben, von
welchen wir nichts Gewisses behaupten können.

Allein man wird einwenden, die göttl. Schrift ent-
scheide für die Ausdehnung der Körper, und nach
unsrer Art zu schliessen würde dieß zweifelhaft gemacht.

Wenns so ist, so macht der Glaube das gewiß, was
in der Philosophie zweifelhaft ist, und so giebt es
keinen Widerspruch.

In dergleichen Fällen muß der Philosoph zweifeln,
wenn er die Vernunft zu Rathe zieht; und glauben,
wenn ihn die Offenbarung darüber aufklärt. Allein
die Schrift entscheidet über diesen Gegenstand nichts:
Sie setzt die Ausdehnung der Körper voraus, so wie
sie voraussetzt, daß sie tönen; und gefärbt sind u. s. w.
Gewißlich ist dieß eine von den Fragen, die Gott der
Zanksucht der Philosophen überlassen hat.

deſſen iſt ihr doch unnütz. Der Schein fühlartiger Beſchaffenheiten iſt hinreichend ihr
Begierden einzuflöſſen, um ihr Betragen auf-
zuklären, und ſie glücklich oder unglücklich zu
machen; die Anhängigkeit, in der ſie ſich in
Betracht der Gegenſtände befindet, auf
welche ſie dieſe Beſchaffenheiten zurückführen
muß, läßt ihr keinen Zweifel über die Exiſtenz der Weſen auſſer ihr übrig. Allein welches iſt die Natur dieſer Weſen? Sie weiß
es nicht, und wir eben ſo wenig. Alles was
wir davon wiſſen, iſt, daß wir ſie Körper
heiſſen.

Sechstes Hauptſtück.

Betrachtungen über die abgeſonderten,
und allgemeinen Begriffe, die ein
Menſch erwerben kann, der auſſer aller
Geſellſchaft lebt.

Die Geſchichte, die wir von den Kenntniſſen
unſrer Statue gegeben haben, zeigt deutlich,
wie ſie die Weſen nach derer Verhältniſſen
zu ihren Bedürfniſſen in verſchiedene Klaſſen
theilt, und folglich wie ſie ſich abgeſonderte,
und allgemeine Begriffe macht. Allein um

U 2   die

die Natur ihrer Ideen beſſer zu kennen, iſt
es nothwendig, daß wir uns in neue Detai‐
le einlaſſen.

§. 1. Sie hat keine allgemeine Idee,
die vorher nicht eine partikulare geweſen wä‐
re. Die allgemeine Idee z. B. von Oran‐
gen iſt ihrem Urſprunge nur die Idee einer
gewiſſen Orange.

§. 2. Die Partikularidee, wenn ein Ge‐
genſtand ihren Sinnen gegenwärtig iſt, iſt
die Sammlung mehrerer Beſchaffenheiten, die
ſich mitſammen darbieten. Die Idee einer
gewiſſen Orange iſt die Farbe, die Geſtalt,
der Geſchmack, der Geruch, die Feſtigkeit,
die Schwere u. ſ. w.

§. 3. Dieſe Partikularidee, wenn der
Gegenſtand nicht mehr auf ihre Sinne ein‐
wirkt, iſt die Erinnerung, welche von dem
übriget, was man aus dem Geſichte, dem
Geſchmacke, dem Geruche u. ſ. w. erkennt hat;
man ſchlieſſe die Augen; die Idee des Lichtes
iſt die Erinnerung eines Eindruckes, den man
empfunden hat: man berühre nichts; die
Idee der Feſtigkeit iſt die Erinnerung des
Widerſtandes, welchen man bei der Berüh‐
rung von Körpern erhalten hat: und ſo vom
Uebrigen.

§. 4.

Jede allge‐
meine Idee
der Statue
war eine par‐
tikular Idee.

Worinn die
Idee beſtehe,
die ſie von ei‐
nem gegen‐
wärtigen Ob‐
jeckt hat.

Von einem
abweſenden
Gegenſtande.

§. 4. Wir wollen allmählig mehrere Orangen eine nach der andern an die Stelle der ersten setzen, sie sollen alle ähnlich seyn; unsre Statue wird immer die nämliche zu sehen wähnen, und also bei dieser Gelegenheit nur eine Partikularidee haben.

Sieht sie derer zwei zugleich; so erkennt sie zugleich in jeder die nämliche Partikularidee, und diese Idee wird ein Modell, mit dem sie sie vergleicht, und mittelst dessen sie sieht, daß sie miteinander übereinkommen. Auf eben diese Art wird sie entdecken, daß diese Idee drei, vier, fünf, sechs Orangen gemein ist, und wird sie so allgemein machen, als möglich ist.

Die Partikularidee eines Pferdes, und die eines Vogels werden ebenfalls allgemeine werden, wenn die Umstände eine Vergleichung mit mehreren Pferden und Vögeln herbeiführen, und so ists mit allen Gegenständen, die fühlartig sind.

Nachdem sich unsre Statue die allgemeinen Begriffe von Orange, Pferd, Vogel erworben, wird sie sie aus dem nämlichen Grund unterscheiden, wie sie eine Orange von einem Vogel, einem Vogel von einem Pferde unterscheiden wird. Sie wird jedes dieser Individuen mit dem allgemeinen Model zusam-

sammenhalten, wovon sie sich die Idee ent=
worfen hat, das heißt mit der Klasse, mit
der Art, zu welcher sie gehören.

Da aber ein Model, was auf mehrere
Individuen paßt, eine allgemeine Idee ist,
so sind zwei, drei Modeln, unter welche man
ganz verschiedene Individuen stellt, verschie=
dene Klassen, oder um die Sprache der Phi=
losophen zu reden verschiedene Arten allge=
meiner Begriffe.

Wie sie von einer allge= meinen Idee auf eine min= der allgemei= ne herabsteigt §. 5. Wenn sie ihre Augen auf eine
Landschaft wirft, nimmt sie eine Menge Bäu=
me wahr, die sie noch nicht unterscheidet;
sie sieht bloß, was sie gemein haben; sie
sieht, daß sie Aeste, und Blätter haben,
und an dem Orte, wo sie wachsen, angehef=
tet sind. Man sehe hier das Model der all=
gemeinen Idee, Baum.

Sie übersieht in der Folge einen nach
dem andern: bemerkt den Unterschied ihrer
Früchte, macht sich Modeln durch so viele Arten
von Bäumen unterscheidet als sie Fruchtar=
ten bemerkt; und diese Ideen sind minder all=
gemein, als die erste.

Eben so wird sie sich die allgemeine Idee
Thier bilden, wenn sie in der Ferne mehrere
Thiere sieht, derer Unterschied ihr entwischt;
und sie wird sie in mehrere Arten unterschei=

den

den, wenn sie nahe genug seyn wird ihren Unterschied zu bemerken.

§. 6. Sie generalisirt daher desto mehr, als sie auf eine undeutlichere Art sieht; und macht sich minder allgemeine Ideen nach Maaß, als sie die Dinge mehr unterscheidet. (c)

Sie generalisirt nach Verhältniß als sie undeutlicher (Confuser) sieht.

Anfangs scheinen ihr z. B. alle Aepfel einem Muster zu gleichen. Allein in der Folge findet sie nicht bei einem jeden einen gleichannehmlichen Geschmack. Sodann macht die Begierde des Vergnügens, und die Furcht des Ekels, daß sie sie unter den Verhältnissen vergleicht, welche sie an ihnen entdecken kann: sie lernt sie aus dem Gesichte, dem Geruche, dem Betasten unterscheiden; sie bildet sich davon verschiedene Muster, die geschickt sind ihre Wahl zu lenken; und sie unterscheidet sie in eben so viele Klassen, als sie dabei Unterschiede bemerkt.

§. 7.

(z) Die Eintheilung der Wesen in verschiedene Klassen hat also bloß die Unvollkommenheit unsrer Art zu sehen zum Grunde. Sie ist also nicht in der Natur der Dinge gegründet; und die Philosophen haben Unrecht, wenn sie die Wesenheit jeder Art von Wesen bestimmen wollen. Indessen war doch dieß zu allen Zeiten der Gegenstand ihrer Untersuchungen. Dieser Irrthum kömmt daher, daß sie sich überredet hatten, Gott habe die Ideen in uns gelegt, welcher ungezweifelt die Natur vorher zu Rathe gezogen haben werde, als er sie uns gab.

§. 7. Was die Gegenstände betrift, die sie we‐
der durch das Vergnügen, noch durch den Schmerz
interessiren, so bleiben sie unter dem Haufen ver‐
mengt, und sie erlangt davon gar keine Kenntniß.

Wir dürfen nur über uns selbst nach‐
denken, um uns von der Wahrheit dessen
zu überzeugen. Alle Menschen haben die näm‐
lichen Empfindungen; allein der Pöbel, wel‐
cher mit mühsamen Arbeiten beladen ist, der
Weltmann, der gänzlich mit kühlen Gegen‐
ständen sich beschäftiget, und der Philosoph,
der sich das Studium der Natur zum Be‐
dürfniß gemacht hat, sind weder für die näm‐
lichen Vergnügen, noch die nämlichen Schmerzen
empfindsam. So ziehen sie auch aus den nämli‐
chen Empfindungen sehr verschiedene Kenntnisse.

§. 8. Man sehe hier die Ordnung, in
welcher unsre Statue sich Ideen von der Art

In welcher
Ordnung sie
sich Ideen von
der Art macht

macht. Anfänglich nimmt sie nur die auf‐
fallendesten Unterschiede wahr, und hat sehr
allgemeine, aber nur wenige Ideen.

Wenn es eine Farbe ist, die sie vor‐
züglich frappirt, so wird sie aus mehreren
Arten von Blumen nur eine Klasse machen:
ist es der Umfang, so werden ein Kaninchen
und eine Katze für sie eine einzige Thierart seyn.

Indem ihr die Bedürfnisse in der Folge
Gelegenheit verschaffen, die Gegenstände durch
andre Beschaffenheiten zu betrachten, so wird sie

Ar‐

Arten bilden, welche den erſten untergeordnet
ſind. Aus einem allgemeinen Begriffe wird
ſie ſich mehrere machen, die es weniger ſind.

Sie geht alſo plötzlich von Partikular=
ideen zu den allgemeinſten über, von welchen
ſie zu weniger allgemeinen herabſteigt, nach
Maaße, als ſie den Unterſchied der Dinge
bemerkt. So kömmt es, daß ein Kind,
nachdem es alles was gelb iſt, Gold geheiſ=
ſen hat in der Folge die Ideen von Kupfer,
Tomback, und aus einer allgemeinen Idee
macht es ſich mehrere die es weniger ſind.

§. 9. Aus der Erzeugung dieſer Ideen
erhellt es klar, daß ſie unſrer Statue nur
verſchieden combinirte Beſchaffenheiten dar=
ſtellen werden. Sie ſieht z. B. die Feſtig=
keit, die Ausdehnung, die Theilbarkeit, die
Figur, die Beweglichkeit in allem, was ſie
berührt, vereinigt, und hat folglich die Idee
von Körpern. Allein wenn man ſie fragte,
was ein Körper ſey, und ſie könnte antwor=
ten, ſo würde ſie auf einen hinweiſen, und
ſagen, dieß hier iſt einer: das heißt, das
worinn ihr zugleich Feſtigkeit, Ausdehnung,
Theilbarkeit, Figur u. ſ. w. finden.

*Ihre Unwiſ=
ſenheit über
die Natur
der Dinge.*

§. 10. Ein Philoſoph würde antworten:
es iſt ein Weſen, eine ausgedehnte feſte
Subſtanz u. ſ. w. Wir wollen dieſe zwei
Antworten vergleichen, und werden ſehen
daß

*Die ſie mit
den Philoſo=
phen gemein
hat.*

daß er die Natur des Körpers nicht beſſer
kennt. Sein einziger Vortheil iſt, wenn es
einer iſt, daß er ſich eine Sprache gemacht
hat, welche bloß darum weiſer ſcheint, weil
ſie nicht jedermanns Sprache iſt. Denn eigentlich bedeuten die Wörter Weſen, Subſtanz nicht mehr als das Wort dieß (cela)

Ihre Ideen von Gegenſtänden ſind verworren.

§. 11. Daraus muß man ſchlieſſen, die
Ideen, welche ſie von fühlbaren Gegenſtänden hat, ſeien verworren; denn ich nenne
verworren (confuſe) jede Idee, welche nicht
alle Beſchaffenheiten ihres Gegenſtandes auf
eine deutliche Art darſtellt. Es giebt aber
keinen Körper eine ſo vollkommene Kenntniß, ſie ſieht daran nur die Eigenſchaften,
zu derer Bemerkung ihre Bedürfniſſe Gelegenheit geben. Mit mehr Scharfſinn würde
ſie derer mehrere entdecken; und wenn ſie
in die Natur der Weſen eindringen könnte,
würde ſie nicht zwei vollkommen ähnliche finden. Sie nimmt alſo nur darum an, daß
mehre derſelben nicht unterſchieden ſeien, weil
ſie ſie nur undeutliche (verworren) ſieht.

Sie hat zwei- erlei Arten abſtrakter Ideen.

§. 12. Was ihre abgeſonderten Begriffe
anbelangt, ſo giebt es derer undeutliche, und
deutliche. Sie kennt z. B. einen Ton hinlänglich um ihn von einem Dufte, Geſchmacke,
und jedem andern Tone zu unterſcheiden; al-

lein

lein er dünkt sie einfach, ob er gleich viel-
fach ist. (d) Mehrere untereinander ge-
mischte Farben bringen in Rücksicht ihrer nur
den Schein einer einzigen hervor. So verhält es sich mit allen Eindrücken der Sinne.
Sie entwickelt also nicht alles, was sie enthalten; und ist noch viel weiter entfernt von
der Entdeckung aller der Ursachen, die bei
jeder Empfindung zusammentrefen. Sie hat
also von dieser Materie nur sehr verworrene
Begriffe. Allein diese nämlichen Empfindungen verschaffen ihr Ideen von Grösse, und
Figur; und wenn sie die eigentliche Grösse,
und Figur der Körper nicht angeben, auch
ihre Verhältnisse unter einander nicht genau
bestimmen kann, so weiß sie doch, wie eine
Grösse zweimal, oder halb so groß als eine
andre seyn könne, und sie kennt sehr gut eine
Line, ein Dreieck, oder ein Viereck. Sie
hat also in dergleichen Fällen deutliche Ideen.
Sie darf dabei nur die Grösse betrachten,
und von Gegenständen abstrahiren.

§. 13. Aus diesen zwo Arten von Ideen
entspringen zwo Arten von Wahrheiten.
Wenn die Statue bemerkt, daß ein Körper

Sie kennt
zwo Arten
von Wahrhei-
ten.

drei-

(d) Dieß ist ausgemacht beim Geräße, und nicht minder
gewiß bei harmonischen Tönen; denn man hat bemerkt,
daß es keinen giebt, der nicht dreifach sey.

dreieckigt sey, so fällt sie ein Urtheil, das
falsch werden kann; denn dieser Körper kann
Figur ändern. Allein wenn sie bemerkt,
daß ein Dreieck drei Seiten habe, so ist ihr
Urtheil wahr, und wird es immer seyn, weil
drei Seiten die Idee des Dreiecks bestimmen.
Sie nimmt also Wahrheiten wahr, welche
veränderlich sind, oder seyn können, so oft
als sie urtheilen will, was die Dinge an sich
selbst sind; hingegen nimmt sie unveränder-
liche Wahrheiten wahr, so oft als sie sich
begnügt über deutliche abgesonderte Ideen die
sie von Größen hat, zu urtheilen.

Sie hat folglich mittelst des bloßen Beistandes der Sinne Kenntnisse aller Art.

Siebentes Hauptstück.

Von einem in den Wäldern Litthauens gefundenen Menschen.

§. 1

Umstände, wo-
rinn das Nah-
rungsbedürf-
niß alle Fä-
higkeiten der
Seele ein-
schläfern
würde.
Unsre Statue, wie wir schon bemerkt haben, könnte so sehr mit ihrer Nahrungssorge beschäftiget seyn, daß sie keinen Augenblick auf das Studium von Gegenständen
zu verwenden hätte, für die sie Neugierde
empfand, bevor sie das Organ des Geschmackes

ckes erhielt. Indem sie nur um dieses drin-
gende Bedürfniß zu befriedigen, lebte, so
würden alle Vergnügen der übrigen Sinne
keine Reitze für sie mehr haben; sie würde
die Gegenstände nicht mehr bemerken welche
sie hervorbringen könnten. Ohne Verwunderung, ohne Neugierde würde sie aufhören über das, was sie schon gewußt hat,
nachzudenken, sie würde gar bald einen Theil
davon vergessen, wie sie das, was sie
noch weiß, erlernt habe, und keineswegs
zweifeln, daß sie nicht immer so gerochen,
gehört, gesehen, und betastet habe, wie sie
wirklich riecht, hört, sieht, und betastet.
Gänzlich mit der Aufsuchung einer Nahrung
beschäftiget, die ich als sehr selten voraus-
setze, würde sie ein bloß thierisches Leben
führen. Hat sie Hunger? so bewegt sie sich,
geht an alle Orte, wo sie sich erinnert Nahrungsmittel gefunden zu haben. Ihr Hunger
ist er gestillt? dann wird die Ruhe ihr
dringendstes Bedürfniß; sie bleibt wo sie ist,
und schläft ein.

Bei dergleichen Umständen schläfert also
das Nahrungsbedürfniß die Fähigkeiten ihrer
Seele gewissermassen ein; es zieht alle ihre
Wirksamkeit auf sich. Es ist sogar wahrscheinlich daß sie, statt sich nach ihrer eige-

nen

nen Ueberlegung zu verhalten, von den Thieren ihrenUnterricht nehmen würde, mit welchen
sie vertrauter leben würde. Sie würde gehen wie
sie, ihr Geschrei nachahmen, Gras fressen, oder
aber diejenigen verschlingen, derer sie sich be-
mächtigen könnte. Wir sind so sehr zurNachah-
mung geneigt, daß nicht einmal ein Deskar-
tes an ihrer Stelle auf eignen Füssen gehen lernen würde: alles was er sehen würde, wäre
hinlänglich ihn davon abwendig zu machen.

§. 2. So war wahrscheinlicherweise das
Loos eines beiläuftig zehnjährigen Kindes,
welches unter Bären lebte, und 1694 in den
Wäldern zwischen Rußland und Litthauen gefunden wurde. Es gab kein vernünftiges
Zeichen, gieng auf allen Vieren, hatte keine
Sprache, und gab Laute, welche auf keine
Art menschlichen glichen. Nach langer Zeit
konnte es erst einige Wörter aussprechen,
und dieß noch dazu auf eine sehr rauhe Art
Sobald es reden konnte, befragte man es
überseinen ersten Zustand; allein es erinnerte
sich dessen eben so wenig, als wir uns erinnern, was wir in der Wiege gethan haben.

§. 3. Wenn man sagt, es habe kein
vernünftiges Zeichen gegeben, so heißt dieß
nicht, als habe es nicht hinlängliche Vernunft gehabt für seine Erhaltung zu wachen;
sondern daß seine Reflexion, welche bisher
mit diesem einzigen Gegenstand beschäftiget

Ein Kind wel-
ches in den
Wäldern Lit-
thauens ge-
funden wor-
den ist.

Warum man
sagt, daß es
kein vernünf-
tiges Zeichen
gab.

war, keine Gelegenheit hatte sich mit Gegenständen abzugeben, womit wir uns beschäftigen. Es hatte keine von den Ideen,
welche unsre Statue sich erworben hat, indem sie andre Bedürfnisse als das Nahrungsmittel aufzusuchen, kannte : es mangelte ihm
an allen Kenntnissen, welche die Menschen
aus ihren gegenseitigen Umgang erhalten.
Kurz es schien ohne Vernunft, nicht als ob
es schlechterdings keine gehabt habe, sondern
weil es weniger hatte, als wir besitzen.

§. 6. Manchmal ist unser Bewußtsein, wenn *Warum es seinen ersten Zustand ver-gaß.*
es zwischen einer Menge Perceptionen getheilt
ist, welche alle mit fast gleicher Kraft auf
uns wirken, so schwach, daß wir uns dessen,
was wir erfahren haben, gar nicht erinnern.
Kaum empfinden wir dann noch unsre Existenz:
Täge verschwinden wie Augenblicke, ohne
daß wir sie unterscheiden können; wir haben
tausendmal die nämliche Perception, ohne zu
bemerken, daß wir sie schon gehabt haben.
Ein Mensch, der einen Vorrath von Ideen
hat, kann nicht lange in dieser Art von Schlaf-
sucht verbleiben. Je größer sein Ideenvor-
rath ist, je eher kann man glauben, daß eine derselben Gelegenheit erhalten wird zu erwachen, seine Aufmerksamkeit auf eine sonderbare Art zu erregen, und ihn aus dieser

Schlaf-

Schlaffucht zu ziehen. Dieses Kind hatte
kein solches Hilfsmittel. Seine eingeschläfer-
ten Fähigkeiten konnten nur durch das Bedürfniß Nahrung zu suchen aufgeweckt werden; und sein Leben glich einem Schlafe, der
nur durch Träume unterbrochen wird. Es
war also natürlich, daß es seines ersten Zustandes vergaß.

Indessen ist es doch nicht wahrscheinlich,
daß es die Erinnerung davon plötzlich verlor.
Wenn man es nach einigen Tagen in den
Wald zurückgebracht hätte, wo man es nahm,
so würde es ungezweifelt die Oerter wieder
erkannt haben, wo es gelebt hat; es würde
sich der Lebensmittel die es zu sich genommen,
und der Art erinnert haben, wie sie sich diese verschaft hat: es hätte nicht vonnöthen gehabt sich ein zweitesmal hierüber zu belehren.
Allein die Erinnerung wurde durch neue Ide-
en, und hauptsächlich durch den langen Zwischenraum ausgelöscht, der bis auf den Augenblick verfloß, wo es in Stande war auf die
ihm gestellten Fragen zu antworten. Nichts
destoweniger hätte man es zu besserer Versi-
cherung dessen wieder in die Wälder zurückführen sollen, wo es gefunden worden ist.
Ob es sich schon der Oerter nicht erinnerte, wenn
man davon sprach, so würde sie-sie doch vielleicht erkannt haben, wenn sie sie gesehen hätte.

Achtes Hauptstück.

Von einem Menschen, der sich erinnern würde den Gebrauch seiner Sinne nach und nach erhalten zu haben.

Wenn wir annehmen unsre Statue erinnere sich der Ordnung, nach der sie ihre Sinne erhalten hat, so darf man sie nur über sich selbst nachdenken machen, um die Hauptwahrheiten darzulegen, welche wir bewiesen haben.

§. 1. Was bin ich, würde sie sagen, was war ich? Was sind diese Töne, diese Düfte, dieser Geschmack, diese Farben die ich nacheinander für meine Seynsarten hielt, und welche mir jetzt die Gegenstände zu entziehen scheinen? Was ist diese Ausdehnung, die ich an mir, und ausser mir ohne Grenze entdecke? Sollten es bloß verschiedene Arten meines Empfindens seyn? Bevor ich das Gesicht hatte, kannte ich den Himmelsraum nicht; vor dem Gebrauch meiner Glieder wuste ich von nichts ausser mir. Was sage ich? ich ich wuste nichts von meiner Ausdehnung: ich war nur ein Punkt, da ich ein bloß einförmiges Gefühl hatte. Was ist dann diese Folge von Gefühlen, die mich zu dem, was ich bin, gemacht hat, und die vielleicht in Rücksicht meiner auch alles das machte, was mich umgibt.

Die Statue vergleicht ihren dermaligen Zustand mit dem, wo sie noch nichts ausser sich kannte.

Ich fühle nur mich, und in dem, was ich mir fühle, sehe ich auch von auſſen: oder vielmehr, ich sehe nicht von auſſen, sondern ich habe mir eine Fertigkeit in gewiſſen Urtheilen erworben welche meine Empfindungen dorthin verſetzen, wo ſie nicht ſind.

Im erſten Augenblick meiner Exiſtenz wuſte ich nicht, was in mir vorging; ich unterſchied noch nichts; hatte kein Bewußtſeyn meines Ichs; ich war, aber ohne Begierden, ohne Furcht, kaum genoß ich mich ſelbſt; und wenn ich fortgefahren wäre ſo zu exiſtiren, würde ich niemals geglaubt haben, daß meine Exiſtenz zween Augenblicke enthalte.

Ich erfahre aber ſucceſſive mehrere Empfindungen: ſie beſchäftigen mein Empfindungsvermögen nach Maaß der Abſtufungen von Schmerz oder Vergnügen, die ſie begleiten. Dadurch bleiben ſie in meinem Gedächtniße vorhanden, wenn ſie ſchon nicht mehr im Organe ſind. Meine Aufmerkſamkeit iſt unter ſie vertheilt, ich vergleiche ſie, urtheile von ihren Verhältniſſen, bilde mir abgeſonderte Ideen, erkenne allgemeine Wahrheiten.

Nun richtet ſich die ganze Wirkſamkeit, derer ich fähig bin, auf die Seynsarten, die mir vorzüglich gefallen haben; ich habe Bedürfniſſe, hege Begierden; ich liebe, haſſe,

hoffe,

hoffe, fürchte, habe Leidenschaften, und mein Gedächtniß folgt mir manchmal mit so einer Lebhaftigkeit, daß ich Empfindungen zu haben wähne, derer ich mich doch nur erinnere.

Erstaunt über das, so in mir vorgeht, betrachte ich mich noch aufmerksamer. Jeden Augenblick empfinde ich, daß ich nicht mehr bin, was ich gewesen. Es dünket mich, daß ich aufhöre Ich zu seyn, um ein andres Ich selbst zu werden. Geniessen, und Leiden machen wechselweis meine Existenz aus; und durch die Succession meiner Seynsarten, nehme ich meine Fortdauer wahr. Dieß Ich mußte also jeden Augenblick verschieden seyn, auf Gefahr sich oft gegen ein anders zu verwechseln, wobei es mir schmerzhaft ist mich wieder zu finden.

Je mehr ich meine Seynsarten vergleiche, desto empfindlicher wird mir ihr Genuß, oder Leiden. Das Vergnügen und der Schmerz wetteifern meine Aufmerksamkeit auf sich zu ziehen: jede entwickelt alle meine Fähigkeiten; ich mache mir Gewohnheiten bloß weil ich ihnen gehorche, und ich lebe bloß um zu verlangen oder zu fürchten.

§. 2. Allein gar bald bin ich auf einmal auf verschiedene Arten. Da ich gewöhnt bin diese Seynsarten zu bemerken, wenn sie

Sie erinnert sich, wie sie ihren Körper und andre Gegenstände entdeckt hat.

X 2　　auf‐

aufeinanderfolgen, so bemerke ich sie auch weil ich
sie mitsamen erfahre; und meine Existenz scheint
sich im nämlichen Augenblick zu vervielfältigen.

Indessen greife ich mit meiner Hand
nach mir selbst, ich greife nach dem, was
mich umgiebt. Sogleich scheint eine neue
Empfindung alle meine Seynsarten zu ver-
körpern. Alles nimmt Festigkeit unter meinen Händen an. Indem ich mich über dieß
neue Gefühl verwundere, so verwundere
ich mich noch mehr, daß ich mich nicht mehr
in dem finde, was ich berühre. Ich suche
mich, wo ich nicht bin: es dünkt mich, als
hätte ich allein Anspruch auf die Existenz,
und daß alles, was ich antrefe, sich auf Kosten meines Wesens bilde, und sich mir nur
kennbar mache, um mich immer enger einzuschränken. Was werde ich wirklich, wenn
ich den Punkt worinn ich bin, mit dem Raum
vergleiche, welcher diese Menge von Gegenständen erfüllt, die mich umgeben?

Von diesem Augenblicke an scheint es
mir, daß meine Seynsarten aufhören mir
anzugehören: Ich mache davon Sammlungen
ausser mir; ich bilde daraus alle die Gegenstände, die ich kennen lerne. Von Ideen,
die weniger Vergleichungen erheischen, er-
hebe ich mich zu Ideen, die man nur durch Com-

bi-

bination erhält. Ich lenke meine Aufmerksamkeit von einem Gegenstande zum andern,
und indem ich in dem Begriffe, welchen ich
mir von jedem mache, die Ideen und Verhältnisse, die ich dabei beobachte, zusammen
nehme, so denke ich über sie nach.

Wenn ich mich anfänglich wegen des
blossen Vergnügens mich zu bewegen bewogen habe: so bewege ich mich nun in der
Hofnung neue Vergnügen anzutreffen; und
da ich der Neugierde fähig werde, so gehe
ich beständig von der Furcht zur Hofnung,
von der Bewegung zur Ruhe über: zuweilen
vergesse ich, was ich ausgestanden habe, ein
andersmal sehe ich mich wider die Uebel vor,
die mir drohen: endlich lehren mich das Vergnügen und der Schmerz, diese einzigen Prinzipien meiner Begierden, mich in den Raum
zu schicken, und mir bei jeder Gelegenheit
neue Ideen zu machen.

§. 3. Konnte ich andre Fähigkeiten Sie erinnert
auffer denen mich zu bewegen, und Kör- sich, wie das
per zu betasten, haben? Ich dachte es Fühlen die
nicht; denn ich hatte die Erinnerung dessen, andern Sinne
was ich gewesen bin, gänzlich vergessen. unterrichtet.
Was war dann meine Verwunderung,
da ich mich als Ton, Geschmack, Duft,
Licht und Farbe wiederfand! Bald dünkt es
mich,

mich, daß ich mich durch eine Täuschung
habe verführen laſſen, welche das Fühlen zu
zerſtreuen ſcheint. Ich urtheile, daß ich alle
dieſe Seynsarten von Körpern erhalte; und
mache mir eine ſo groſſe Gewohnheit ſie zu empfinden, als wären ſie wirklich darin, daß ich kaum
glauben kann, daß ſie ihnen nicht angehören.

Was giebt es einfachers als die Art,
wie ich mich meiner Sinne bedienen gelernt habe!

Ich öffne meine Augen dem Lichte, und
ſehe anfänglich nur ein verworrenes Dunkel
Ich betaſte, ſchreite vor, betaſte abermals:
ein Chaos entwickelt ſich unmerklich vor meinen Augen. Das Fühlen zerlegt einigermaſſen
das Licht; es ſondert die Farben ab, vertheilt
ſie unter die Gegenſtände, entdeckt ſich einen
Raum, und in dieſem Gröſſen, und Figuren,
führt meine Augen bis auf einen gewiſſen
Abſtand, öffnet ihnen den Weg, auf welchen ſie weit über die Erde hinſehen, und
ſich bis in die Himmel erheben müſſen; kurz
es enthüllt vor ihnen das Univerſum. Sie
ſcheinen ſich in dieſen unermeßlichen Räumen
zu ergötzen; ſie berühren Gegenſtände, welche das Fühlen nicht erreichen kann; meſſen
ſie; und ſcheinen, indem ſie ſie in einer er-
ſtaunlichen Geſchwindigkeit durchlaufen, der
ganzen Natur nach meiner Willkühr die Exiſtenz

zu nehmen, oder zu geben. Durch die einzige Bewegung meines Augengliedes erschaffe, oder vernichte ich alles, was mich umgiebt.

Wenn ich diesen Sinn nicht hätte, würde ich jemals haben begreifen können, wie ich ohne mich von der Stelle zu regen, Dinge erkennen kann, die meine Hand nicht erreicht? Was für eine Idee würde ich mir von einem Organe gemacht haben, das auf einen so weiten Abstand die Formen, und Grössen erreicht? Ist es ein Arm, der sich ausserordentlich verlängert bis an sie zu reichen, oder kommen sie zu ihm? Warum geht er über einige Körper hinaus, während dem ihn andre zurückhalten? Wie berührt er im Wasser die nämlichen Körper, die er ausser diesem berührt? Ist's eine Täuschung, oder bringt sich die ganze Natur wirklich wieder hervor?

Es kömmt mir vor, ich mache mir bei jedem Gegenstand, den ich studiere eine neue Art zu sehen, und verschaffe mir ein neues Vergnügen. Hier ist es eine unermeßliche, einförmige Fläche, worauf mein Blick über alles, was neben mir ist, wegglitscht, sich in eine unbestimmte Entfernung erstreckt, und sich in einen Raum verliert, der mich in Erstaunen setzt. Dort ist es eine unterbrochene, eine

eingeschränktere Landschaft, worauf meine
Augen, nachdem sie bei jedem Gegenstand
ausgeruht haben, ein deutlicheres, und ab-
wechselndes Gemälde umfassen. Grüne Mat-
ten, Blumenbüsche, dichte Wälder, wodurch
die Sonne kaum dringt: sanft murmelnde
Quellen, oder rasch dahinströmende Flüsse
verschönern diese Landschaft, welche durch ein
Licht belebt zu seyn scheint, das tausend verschiedene Farben umher verbreitet. Unbeweglich bei dieser Aussicht fordert alles meine Blicke
auf. Kaum verwende ich sie, so weiß ich nicht,
ob ich sie auf die Gegenstände heften soll,
die ich entdeckt, oder auf die, welche ich ver-
loren habe. Ich sehe von einem zum andern;
und je besser ich alle die Empfindungen, der
ich geniesse, entwickle, je empfindsamer wer-
be ich für das Vergnügen zu sehen.

Neugierig durchlaufe ich hastig die Oerter, derer erster Anblick mich ergötzte; und
ich wünsche die Gegenstände, welche von allen
Seiten auf die Augen einwirken, aus dem
Gehöre, dem Geruche, dem Geschmacke, und
dem Fühlen zu erkennen. Alle meine Empfindungen scheinen zu befürchten daß die einen den andern weichen. Die Verschiedenheit
und Lebhaftigkeit der Farben machen es dem
Wohlduft der Blumen streitig; die Vögel
scheis

scheinen mir durch ihre Gestalt, ihre Bewegung, und ihr Gefieder so wie durch ihren Gesang bewunderungswürdiger. Und was ist das Murmeln der Bäche verglichen mit ihrem Laufe, ihren Fällen, und brillanten Christal!

So ist der Sinn des Gesichtes beschaffen. Kaum hat ihn das Fühlen unterrichtet, so vertheilt er die Schätze in der Natur; er verschwendet sie um Oerter zu verschönern, welche sein Führer ihm entdeckt; und er macht aus Himmel und Erden ein bezaubertes Schauspiel, das nur darum prächtig ist, weil er seine eigne Empfindungen dabei verbreitet.

§. 4. Was würde ich dann seyn, wenn ich stäts in mich selbst concentrirt niemals gewußt hätte meine Seynsarten ausser mich zu versetzen? Sobald aber das Fühlen meine andern Sinne unterrichtet hat, sehe ich äussere Gegenstände, die meine Aufmerksamkeit erregen entweder durch die Vergnügen, oder die Schmerzen, welche sie mir verursachen. Ich vergleiche sie, urtheile darüber, fühle das Bedürfniß sie aufzusuchen, oder zu vermeiden; ich verlange, liebe, hasse, fürchte sie: täglich erwerbe ich neue Kenntniße; und alles was mich umgiebt, wird das Werkzeug meines Gedächtnisses meiner Einbildungskraft, und aller meiner Geistesoperationen.

Sie erinnert sich, wie Vergnügen und Schmerz die erste Triebfeder ihrer Fähigkeiten gewesen ist.

Warum muß ich Hindernisse bei meinen Begierden antreffen? Warum muß mein Wohl durch Schmerzen unterbrochen werden? Doch was sage ich? Würde ich nicht eigentlich die Güter genissen, welche mir dargeboten werden, wenn ich niemals zu siegen hätte? Würde ich mich ihrer freuen, wenn die Uebel worüber ich mich beklage, nicht ihren Werth erhöhten? Selbst mein Unglück trägt zu meiner Wohlfahrt bei; und der höchste Genuß der Güter entspringt aus der lebhaften Idee der Uebel, mit welchen ich sie vergleiche. Der Wiederkehr der einen, oder der andern bin ich alle meine Kenntnisse und alles, was ich bin, schuldig.

Daher meine Bedürfnisse, meine Begierden, und die verschiedenen Interesse, welche das Triebrad meiner Handlungen sind; dergestalt, daß ich die Dinge nur nach dem Maaß studiere als ich darinn aufzusuchende Vergnügen, oder zu vermeidende Schmerzen zu entdecken glaube. Dieß ist das Licht, welches die Gegenstände beleuchtet nach den Verhältnissen, die sie zu mir haben; es verbreitet auf sie verschiedene Helle, damit ich sie in verschiedene Klassen eintheilen soll; und diejenigen, welche es nicht beleuchtet, werden in Finsternissen begraben, wo ich sie nicht entdecken kann.

Ich untersuche die Früchte samt allem,
was zu meiner Nahrung tauglich ist; ich suche die Mittel auf mir ihren Genuß zu verschaffen: ich studire die Thiere, ich beobachte
die welche mir schaden können, lerne ihren
Anfällen auszubeugen: endlich durchforsche ich
alles, was meiner Neugierde schmeicheln
kann: ich mache mir nach meinen Leidenschaften Regeln um die Güte, und Schönheit
der Dinge zu beurtheilen. Bald ergreife ich
Maaßregeln, die ich zu meiner Wohlfarth
nothwendig erachte; bald lade ich die Gegenstände dazu ein, daran selbst zu arbeiten: und
es dünkt mich, daß ich nur entweder von freund-
lichen, oder feindseligen Wesen umgeben sey.

Indem mich die Erfahrung belehrt hat,
so prüfe, überlege ich, bevor ich handle.
Ich folge nicht blindlings meinen Leidenschaften, ich widerstehe ihnen, verhalte mich nach
meinen Einsichten, ich bin frei; und wende
meine Freiheit nach Verhältniß meiner größ-
sern Einsichten immer besser an.

§. 5. Allein wo ist die Gewißheit dieser
Kenntnisse? Ich sehe eigentlich bloß mich,
genieße nur mich: denn ich sehe nichts anders
als meine Seynsarten, sie besitze ich allein;
und wenn meine Gewohnheitsurtheile mich
geneigt machen, zu glauben, daß fühlartige
Beschaffenheiten ausser mir existiren, so beweisen sie mir es noch nicht. Ich könnte also eben
das seyn, was ich bin, die nämlichen Bedürfnisse,
die nämlichen Begierden, die nämlichen Leidenschaften haben, wenn auch die Gegenstände selbst,
die ich aufsuche, oder vermeide, keine dieser
Beschaffenheiten hätten. Wirklich würde ich
ohne das Fühlen den Geschmack, die Düfte,

Sie denkt über d[ie] Urtheile nach, die sie sich zur Ge-wohnheit ge-macht hat.

die Farben und Töne stets für mein Ich ge=
halten haben; niemals hätte ich geschlossen,
daß es riechende, tönende, gefärbte, schmack=
hafte Körper gebe. Wie kann ich also versi=
chert seyn mich nicht zu täuschen, wenn ich
schliesse, daß es Ausdehnung giebt?

Allein es liegt wenig daran, daß ich ge=
wiß weiß, ob diese Dinge existiren, oder
nicht. Ich habe angenehme, und unange=
nehme Empfindungen: sie afficiren mich eben
so, als ob sie die Beschaffenheiten der Gegen=
stände selbst ausdrückten, welchen ich sie zu=
zuschreiben geneigt bin: und dieß ist hinrei=
chend um für meine Erhaltung zu wachen.
In der That sind die Ideen, welche ich mir
von fühlartigen Dingen mache, verworren;
ich bemerke ihre Verhältnisse nur unvollkom=
men. Allein ich darf nur einige Abstractio=
nen machen um deutliche Ideen zu erhalten,
und genauere Verhältnisse wahrzunehmen.
Sogleich bemerke ich zweierley Arten von
Wahrheiten: die einen können aufhören, die
andern waren, sind, und werden immer seyn.

Sie denkt ü=
ber die Unwis=
senheit nach,
worinn sie in
Rücksicht ih=
rer selbst ist. §. 6. Indessen wenn ich die äusseren Ge=
genstände nur unvollkommen kenne, so kenne
ich mich selbst nicht besser. Ich sehe mich
begabt mit Organen, die geschickt sind ver=
schiedene Eindrücke zu empfangen; ich sehe mich
von Gegenständen umgeben, die alle auf mich,
und jeder auf eine besondre Art wirken; end=
lich glaube ich in dem Vergnügen, und dem
Schmerze, welche die beständigen Begleiter mei=
ner Empfindungen sind, das Prinzipium meines
Lebens und all meiner Fähigkeiten warzunehmen.
Allein dieses Ich, das vor meinen Augen

sich

ſich färbt, unter meinen Händen Feſtigkeit
annimmt, kennt es ſich beſſer, um nun alle die
Theile der Körper als die ihrigen anzuſehen,
an welchen ſie Antheil nimmt, und in welchen es zu exiſtiren glaubt? Ich weiß, daß
ſie mein ſind ohne es begreifen zu können;
kurz, ich empfinde mich, weiß aber nicht,
was ich bin; und wenn ich geglaubt habe Ton,
Geſchmack, Farbe, Duft zu ſeyn, ſo weiß ich
nun wirklich nicht, für was ich mich halten ſoll.

Neuntes Hauptſtück.
Beſchluß.

§. 1.

In der natür-
lichen Ord-
nung kömmt
alles von Em-
pfindungen.

Wir können auf uns nicht alle Suppoſitionen,
die ich gemacht habe, anwenden: indeſſen be-
weiſen ſie doch wenigſtens, daß alle unſre Kenntniſſe von Sinnen, und beſonders vom Fühlen
herkommen, weil dieſes die andren Sinne
unterrichtet. Wenn wir bei unſrer Statue
nur Empfindungen annahmen, und ſie beſon-
dere und allgemeine Ideen erhielt, und ſich
aller Geiſtesoperationen fähig machte; wenn
ſie ſich Begierden bildete, und Leidenſchaften
machte, denen ſie nachgab, oder widerſtand;
wenn endlich das Vergnügen, und der Schmerz
das einzige Prinzipium der Entwickelung ihrer Fähigkeiten ſind; ſo kann man billig daraus ſchlieſſen, daß wir anfänglich nur Empfindung hatten, und daß unſre Kenntniſſe,
und Leidenſchaften die Wirkung von Vergnügen, und Schmerzen ſind, welche die Eindrücke der Sinne begleiten.

In

In der That je mehr man darüber nachden=
ken wird, desto mehr wird man sich davon
überzeugen, daß dieß die einzige Quelle un=
srer Einsichten, und Gefühle ist. Folgen wir
unsren Einsichten, sogleich genießen wir ein
neues Leben, das ganz von dem unterschieden
ist, welches uns vorher thierische Empfindun=
gen, wenn ich mich so ausdrücken darf, ver=
schaften. Folgen wir dem Gefühle, (Senti=
ment) beobachten wir es hauptsächlich, wenn
es aus allen den Urtheilen erwächst, die wir
mit den sinnlichen Eindrücken zu vermengen
gewöhnt sind: sogleich werden aus diesen Em=
pfindungen, die anfänglich nur eine kleine Zahl
von rohen Vergnügen darbieten, feinere Ver=
gnügen entspringen, die aufeinander in ei=
ner erstaunlichen Varietät folgen werden. So=
hin je mehr wir uns von dem entfernen wer=
den, was die Empfindungen anfänglich wa=
ren, je mehr wird sich das Leben unsres We=
sens entwickeln, abwechseln: es wird sich auf
so viele Dinge erstrecken, daß wir Mühe ha=
ben werden, zu begreifen, wie alle unsre Fä=
higkeiten ein gemeinschaftliches Prinzipium
in der Empfindung haben können.

§. 2. So lange die Menschen bei den sinn=
lichen Eindrücken nur noch Empfindungen be=
merken, in welche sie nur wenig Urtheile
zu mischen wissen, so lange ist das Leben des
einen beinahe dem andern ähnlich: es ist bei=
nahe kein Unterschied dabei außer nur in dem
Grade der Lebhaftigkeit, wie sie empfinden.
Die Erfahrung, und die Ueberlegung werden
ihnen das seyn, was der Meißel in den Hän=
den des Bildhauers, der eine vollkommne

Sta=

Statue in einem ungeformten Stein entdeckt;
und sie werden zufolge der Kunst, wie sie
den Meißel führen werden, aus ihren Empfindungen neue Einsichten und neue Vergnügen hervorgehen sehen.

Wenn wir sie beobachten, werden wir
einsehen, wie diese Materialien entweder roh
liegen bleiben, oder bearbeitet werden; und
wenn wir den Zwischenraum betrachten, welchen die Menschen unter sich lassen, so werden
wir uns verwundern, wie einige im nämlichen Zeitraum länger als die andern leben:
denn leben ist eigentlich genießen; und jenes
Leben ist länger, welches die Gegenstände seines Genusses mehr zu vervielfältigen weiß.

Wir haben gesehen, daß der Genuß bei
der ersten angenehmen Empfindung anfangen kann. Im ersten Augenblicke z. B. als
wir unsrer Statue das Gesicht einräumen,
genießt sie, und würden ihre Augen auch nur
von einer schwarzen Farbe afficirt. Denn
wir müssen ihre Vergnügen nicht nach der unsrigen beurtheilen. Mehrere Empfindungen
sind uns gleichgültig, oder wohl gar unangenehm entweder weil sie nichts neues für uns
haben, oder weil wir lebhaftere kennen. Allein
ihre Lage ist davon ganz verschieden; und
sie kann über Empfindungen ausser sich kommen,
die wir nicht einmal unsres Augenmerkes würdi-
gen, oder die wir nur mit Widerwillen bemerken.

Man beobachte das Licht, wenn das Fühlen das Aug belehrt die Farben auf die ganze
Natur aufzutragen: man sehe hier eben so
viel neue Gefühle, und folglich eben so viel
neue Vergnügen, eben so viel neue Genüsse.

Eben

Eben so muß man über alle andre Sinne, und alle Seelenoperationen raisonniren. Denn wir genießen nicht nur durch das Gesicht, das Gehör, den Geschmack, den Geruch, das Fühlen; sondern auch noch durch das Gedächtniß, die Einbildung die Ueberlegung, die Leidenschaften, die Hofnung, kurz durch alle unsre Fähigkeiten. Allein diese Prinzipien sind nicht bei allen Menschen gleich wirksam.

§. 3. Es sind die verglichenen Vergnügen, *Der Mensch* und Schmerzen, das heißt unsre Bedürfnisse, *ist nichts, auß* welche unsre Fähigkeiten in Uebung erhalten. *ser in so ferne* Folglich sind sie es, denen wir das Glück des *er erworben* Genußes zu danken haben. So viele Bedürf- *hat.* nisse, eben so viele verschiedene Genüsse; so viele Stufen in Bedürfnissen, so viele bei dem Genuße. Man sehe hier den Keim alles dessen was wir sind, die Quelle unsres Wohlseyns, oder Unglückes. Den Einfluß dieses Prinzipiums beobachten ist also das einzige Mittel uns selbst zu studiren.

Die Geschichte der Fähigkeiten unsrer Statue zeigt deutlich den Fortgang aller dieser Dinge. Da sie bloß auf das Grundgefühl eingeschränkt gewesen, war eine einförmige Empfindung ihr ganzes Wesen, all ihre Kenntniß, all ihr Vergnügen. Indem wir sie successive mit neuen Seynsarten, und Sinnen begabten, sahen wir sie Begierden bilden, von der Erfahrung lernen sie zu leiten, oder zu befriedigen, und von Bedürfniß zu Bedürfniß, von Kenntnißen zu Kenntnißen, von Vergnügen zu Vergnügen übergehen. Sie ist also nichts, außer in so ferne sie erworben hat. Warum könnte es sich nicht auch so mit dem Menschen verhalten?

End

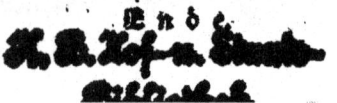

CPSIA information can be obtained
at www.ICGtesting.com
Printed in the USA
BVOW03*2002170717

489521BV00005B/14/P